*Mutter – danke für deine vorgelebte Neugierde
und unkonventionelle Art!
Vater – danke für dein vorgelebtes Mitgefühl
und deine herzliche Menschlichkeit!
Danke für euer gelebtes, tiefes Interesse
am Menschen!*

*Danke an die vielen Mitmenschen,
die mir über viele Jahre ihr Vertrauen
geschenkt haben.
Danke an meine Freunde und Wegbegleiter
für eure Unterstützung.*

Danke an meine Kinder.

*Danke an Sandra und Hannah, für eure große Hilfe,
LösUS in die Welt zu bringen.*

ULRICH KOHLER

DIESE SCHULD IST NICHT MEINE

WIE UNBEWUSSTE SCHULDGEFÜHLE UNSER LEBEN PRÄGEN UND WIE WIR UNS VON IHNEN BEFREIEN. MIT ZAHLREICHEN FALLBEISPIELEN SOWIE ANLEITUNG ZUR LösUS®-TECHNIK

Haben Sie Fragen an den Verlag?
Anregungen zum Buch?
Erfahrungen, die Sie mit anderen teilen möchten?

Besuchen Sie unsere sozialen Netzwerke:
www.mankau-verlag.de/forum

mankau

Bibliografische Information der Deutschen Nationalbibliothek
Die Deutsche Nationalbibliothek verzeichnet diese Publikation in der Deutschen Nationalbibliografie; detaillierte bibliografische Daten sind im Internet über http://dnb.d-nb.de abrufbar.

Ulrich Kohler
Diese Schuld ist nicht meine
Wie unbewusste Schuldgefühle unser Leben prägen
und wie wir uns von ihnen befreien. Mit zahlreichen Fallbeispielen
sowie Anleitung zur LösUS®-Technik
ISBN 978-3-86374-700-8
1. Auflage September 2023

Mankau Verlag GmbH
D-82418 Murnau a. Staffelsee
Im Netz: www.mankau-verlag.de
Soziale Netzwerke: www.mankau-verlag.de/forum

Autorenkontakt: Ulrich Kohler,
www.loesus.de, info@loesus.de, +49 881-92 54 39 34

Lektorat: Redaktionsbüro Julia Feldbaum, Augsburg
Endkorrektorat: Susanne Langer-Joffroy M. A., Germering
Cover/Umschlaggestaltung: Andrea Janas, München,
www.andreajanas.com
Gestaltung Innenteil: Mankau Verlag GmbH

Druck: Westermann Druck Zwickau GmbH, Zwickau/Sachsen

MIX
Papier aus verantwortungsvollen Quellen
FSC® C110508
FSC www.fsc.org

INHALT

VORWORT

Dieses Buch wurde mit dem Wunsch geschrieben, möglichst vielen Menschen bisher nahezu völlig unbekannte Aspekte unseres Wesens nahezubringen und das Wissen darüber anwendbar zu machen. Wir sollten und dürfen wissen, wie wir beschaffen sind und welche Gesetzmäßigkeiten in unserem Leben wirken. Nur wenn wir verstehen, wie bestimmte seelische Prozesse ablaufen, können wir konstruktiv mit uns und ihnen umgehen. Dieses Buch erweitert das Verständnis für uns selbst.

Mit LösUS® kann sich selbst und anderen tiefgreifend geholfen werden. In einigen Fällen kann es sinnvoll sein, sich Hilfe von einem ausgebildeten Profi, dem sogenannten LösUS-Practitioner, zu holen (siehe Therapeutenliste auf www.loesus.de).

Das Thema der Unbewussten Schuld ist für jeden von uns relevant. Das Wissen darum kann sehr hilfreich sein, um die persönliche Gesundheit und Lebensqualität zu verbessern.

Es ist mir eine große Freude und Ehre, das Wissen und die Erfahrungen aus meinem Leben und den vielen Jahren Arbeit mit Mitmenschen zu teilen! Obwohl ich mit dieser Facette unseres Wesens, also der Unbewussten Schuld, schon seit Jahren fast täglich beschäftigt bin, bin ich immer wieder aufs Neue verwundert und fasziniert. Es gibt so viele verschiedene Möglichkeiten, sich mit Unbewusster Schuld zu belasten und sich selbst unbemerkt zu verletzen. Es gibt so viele verschiedene daraus resultierende Beschwerden auf verschiedenen Ebenen mit ganz unterschiedlichen Gesichtern.

Auf der einen Seite ist es für mich erstaunlich, dass dieser bedeutende menschliche Wesenszug und seine gravierenden Auswirkungen bisher so unbekannt geblieben sind. Auf der anderen Seite scheint es mir wiederum plausibel, dass dieses so logische und zugleich schwer greifbare Thema der Unbewussten Schuld nicht erfasst wurde. Schließlich musste auch ich erst massiv darauf gestoßen werden, um meine Augen dafür zu öffnen. Trotz eines überwältigenden Schlüsselerlebnisses bedurfte es noch einiger Anläufe und Zwänge, um mich wirklich damit zu beschäftigen und es tatsächlich zu verstehen. Es war ein wundersamer Weg, die Gesetzmäßigkeiten zu erkennen, die immense Tragweite zu erfassen und eine funktionierende Arbeitsweise, sowohl für die Selbstanwendung als auch für den ausgebildeten Anwender, zu entwickeln.

Es beglückt mich, eine echte Hilfe für viele Menschen gefunden und weiterentwickelt zu haben. Es freut mich, einen Beitrag zu unser aller Wohlergehen leisten zu können. Wie oft habe ich durch diese Arbeit schon das Glück erlebt, dass von einem Menschen die Last abfällt, dass die Leichtigkeit wiederkehrt, sein Gesicht strahlt und der Körper wieder zur Ruhe kommt! So oft habe ich es schon erlebt, dass die Wege durch das Leben und ebenso die persönlichen, die beruflichen und unternehmerischen Angelegenheiten einen wahren Quantensprung erfahren!

Jedes Mal kehrt der erfüllende Gedanke wieder: *Allein für diese eine Lösung hat sich die Arbeit der letzten Jahre gelohnt!*

Ich wünsche mir, dass dieses Buch Ihren Blick auf das »Menschsein« erweitert und bereichert. Ich wünsche Ihnen, dass Sie dieses Wissen konstruktiv für die Befreiung von Leid und Qual nutzen können. Möge es Ihnen ganz persönlich eine große Hilfe sein!

Ihr

BITTE BEACHTEN SIE!

Das vorliegende Buch ist primär als Ratgeber zur Selbsthilfe gedacht. Daher nehme ich mir die Freiheit, die Dinge in einer einfachen und möglichst klaren Sprache darzulegen. Bewusst verzichte ich auf den Anspruch der Vollständigkeit in jeder Hinsicht und halte mich nicht an die üblichen Begrifflichkeiten für solche Kontexte innerhalb der Psychologie.

EINLEITUNG

Es war an einem Freitagnachmittag im Mai 2006. Damals steckte ich schon einige Jahre lang in einer schwierigen Lebensphase. Fünf Jahre vorher hatte ich wegen eines Burn-outs meine Praxis kurzerhand geschlossen, um etwa ein Jahr später wieder von null zu beginnen. Zudem war ich seit 2002 in einen zermürbenden Gerichtsprozess gegen eine Bank verstrickt, der meine finanzielle Existenz massiv bedrohte. Zeitgleich steckte ich in der Scheidung von meiner ersten Frau.

An diesem Freitag verlief der Praxisvormittag wie gewohnt. Neben einigen Terminen und Telefonaten gab es nichts Auffälliges. So gegen Viertel vor eins mittags änderte sich schlagartig meine Verfassung. Als wäre ein Schalter umgelegt worden, ging es mir plötzlich erdrückend schlecht. Ich versuchte nachzuvollziehen, wodurch dieser Umschwung ausgelöst worden war. Ich konnte weder in den gelesenen E-Mails noch in den geführten Telefonaten und Gesprächen oder in meinen Gedanken einen möglichen Grund erkennen. Der Ausblick auf das Wochenende und die nächsten Tage gab mir ebenso keinen brauchbaren Grund. Im Rückblick kann ich bis heute nicht erkennen, welcher Auslöser es damals gewesen sein könnte.

Ich schaltete den Anrufbeantworter ein und schloss die Praxis, legte mich hin, war wie gelähmt, leer und konnte auch nicht weinen. Ich rief meine damalige Lebensgefährtin an, die auch gleich zu mir kam. Ich erzählte ihr mühsam stockend von meinem Zustand, und wir versuchten zu verstehen, was mit mir los war. Ich konnte ihr nichts erklären. Das Gespräch war kurz, denn ich wurde schnell zu schwach, um sprechen zu können, und auch klare Gedanken wurden nach und nach unmöglich. Ich schlug vor, an einen nahen Badesee im Wald zu fahren. Ich hatte den Eindruck, es würde mir in der Natur am ehesten besser gehen. So lag ich dann einige Zeit, mögen es ein oder zwei Stunden gewesen sein, auf der Picknickdecke und schaute in den von Baumkronen gesäumten blauen Himmel.

Obwohl es mir nach wie vor schlecht ging, begann etwas in mir, konstruktiv zu werden. Nach wie vor war mir der Auslöser unklar, nach wie vor konnte ich mich dem Zustand nicht entziehen, und nach wie vor war mir dieses Gefühl aus meiner

Erinnerung nicht bekannt. So begann ich mit Versuchen der Nachforschung: Alle in den letzten Jahren erlebten emotionalen Belastungen fühlten sich anders an und waren bezüglich der Schwere und Lähmung nicht mit dem jetzigen Zustand zu vergleichen. Ich fragte mich auch, was ich in meinem Leben bisher Schweres erlebt hatte, was vielleicht zu der erdrückenden Art und Weise des Zustands passen konnte. Bei drei Ereignissen verfing sich meine Aufmerksamkeit. Das eine war das Leid und der Tod meiner Nichte fünf Jahre zuvor. Das zweite war der Tod meines jüngeren Bruders ebenso fünf Jahre zuvor. Aber wie ein Blitz durchzuckte mich der Tod meines Vaters 1983, also vor 23 Jahren.

Als mein Vater 1983 starb, war ich 13 Jahre alt. Jetzt, im Mai 2006, war ich 36 Jahre alt. Die ersten Jahre nach dem Tod meines Vaters erlebte ich wie in einem ständigen Taumeln zwischen scheinbarer Normalität und betäubender Trauer und Einsamkeit. Mit 25 Jahren durchlebte ich ein Jahr der aufbrechenden und mich völlig mitreißenden Verzweiflung, die durch eine unglückliche Fernbeziehung verursacht wurde. Im Ausklang dieser Trauerphase – und noch deutlicher danach – erkannte ich an einigen Umständen und an meiner generellen Verfassung, dass es weniger das Unglück der Beziehung, sondern vielmehr der nie gelebte Schmerz über den Tod meines Vaters war, der sich rücksichtslos seinen Weg in mein Leben bahnte und mich aus der Spur warf. In den Jahren nach dieser Phase gab es noch mal wesentlich kürzere Phasen des Kummers über den Tod meines Vaters, welche aber immer milder verliefen und mich im Leben immer stärker werden ließen. Die letzte Phase war schon länger her, und seitdem ging es mir mit dem Thema überwiegend gut.

Dennoch durchzog es mich hier und jetzt, als ich nach einer Quelle für den schweren Zustand suchte und dabei an seinen Tod dachte. Wenn ich die Aufmerksamkeit in diese Richtung lenkte, war da aber keine Traurigkeit, auch nicht der so vertraute, fast heimatlich gewordene Kummer oder das so gefürchtete Gefühl von Einsamkeit und Verlassenheit. Da war etwas anderes, etwas, das sich wie unfassbar, zugleich aber äußerst belastend anfühlte. Etwas, das sich unbeweglich und schwer, aber zugleich flüchtig und ganz nah einer Lösung anfühlte. Es war umfassend und subtil. Ich erkannte es aber nicht.

So lag ich mit geschlossenen Augen da auf der Picknickdecke und fühlte die Schwere. Dann fiel mir ein, was mir manchmal einfiel, wenn ich nicht weiterwusste. Ich fragte mich, was ich mir selbst sagen würde, wenn ich wüsste, was zu sagen wäre. So lag ich da und lauschte tief in mich hinein, bis sich ein Satz formte, den ich einfach so aussprach: *Ich nehme die Schuld dafür von mir, dass mein Papa gestorben ist.* Ich wunderte mich und zweifelte. Mein Zustand veränderte sich subtil. Es fühlte sich an, als ob ein leichtes Gewicht von meinen Schultern und meiner Brust weichen würde. Ein Gewicht, das ich noch niemals gespürt hatte. Wie ein leichtes Atmen, wie ein Erleichterungsatmen fühlte es sich an. Dann kam ein zweiter Satz: *Ich nehme die Schuld dafür von mir, dass ich meinen Papa nicht retten konnte.* Etwas in mir protestierte gegen diese Aussagen. Wieder gab es diesen ungewohnten, diesen subtilen Hauch von Leichtigkeit und Befreiung.

Die Schwere des Zustands verlor sich binnen weniger Augenblicke. Erleichterung trat ein – gefolgt von tiefen Bildern aus der Vergangenheit. Ich sah meinen Vater und mich, als ich noch ein kleiner Junge war und mit ihm glücklich im See badete, mit ihm freudig Schlitten fuhr und Pilze suchte. Auch sah ich ein Bild, wie er krank im Bett lag und blass und abgemagert vor sich hin schwitzte. Dann sah ich das bisher schrecklichste Bild meines Lebens: Ich sah, wie ich an seinem offenen Sarg stand und, genau hinblickend, sicher war, dass er noch atmete und lebte – bis ich seine Hand berührte und die eisige Kälte spürte, die ein aufgebahrter Leichnam hat. Da erst verstand ich, dass ich allein auf der Welt war – allein ohne meinen Vater. Dieses Bild hatte ich die letzten 23 Jahre völlig verdrängt. Ich hatte es das erste Mal vor Augen.

Für einige Minuten überrollte mich nun wieder eine Lawine von unerträglichem Kummer und tiefer Traurigkeit. Ich weinte stumm in mich hinein. Dann wurde es still in mir. Ich öffnete die Augen, sah den Himmel, der mir jetzt noch blauer vorkam, hörte das Zwitschern der Vögel und roch den Wald so intensiv, wie ich es all die Jahre nicht getan hatte. Es vollzog sich ruhig und unspektakulär. Die lähmende Schwere war gegangen und ließ mich erschöpft und verändert zurück.

Die erdrückende Schwere war vorbei, so schnell vorbei, wie sie gekommen war. Weder verstand ich ihr Kommen noch ihr Gehen. Aber es war, Gott sei Dank, vorbei.

Noch am selben Abend ging es mir wieder gut. Die Lähmung war von mir gefallen. Ich war völlig erschöpft, hatte starke Gliederschmerzen, doch innerlich war ich wohlauf. Ich wiederholte die Sätze noch ein paar Mal, konnte aber keinerlei Wirkung mehr feststellen. Es war wie ein Spuk, über den ich mich wunderte, den ich nicht verstand – und bald vergaß.

ECHOKAMMER PRAXIS

Wochen später saß ich mit einem Mitmenschen zusammen, und wir bearbeiteten seine belastende emotionale Situation. Mit den mir vertrauten Wegen fand ich ein gutes Stück durch den Irrgarten seiner Gefühle und traumatischen Ereignisse. Dann ging es einfach nicht mehr weiter. Wir nahmen einige Anläufe, bis mir nach und nach klarer wurde, dass sich mein Gegenüber in einer ähnlichen Situation befand wie ich an jenem Freitag im Mai.

Ich versuchte, mich an damals zu erinnern, und fand den Teil des Satzes wieder, der hieß: *Ich nehme die Schuld dafür von mir, dass …* Ich nahm diesen Satzteil und passte den zweiten Teil auf die Situation dieses Mitmenschen an. Ich sprach ihm diesen Satz als Vorschlag vor, und er sollte wahrnehmen, ob der Satz mit ihm etwas machte. Während ich ihn aussprach, konnte ich sehen, wie sich sein Gesicht veränderte. Ich sprach ihn nochmals, erkannte weitere Veränderungen und bat ihn, den Satz selbst zu sprechen. Er tat es, und der Satz wirkte weiter. Nun forderte ich ihn auf, den zweiten Teil des Satzes intuitiv so zu verändern, wie dieser für ihn selbst am besten passte. Er schwieg suchend und sprach dann zaghaft tastend den etwas veränderten Satz aus.

Daraufhin brachen alle Dämme. Starke Gefühle zeigten sich. Jetzt waren sie gut bearbeitbar und ließen sich auflösen. Es schien gerade so, als wäre eine Blockade gewichen. Nach dem Satz ging es mit der Verarbeitung gut und glatt weiter.

Verwundert begann ich, über die Sache nachzudenken. Und ich entdeckte zwei wesentliche Dinge. Zum einen kristallisierte sich heraus, welche Lebenssituationen und Erlebnisse zu solchen inneren Zuständen führten, für die diese Sätze dann wirkten. Zweitens zeigte sich, wie ein systematischer Umgang mit diesen Sätzen aussehen konnte. Im Lauf der Zeit erweiterte sich das Spektrum der Anwendung, während sich seine Passgenauigkeit immer klarer abzeichnete.

Inzwischen lässt sich für mich genau erkennen, wodurch es zu dieser spezifischen Art von Belastung kommen kann. Sie kann aus tausend verschiedenen Situationen hervorgehen, aber sie hat immer nur einen Grund: die Unbewusste Schuld.

Es dauerte noch etwa drei Jahre, bis ich ein für mich feststehendes Konzept gefunden hatte, mit dem ich nahezu alle Spielarten eines solchen Zustandes zuverlässig erfassen und verarbeiten konnte. Dieses Konzept hat sich seitdem kaum verändert und leistet mir in der täglichen Praxis sehr gute Dienste. Im Laufe der Jahre hat sich gezeigt, wie sich diese Art von Belastung auf unsere Gesundheit und unser Leben auswirken kann. Die Grenzen der Auswirkung haben sich immer weiter und weiter gesteckt.

In meiner Arbeit erkläre ich meinen Mitmenschen immer wieder, weshalb ich sie bitte, so seltsamen Sätzen zu lauschen und diese dann auch noch hörbar zu sprechen. Sätze, die ihnen aus ihrer Sicht eine Schuld unterstellen. Sätze, die ganz offensichtlich unsinnig und falsch sind. Aus der Notwendigkeit der Erklärung fand sich ein für mich passender Begriff. Da es um eine Schuld geht, die unbewusst ist, nenne ich es die »Unbewusste Schuld«. Da es um ihre Lösung geht, nenne ich diese Arbeit die »Lösung von Unbewusster Schuld«, kurz »LösUS«.

In der Praxis wird LösUS von einigen Werkzeugen begleitet. Werkzeugen, die zum einen dazu dienen, die eventuell hinter einer Beschwerde wirkende Unbewusste Schuld herauszufinden, und zum anderen, um anschließend die damit verknüpften emotionalen Belastungen zu verarbeiten.

LösUS lässt sich gut jederzeit für sich selbst anwenden oder mit jemand anderem durchführen. Wird es komplexer, so ist es sinnvoll, sich an einen ausgebildeten LösUS-Practitioner zu wenden. LösUS-Practitioner kann jeder werden, der die Ausbildung dazu erfolgreich durchläuft. Nachdem sich LösUS einige Jahre in der Praxis bewährt hatte, habe ich mich 2014 entschlossen, ein Buch darüber zu schreiben.

DIE GROßE ERWEITERUNG

Inzwischen zählen wir das Jahr 2023. Es erreichten mich viele positive Rückmeldungen zu LösUS und dem Buch. Viele E-Mails schilderten mir die eigenen positiven Erfahrungen und Durchbrüche. Auch von mir persönlich unbekannten Therapeuten bekam ich die Rückmeldung, dass sie nach der Lektüre des Buches ihre Arbeitsweise mit LösUS erweitert und damit sehr positive Erfahrungen gemacht hätten.

Immer wieder tauchte die Bitte auf, die Selbstanwendung genauer zu beschreiben. Dies wird nun in Kapitel 9 dieses Buches (siehe Seite 254) geschehen. Zudem wuchsen LösUS und die Erfahrung damit stetig weiter. Das Ausbildungskonzept ist ausgereift und bringt wirklich fähige LösUS-Practitioner hervor.

LösUS FÄLLT DIE TREPPE HINAUF

Eigentlich hatte ich angenommen, dass die Entwicklung von und um LösUS im Wesentlichen abgeschlossen sei. Die Arbeit mit LösUS lief reibungslos und sehr effektiv. Für mich blieben keine Wünsche offen.

Im Mai 2022 geriet ich dann in eine erneute Krise. Nach zwölf Jahren Beziehung und sieben Jahren Ehe trennte sich meine zweite Frau Paula (der Name ist geändert) in einem Fünfminutengespräch von mir. Ich nicht – niemand! – hatte diese Trennung kommen sehen. Auch für sie kam es sehr kurzfristig und überraschend. Für mich brach erst einmal eine Welt zusammen, und ich befand mich im freien Fall. Die Fallhöhe war allerdings hoch genug, um unterwegs Flügel zu bekommen.

Tatsächlich dauerte die tiefe Talsohle nur ungefähr zehn – ewige – Wochen. Genau weiß ich das nicht mehr. Vieles an Erinnerungen an diese Zeit ist verschwommen und wirr. Da ich nicht in eine Lähmung verfiel, sondern in mir, ganz im Gegenteil, ein ruheloser Drang nach Aktivität aufkam und ich jede Nacht nur drei Stunden schlief, erlebte ich viel und war oft in den Bergen unterwegs. Meistens war ich allein, hin und wieder hatte ich geschätzte Begleitung. Auf einigen dieser Wege des heißen und fast regenfreien Sommers 2022 durchlief ich Krisenphasen, Wandlungen und wurde von Ideen für tiefe Lösungen gefunden. Es überfielen mich regelrecht neue Einsichten und Erkenntnisse.

Es waren sechs oder sieben solcher Erfahrungen, die mich aus dem Tal der Tränen herausführten und mich und mein Leben auf neue Beine stellten. All das Erfahrene wirkte sofort in meinem Leben und ließ sich gleich in der Praxis umsetzen. Die Arbeit mit LösUS wurde Schritt für Schritt erweitert. Seine Tiefe und sanfte Durchschlagskraft sind damit nochmals enorm gewachsen.

Obwohl ich nicht LösUS bin, und LösUS nicht ich ist, lässt sich LösUS für mich nicht von meinen Leben trennen. Deshalb fließen in diese umfangreiche Überarbeitung des Buches die LösUS-erweiternden Erfahrungen, gerahmt in meine Bergtouren und Erlebnisse, ein. Hinsichtlich dieser persönlichen Färbung bitte ich um Nachsicht. Ich denke, es ist dennoch gelungen, die Vorgänge als allgemein in uns Menschen wirkend darzustellen und sie nicht nur im Lichte meines persönlichen Wesens verständlich zu machen.

Vielleicht werden die hier beschriebenen Phänomene einmal wissenschaftlich untersucht – vielleicht auch nicht. Warum sie wirken, ist aus meiner Sicht weniger entscheidend als die Tatsache, *dass* sie wirken. Und das sehe ich jeden Tag bei meiner Arbeit mit meinen Mitmenschen – sowohl in Präsenz, online und manchmal auch telefonisch. Hierfür wiederum bedarf es für mich keiner weiteren Beweise. So wenig wie mir bewiesen werden muss, dass Hummeln fliegen können – was sie bis vor Kurzem, »rein wissenschaftlich« gesehen, gar nicht hätten können dürfen. Haben Sie auch schon mal eine Hummel fliegen sehen?

PAULA UND MEINE INNERE WAHRHEIT

Es ist mir wichtig, deutlich zum Ausdruck zu bringen, dass ich nicht das »Opfer« der Trennung bin und Paula nicht die »Täterin« ist. Gewiss, die ersten Wochen waren extrem schwer, und ich hatte auch viele unfreundliche Gefühle ihr gegenüber, die ich Paula auch unverblümt mitteilte. Dennoch gelang es mir in dieser Zeit, sie Dritten gegenüber nicht zu verurteilen und in Respekt von ihr zu sprechen. Wenn es sich an einigen Stellen im Buch so lesen lässt, als würde ich ihr vieles vorwerfen, dann mag das in diesen Momenten so gewesen sein. Allerdings ist das längst Vergangenheit.

Das Leben geht seine zunächst unergründlichen Wege. Im Rückblick zeigt sich dann doch immer wieder, wie wertvoll und richtig das zuvor Unerwünschte war. Hin und wieder kuriert uns das Leben mit seinen am meisten heilenden, bittersten Pillen aus den Händen der uns nächsten und liebsten Menschen. Wir erfahren die Wahrheit über uns selbst über den Umweg des Außen. Paulas Entscheidung zeigte mir meine innere Wahrheit. Schon allein für dieses große Geschenk kann ich sie nicht als »Täterin« sehen.

Ich möchte einen Sommer wie 2022 nicht noch mal erleben, aber noch viel weniger möchte ich ihn in meinem Leben missen. Zu meiner Verwunderung blickte ich in der Silvesternacht 2022/23 auf das vergangene Jahr zurück und hatte ein Gefühl von Dankbarkeit und Fülle. Es war genau richtig so, wie es gewesen war – ein gutes, ein wundervolles Jahr.

***ALLES geschieht aus Liebe.
Letztendlich geht es in unserem Leben
einzig und allein um Selbstvergebung.***

TEIL 1

UNBEWUSSTE SCHULD UND SELBSTVERGEBUNG

KAPITEL 1 – WAS IST UNBEWUSSTE SCHULD?

Bevor es um die Frage geht, was »Unbewusste Schuld« ist, beschäftigen wir uns damit, was sie *nicht* ist. Die Unbewusste Schuld ist nicht das, was wir allgemein unter Schuld verstehen. Das eine hat mit dem anderen nichts zu tun.

WAS WIRD ALLGEMEIN UNTER SCHULD VERSTANDEN?

Im Allgemeinen wird unter Schuld der Verstoß gegen eine Regel, eine Abmachung, einen Vertrag, eine Verpflichtung, ein Gesetz verstanden. Es bedarf also stets einer Art von Missachtung, Überschreitung oder Verletzung einer mehr oder weniger allgemein anerkannten Wertevereinbarung, einer Norm.

Schuld kann beispielsweise dann entstehen, wenn etwas entgegen der Wertevereinbarung getan wird: Wer jemanden bestiehlt, der ist schuldig. Einfach, weil es eine Regel gibt, die besagt, dass man nicht stehlen darf.

Ebenso kann Schuld entstehen, wenn etwas im Rahmen der Wertevereinbarung nicht getan, also unterlassen wird: Wird einem Ertrinkenden nicht geholfen, obwohl es möglich gewesen wäre, so entsteht Schuld. Einfach weil es eine »Norm« gibt, die besagt, dass man in solchen Fällen Hilfe zu leisten hat.

Damit Schuld entstehen kann, muss der Mensch einsichts- und steuerungsfähig sein. Ein Kind, ein Drogenberauschter, ein seelisch Erkrankter oder im Moment der Tat massiven Gefühlen ausgesetzter Mensch verfügt nicht über das ausreichende Maß an Einsichts- und/oder Steuerungsfähigkeit, um im allgemeinen Sinne schuldig zu werden.

Als Voraussetzung für Schuld wird ebenso angenommen, dass die Folgen einer Handlung oder einer Nichthandlung erkennbar sind: Bin ich der Letzte, der die Fähre betritt, und später sinkt das Schiff auf hoher See bei Wellengang, weil es ein klein wenig überladen ist, so werde ich, obwohl ich die Überladung mit meinem Betreten der Fähre verursacht habe, nicht als schuldig angesehen. Deshalb nicht, weil ich es nicht wusste und als Fahrgast die Gefahr nicht erkennen konnte. Ganz nüchtern betrachtet wäre es aber nicht passiert, wenn ich nicht an Bord gegangen wäre.

Bei all diesen Betrachtungen geht es um Normen und um den Verstoß gegen diese innerhalb einer bestimmten Logik. Der Begriff der Schuld im herkömmlichen Sinne lässt sich verstandesmäßig erfassen und bewerten. Es kann abgewogen werden, und es kann ein Urteil darüber gefällt werden. So, wie wir den Begriff der Schuld gesellschaftlich kennen und ihn verwenden, entspringt er der Ebene des Verstandes.

Genau hier beginnt der große Unterschied: Die Ebene der Unbewussten Schuld ist nicht die Verstandesebene. Die Ebene der Unbewussten Schuld ist unsere Gefühlswelt. Unbewusste Schuld vollzieht sich allein auf der Ebene des Fühlens.

Bei der Frage nach allgemeiner Schuld ist es angemessen, den Verstand einzusetzen. Hierfür ist Verstandesarbeit die passende Vorgehensweise.

Geht es aber darum, Unbewusste Schuld zu erkennen und zu lösen, so kann der Verstand bei der Erforschung einer persönlichen Unbewussten Schuld nur indirekt helfen. Der Verstand kann prinzipiell begreifen, was Unbewusste Schuld ihrem Wesen nach ist, aber er kann sie weder erkennen, erfahren, erfühlen noch herausfinden, ob sie tatsächlich vorliegt – und er kann sie auch nicht lösen, sich nicht von ihr befreien.

Um den Unterschied zwischen der Schuld im Allgemeinen und der Unbewussten Schuld zu erläutern, lege ich hier die Betrachtungsweise dar, die sich in der Praxis im Gespräch mit meinen Mitmenschen als hilfreich und gut verständlich gezeigt hat. Diese Betrachtung soll keine neue Wahrheit und kein neues Dogma verkünden, ebenso will ich damit auch kein neues philosophisches Weltbild etablieren. Ich lade ein, diese schematische Betrachtung als eine Möglichkeit zu verstehen. Denn diese Betrachtung öffnet uns die Tür zum tiefen Verständnis bezüglich der Entstehung, dem Erkennen und schließlich der Lösung von Unbewusster Schuld.

DIE VIER ARTEN VON SCHULD

Um den Unterschied zwischen allgemeiner Schuld und Unbewusster Schuld greifbar zu machen, werden vier verschiedene Formen von Schuld erläutert. Jede dieser Formen bedarf einer eigenen, passenden Umgangsweise, um sich von ihr zu lösen.

1. DIE SCHULD GEGENÜBER »GOTT« - GEGENÜBER DEM »GROßEN«

Hier geht es um eine Schuld gegenüber Gott, den Göttern, dem Heiligen Vater, Allah, dem Universum, dem Kosmos, dem Schöpfungsgeist, dem Karma, dem Schicksal, der Moral oder der Ethik.

Es geht um die Schuld gegenüber dem »einen Großen«, gegenüber »der Einheit«. Diese Schuld wird durch die Übertretung seiner Gesetze hervorgerufen. Diese Gesetze werden als von dieser Instanz stammend angesehen. Diese Gesetze können die Zehn Gebote, die Bibel, der Koran, alle anderen heiligen Schriften, esoterische Gesetzmäßigkeiten oder Naturgesetze etc. sein.

Die Befreiung von dieser Schuld steht unmittelbar mit dieser einen großen Macht in Verbindung. Die Befreiung kann durch Beichte, Beten, Buße-Tun, Opfer, Selbstkasteiung, Demut, Reue, Unterwerfung, Frömmigkeit, Einsicht, Ausgleich oder Ähnliches geschehen. Diese Schuld besteht zwischen dem Menschen und »Gott« bzw. dem »einen Großen«.

2. DIE SCHULD GEGENÜBER DER »JUSTIZ«

Hier geht es um die Schuld gegenüber bestimmten Normen der Gesellschaft, welche in Form von Gesetzen und Vorschriften von der Gesellschaft als Summe formuliert und anerkannt sind. Es ist eine Schuld gegenüber der Gesellschaft, gegenüber dem Gesetz, gegenüber der Obrigkeit, gegenüber dem Staat.

Die Befreiung von dieser Schuld erfolgt ebenso durch eine Art von »Zurückgeben«, durch das Absitzen einer Strafe, die Zahlung von Schadensersatz, durch Reue, Einsicht und Unterwerfung oder Sozialstunden. Diese Schuld besteht zwischen dem Menschen und »der Justiz« bzw. der Gesellschaft.

3. DIE SCHULD GEGENÜBER DEM EMOTIONAL-SOZIALEN UMFELD

Wie bei der zweiten Form geht es auch hier um Gepflogenheiten, Normen und Gesetze, welche das Zusammenleben innerhalb des Freundeskreises, der Familie, der Sippe, des Hofs, des Dorfs, des Tals, des Stamms, des Volks usw. bestimmen. Es geht hier um die Formen innerhalb einer persönlich bekannten, nahen und real erkenn- und empfindbaren sozialen Gemeinschaft.

Die Befreiung von dieser Schuld erfolgt durch Entschuldigung, Buße, Wiedergutmachung, Leistung, Erduldung von Bestrafung, teils (Bluts-) Rache und die Wiedereingliederung in den Kontext der Gepflogenheiten der im engen sozialen Kontext geprägten Verhaltensnormen.

Diese Schuld besteht zwischen dem Menschen und seinem »emotional-sozialen Umfeld«.

Aus meiner Sicht liegt auf dieser Ebene der eigentliche Ursprung für die beiden vorgenannten Formen der Schuld. Letztendlich halte ich sie im Rahmen der allgemeinen Schuld für die mächtigste und zugleich für die eigentliche Basis für die Entstehung von Unbewusster Schuld.

4. DIE UNBEWUSSTE SCHULD GEGENÜBER SICH SELBST

Hier geht es nicht um die Schuld jemand anderem oder einer anderen Instanz gegenüber. Es geht um die empfundene Schuld gegenüber sich selbst.

Die Empfindung von Schuld wird *unbewusst von sich selbst an sich selbst* übergeben. Diese Schuld wird *unbewusst selbst auf sich genommen*. Keine weitere Instanz ist mit im Spiel. Niemand anderer gibt diese Schuld. Diese Art von Schuld gehorcht nicht den jeweiligen religiösen, ethischen, moralischen oder anderweitig tradierten Gesetzmäßigkeiten und Gepflogenheiten. Die Voraussetzungen für diese Art von Schuld sind nicht an das *Außen* gebunden, sondern werden von *innen* bestimmt.

Es scheint so, als würde diese Art der Schuld allein uns Menschen eigen sein. (Wobei es mir als immer wahrscheinlicher erscheint, dass es besonders bei den höher entwickelten Säugetieren, welche in komplexen sozialen Gemeinschaften mit einem hohen Grad von gegenseitiger Abhängigkeit leben, ganz ähnliche Vorgänge geben kann – oder vielleicht sogar muss?) Unter uns Menschen ist Unbewusste Schuld bei jedem in ähnlicher Weise möglich. In der Praxis ist diese Art von Schuld in allen Altersstufen, bei Frauen und Männern, bei allen Nationen, bei allen Glaubensrichtungen (auch bei waschechten Atheisten) und jedem Bildungsgrad unter den entsprechenden Umständen zu jeder Zeit möglich und folglich sehr weit verbreitet.

Zur Befreiung von dieser Art von Schuld bedarf es keiner weiteren Instanz. Auch sind Beten, Buße-Tun, Selbstkasteiung, Demut, Reue, Unterwerfung, Opferung, Einsicht, Entschuldigung, Ausgleich oder Wiedergutmachung ungeeignet. Mag es für manchen unerhört, unverschämt und gotteslästerlich klingen: »Gott« ist bei der Befreiung von Unbewusster Schuld weder vonnöten noch hilfreich. Da diese Schuld von »ihm«, wenn es »Gott« geben sollte, nicht gegeben wurde, kann er sie auch nicht nehmen.

Die Unbewusste Schuld kommt nicht von außen, sondern ist ein unbewusstes Schuldgefühl. Die Schuld, die ein Mensch unbewusst selbst auf sich genommen hat, kann nur er wieder von sich nehmen. Weder »Gott« noch ein Gericht noch das emotional-soziale Umfeld kann sie ihm abnehmen. Jeder kann diese Art von Schuld von sich nehmen – wir brauchen dazu keinen Priester, keinen Richter und auch nicht unsere Freunde oder Eltern.

Aus dem bisher Gesagten drängt sich nun folgende Frage auf:

Wie kann es zu Unbewusster Schuld kommen?

Nachdem wir geklärt haben, was die Unbewusste Schuld nicht ist, kommen wir nun zu dem, was Unbewusste Schuld ist, wie sie entsteht und warum sie unbewusst ist.

Zuerst gilt es zu erkennen, dass dieses »Ich«, das die Schuld empfindet, nicht eins ist, sondern mindestens zwei. Ich möchte hier zwei große Pole unseres Wesens nennen:

- Das Gehirn, den Verstand, die Vernunft, das Denken, den Geist, das Männliche
- Das Herz, das Gefühl, das Mitfühlen, die Seele, die »Liebe«, das Weibliche

Diese einfache Betrachtung einer Bipolarität unseres Wesens eröffnet die Einsicht in die Thematik der Unbewussten Schuld.

Ab jetzt werden die Begriffe Gehirn, Verstand, Vernunft, Denken, Geist und das Männliche synonym für unseren Verstandes-Pol verwendet.

Für unseren Gefühls-Pol werden ab jetzt die Begriffe Herz, Gefühl, Fühlen, Mitgefühl, Seele, Liebe und das Weibliche synonym verwendet. Ich bin mir bewusst, dass es solch klare Trennlinien im Menschsein nicht wirklich gibt. Dennoch bediene ich mich ihrer zum Zwecke der Erklärung.

»ENTWEDER-ODER« UND »SOWOHL-ALS-AUCH«

Verstand und Herz sind, neben unserem Körper, die beiden für uns wohl am direktesten fassbaren Pole unserer Existenz. Ihre gewisse Gegensätzlichkeit und ihr Zusammenspiel machen uns Menschen grundlegend mit zu dem, was wir sind.

DAS GEHIRN: ENTWEDER – ODER

Unser Großhirn besteht aus zwei Hälften, die nur zu einem relativ kleinen Teil in der Mitte verbunden sind. Diese Verbindung heißt Corpus callosum oder auch Hirnbalken bzw. Gehirnbalken. Unser Intellekt befindet sich im vorderen Bereich der Großhirnrinde. Der Verstand, die Vernunft, funktioniert primär durch Differenzierung. So, wie das Großhirn zweigeteilt ist, so entspricht es auch der Arbeitsweise des Verstands, die Welt in Dinge aufzuteilen und zu bewerten, um sie verstehen zu können. Die Welt wird durch das Vergleichen von Unterschiedlichkeit wahrgenommen, wie es in den folgenden Beispielen ersichtlich ist:
Hier ist es wärmer als dort.
Das ist eine Frau, das ist ein Kind.
Diese Oberfläche ist glatt, jene rau.
Wäre dies so, dann wäre es nicht anders.
Das ist den Regeln nach richtig, das ist demnach falsch.
Hätte ich so gehandelt, dann wäre ich schuldig, aber ich habe nicht so gehandelt, also bin ich unschuldig.
Würde unser »Gehirn« nicht differenzieren, trennen, unterscheiden, separieren, vergleichen und damit die Welt für uns fassbar machen, wäre es zu den bekannten Leistungen unseres Verstan-

des schlicht nicht fähig. Unsere hoch entwickelte Fähigkeit des bewussten Unterscheidens und damit Bewertens ist wohl ein Merkmal des Menschseins. Unser »reiner Verstand«, den es in dieser Unabhängigkeit nur scheinbar gibt, agiert überwiegend in kausalen Zusammenhängen. *Weil dies oder jenes so geschehen ist, hat sich in der Folge das oder jenes ereignet.* Er sucht nach der Logik der Dinge, nach der Struktur, nach den Gesetzmäßigkeiten, nach der Kausalität und nach der Linearität.

Die Überlebenschancen in der für uns einst wesentlich bedrohlicheren Umwelt hingen häufig von der Vorhersagbarkeit, der Kalkulierbarkeit, der Einschätzbarkeit von Ereignissen ab. Auch heute noch, in unserer deutlich geschützteren Lebenssituation, müssen Eindrücke und Erfahrungen bewertet werden. Das kann nur erreicht werden, wenn verschiedene Situationen verglichen werden können.

Für unsere Belange der Erklärung und des Verstehens von Unbewusster Schuld können wir die Arbeitsweise unseres Verstandes vereinfacht als »kausalorientiert« bezeichnen. Um auf der Kausalebene zu arbeiten, bedarf es der Differenzierung, und **Differenzierung heißt: *entweder oder***.

Entweder ist es so warm wie gestern oder es ist wärmer oder kälter.

Entweder habe ich mich gestern richtig verhalten oder ich habe mich falsch verhalten.

Entweder bin ich an dieser Sache schuld, weil ich mich so oder so verhalten habe, oder ich bin daran nicht schuld, weil ich mich anders verhalten habe.

DAS HERZ: SOWOHL-ALS-AUCH

Das Symbol »Herz« besteht ebenso aus zwei Hälften. Diese sind ohne Übergang fest miteinander verbunden. Sie sind auf eine solche Weise miteinander verbunden, dass sie unten in der Mitte eine Einheit hervorbringen, die Herzspitze. Sowohl das anatomische als auch das symbolische Herz zeigen im oberen Teil eine Gegensätzlichkeit, die im unteren Teil in einen Punkt zusammenfließt.

Die »Liebe« verbindet, sie eint und befriedet den Widerspruch. Der Modus und die Sehnsucht des Herzens sind die Vereinigung von allem.

Da das Herz, also die Liebe in seinem Wesen die Verbindung von allem ist, der Einheit von allem entspricht, ist es ihm nicht möglich zu differenzieren, zu abstrahieren, zu kausalisieren und zu separieren. Um auf der Ebene der Einheit zu sein, bedarf es Verbindung:

***Einheit ist* sowohl als auch.**

Das Herz empfindet auf der Ebene der Einheit. Es kennt keine Trennung. Es möchte jedes Leid lindern, retten und heilen. Kann es ein Leid nicht lösen, so empfindet es Leid und Schmerz.

WIE KOMMT ES ZUR UNBEWUSSTEN SCHULD?

Der Verstand erklärt *Nein, du bist für den Schmerz des Kindes dort drüben auf der anderen Seite des Flusses nicht verantwortlich. Schließlich war es nicht unter deiner Aufsicht, und es ist selbst von der Mauer gefallen. Du hättest es nicht einmal sehen können, da du gerade in der Zeitung gelesen hast. Und es ist auch nicht dein Kind.*

Aber das Herz empfindet *Da ist Leid! Es ist nicht mein Leid, und es ist nicht fremdes Leid – es ist Leid! Ich wollte, ich könnte heilen, ich könnte retten, ich könnte lindern, ich könnte trösten – aber ich kann es nicht!*

Der Verstand antwortet *Schau, wärst du für das Kind verantwortlich gewesen oder hättest du es verhindern können und es wäre zu dem Sturz gekommen, dann wärst du jetzt schuldig, und dann könntest du jetzt Schuldgefühle haben. Aber du warst weder verantwortlich noch gab es die Möglichkeit des Verhinderns, also hast du keine Schuld.*

Entweder bist du verantwortlich oder du bist es nicht. Dann hast du Schuld oder du hast sie nicht. So, wie es geschehen ist, hast du ganz sicher keine Schuld. Also hast du auch keine Schuldgefühle.

Das Herz empfindet

Da ist Leid, und ich kann es nicht heilen. Da ist Schmerz, und ich schaffe keine Linderung. Da ist Sorge, und ich gebe keinen Trost. Da ist Angst, und ich bin keine Zuflucht.
Ich habe es nicht verursacht, und ich kann es nicht heilen, retten, lindern oder trösten. Ich leide, fühle mich verantwortlich und schuldig.

In diesem Zusammenhang ist festzustellen: **Schuld ist hier ein Gefühl, kein Gedanke!** Gefühlt wird mit dem Herz, nicht mit dem Verstand. Ich bin mir bewusst, dass unser Gehirn wohl die Gefühle hervorbringt. Hier und im ganzen Kontext des Buches sind die Ebenen, nicht die Neurologie, Physiologie oder Anatomie gemeint. Folglich unterliegen Schuldgefühle den Gesetzen des Herzens, und das sind die Gesetze der Liebe, der Einheit und des Heilseins. Ein wahrgenommenes Leid kann vom Herz nicht als »fremdes, getrenntes Leid« empfunden werden. Daher gibt es ständig eine empfundene Zuständigkeit für alles Leid. Die Liebe kann nicht wegsehen, sie will und muss heilen, lindern und retten, um selbst heil und gerettet zu sein.

Aus dem Empfinden der Einheit alles Seienden wird die Verantwortung für alles Seiende geboren. Diese Verantwortung bringt es mit sich, dass ein ungeheiltes, ungelindertes und ungerettetes Leid zur Empfindung von Schuld führen kann.

Auch wenn der Verstand die Schuld aufgrund der Logik ausschließt, womit er im kausalen Sinn im entsprechenden Fall völlig recht haben mag, so bleibt im Herzen doch das Gefühl der Schuld. Da der Verstand sie nicht erkennt, ist sie eine Unbewusste Schuld. Der Verstand kann diese Dimension nicht erfassen. Sein polares Instrumentarium hat in der Einheit weder Gültigkeit noch Kraft. So bleibt das Gefühl der Schuld, das tief in uns schlummert, ungesehen, verschwommen, verborgen, ungefühlt und unbewusst – aber alles andere als wirkungslos!

UNBEWUSSTE SCHULD DURCH EIGENES UNGEHEILTES LEID

In dem gerade aufgeführten Dialog zwischen Verstand und Herz, bezüglich des Leides des Kindes auf der anderen Seite des Flusses, geht es um das ungeheilte Leid eines anderen Wesens. Diese Aufteilung zwischen der leidenden und der mitfühlenden/mitleidenden Instanz habe ich zur besseren Verständlichkeit auf diese Weise dargelegt.

Tatsächlich geht es darum, dass es »das Leidende« und »das Mitfühlende« gibt. Genauer gesagt geht es einzig und allein um das ungeheilte Leid und das Mitfühlende.

Ob diese beiden »Instanzen« auf zwei Personen aufgeteilt sind oder innerhalb einer Person stattfinden, spielt tatsächlich keinerlei Rolle!

Es geht im Kern nur darum, dass ein Leid nicht geheilt werden kann. Punkt. Also kann es uns passieren, dass wir eine Unbewusste Schuld für ein ungeheiltes Leid, das wir selbst erleben, unbemerkt auf uns nehmen. (Bitte lesen Sie diesen Abschnitt noch zweimal mitdenkend ganz in Ruhe – diesen Aspekt gilt es wirklich zu verstehen und zu verinnerlichen.)

In diesem Sinne könnten wir von primärem und sekundärem ungeheiltem Leid und in der Folge von primärer und sekundärer Unbewusster Schuld sprechen. Diese Differenzierung nutze ich weder für mein eigenes Verständnis noch für meine Arbeit in der Praxis: Sie dient einzig und allein als Erklärung an dieser Stelle.

Als **primäres Leid** könnten wir das unmittelbare, direkte Leid bezeichnen. Also z. B. das Leid meines Kindes/meines Bruders/meiner Mutter. Ich erlebe also das ungeheilte Leid eines anderen Menschen mitfühlend mit.

Als **sekundäres Leid** könnten wir das »vermittelte«, das indirekte Leid bezeichnen, welches durch das Leid meines Kindes/meines Bruders/meiner Mutter bei mir selbst entsteht. Haben Sie, besonders wenn Sie Mutter oder Vater sind, nicht auch schon Situationen erlebt, in welchen Sie etwa so dachten und empfanden: *Ach, könnte ich das Leid meines Kindes/dieser Person doch nur auf mich nehmen! Müsste nur ich es aushalten, wäre das einfacher, als hilflos das Leid des anderen erleben zu müssen!* Haben Sie?

Das ursprüngliche Leid des anderen wäre in dieser Hinsicht also das »primäre« Leid. Mein Leid, verursacht durch dieses primäre Leid des anderen, ist dann das »sekundäre« Leid. Hier geht es fast immer um Ohnmacht und Hilflosigkeit.

Der Aspekt des »eigenen Leides durch das Leid des anderen« darf bei der Arbeit mit LösUS und Selbstvergebung auf keinen Fall übersehen oder vernachlässigt werden.

Um die Sache auf die Spitze zu treiben, denn so findet es in der Praxis und damit im Leben tatsächlich ständig statt, möchte ich noch dieses Beispiel einbringen: Stellen Sie sich vor, Sie persönlich haben etwas ganz Ungutes erlebt. Sie sind durch eine wichtige Prüfung gefallen und am Boden zerstört, Sie wurden schmerzhaft verlassen, Sie haben massive Grobheit erdulden müssen oder leiden an einer schweren körperlichen Beschwerde. Es gibt einen Menschen, welcher von Ihrem Zustand berührt und mitleidend betroffen ist; so leiden etwa Ihre Mutter, Ihr Vater, Ihr Partner oder Ihr Kind sehr mit Ihnen mit.

Das »primäre« ist jetzt also bei Ihnen, das »sekundäre« Leid bei dem mitleidenden Mitmenschen. Aber wie geht es Ihnen nun damit, dass es dem anderen mit Ihrem Leid so schlecht geht?

Haben Sie auch schon mal jemandem Ihr Leid »verheimlicht«, damit es dem anderen mit Ihrem Leid nicht schlecht geht – und vielleicht auch noch, weil es sonst Ihnen selbst mit dessen Leid dann wiederum nicht gut geht? Dann wissen Sie, wovon ich spreche. Natürlich gilt es, auch diese Aspekte in den Prozess der Lösung von Unbewusster Schuld plus Selbstvergebung einzubeziehen und gezielte Sätze dafür zu sprechen.

DER UNSICHTBARE RUCKSACK

Zur Verdeutlichung können wir uns die Unbewusste Schuld als einen unsichtbaren Rucksack vorstellen. Vielleicht haben Sie ihn sich schon vor Jahren, ohne es zu bemerken, aufgesetzt. Das kann schon sehr viele Jahre her sein, oder Sie sind schon damit geboren. Sie sind ihn so gewöhnt, dass Sie ihn längst nicht mehr wahrnehmen. Frage ich Sie, ob Sie eine Unbewusste Schuld haben, so drehen Sie sich um und schauen, ob Sie diesen unsichtbaren Rucksack sehen. Sie verneinen, da Sie ihn nicht erblicken können. Da stimme ich zu, niemand kann einen unsichtbaren Rucksack sehen.

Ich schlage Ihnen deshalb vor zu probieren, wie es sich anfühlt, wenn Sie so tun, als würden Sie den unsichtbaren Rucksack abnehmen. Durch dieses »So-tun-als-ob« können Sie im Nachhinein feststellen, ob Sie diesen Rucksack getragen haben.

- Geschieht nach dem So-tun-als-ob-Abnehmen nichts, dann war da kein unsichtbarer Rucksack, also keine Unbewusste Schuld.
- Fühlen Sie sich nach dem So-tun-als-ob-Abnehmen leichter, dann gab es doch einen unsichtbaren Rucksack, eine Unbewusste Schuld. In diesem Fall ist nichts mehr zu tun, denn es ist schon getan.
- Fühlen Sie nach dem So-tun-als-ob-Abnehmen aber Schmerzen, die Schmerzen der Schultern und Muskeln, die Schmerzen des langen Tragens einer Last, die Schmerzen der verletzten Gefühle, so war da eine Unbewusste Schuld (ein unsichtbarer Rucksack), und nun kann deren Heilung geschehen.

Es kann auch sein, dass Sie die Schmerzen und Belastungen bereits spüren, während Sie noch unwissend den unsichtbaren Rucksack tragen. Aber wie gut sind Schmerz und Erschöpfung von dem langen Tragen zu heilen, wenn Sie noch immer die Last des unsichtbaren Rucksackes mit sich tragen? Während Sie die Last noch tragen, also mit dem Rucksack auf dem Rücken, lassen sich die durch das Tragen verursachten Schmerzen vielleicht vorübergehend lindern, aber heilen lassen sie sich sicher erst dann, wenn Sie die Last tatsächlich von sich genommen haben.
Ebenso ist es auch mit der Unbewussten Schuld:

- Seelische Schmerzen lassen sich nicht nachhaltig lösen, wenn sie mit einer bestehenden Unbewussten Schuld verknüpft sind. Zuerst ist die Unbewusste Schuld zu lösen, dann lassen sich die seelischen Verletzungen heilen (siehe auch »Zwei Typen von emotionaler Belastung« auf Seite 52).
- Um herauszufinden, ob ein unsichtbarer Rucksack vorhanden ist, gibt es keinen anderen Weg, als es durch das So-tun-als-ob-Abnehmen auszuprobieren. Genauso gibt es keinen anderen Weg, um herauszufinden, ob Unbewusste Schuld vorhanden ist, als die Entnahme von Unbewusster Schuld auszuprobieren.

- Egal, was durch das So-tun-als-ob-Abnehmen gespürt wird – *wenn* etwas gespürt wird, dann war ein unsichtbarer Rucksack vorhanden, eine Unbewusste Schuld wurde also getragen!

Die Frage nach der Existenz von Unbewusster Schuld lässt sich allein über die sogenannten Schuld-Entnahme-Sätze klären. (Die Bildung der Schuld-Entnahme-Sätze wird weiter unten beschrieben.) Oft kann der Verstand diese Sätze nicht wirklich verstehen oder er kann oder will ihnen nicht zustimmen. Das macht nichts, das ist in Ordnung. Es geht nicht darum, einen Hut vom Kopf zu nehmen. Es geht darum, das Herz von einer Last zu befreien.

UNBEWUSSTE SCHULD KANN WIE EINE LÄHMUNG WIRKEN

So wie ein unsichtbarer Rucksack eine ständige Last ist, die uns Kraft kostet, unsere Wendigkeit und unsere Bewegungsfreiheit einschränkt, so schwächt uns Unbewusste Schuld und hindert uns daran, tatkräftig an der Lösung von Problemen zu arbeiten. Unbewusste Schuld kann uns in eine Art von »innerer Lähmung« versetzen. Die Lösung von Unbewusster Schuld erhöht unsere Tatkraft, steigert unsere Konstruktivität, verbessert unsere Problemlösungsfähigkeit, lässt unsere Lebensfreude wieder fließen.

UNBEWUSSTE SCHULD SCHON IN JUNGEN JAHREN

In der Praxis erlebe ich, dass selbst mit dem Thema vertraute Menschen hin und wieder auf die Idee kommen, sie könnten in den frühen Phasen ihres Lebens *keine* Unbewusste Schuld auf sich genommen haben. Denn schließlich seien sie damals noch viel zu klein gewesen, um den entsprechenden Vorgang und die Umstände verstehen zu können.

Anders als bei der allgemeinen Schuld, spielen für das unbewusste »Auf-sich-Nehmen« von Unbewusster Schuld der Entwicklungsgrad und die Einsichtsfähigkeit keine Rolle. Bei der Unbewussten Schuld geht es einzig und allein darum, ob ein Leid wahrgenommen und gefühlt wird und ob dieses Leid geheilt, gerettet, gelindert oder getröstet werden kann.

GEGENÜBERSTELLUNG VON ALLGEMEINER UND UNBEWUSSTER SCHULD

ALLGEMEINE SCHULD	UNBEWUSSTE SCHULD
Geschieht in der Außenwelt.	Geschieht in der Innenwelt.
Entsteht durch Normenverstoß.	Entsteht durch ungeheiltes Leid.
Findet auf Verstandesebene statt.	Findet auf Herzensebene statt.
Einsichts- und Steuerungsfähigkeit muss vorhanden sein.	Die Fähigkeit zu Mitgefühl muss vorhanden sein.
Ob ein Leid entsteht spielt eine untergeordnete Rolle.	Ob es sich um eigenes/ fremdes Leid handelt, spielt keine Rolle.
Verschulden ist für die Belastung mit tatsächlicher Schuld entscheidend.	Ob das Leid tatsächlich verschuldet wurde oder nicht, spielt keine Rolle.
Es geht um den Verstoß gegen Normen.	Es geht um ungeheiltes, gelindertes und gerettetes Leid.
Die allgemeine Schuld wird von einer Instanz gegeben.	Unbewusste Schuld wird selbst auf sich genommen.
Wirkt primär äußerlich.	Wirkt innerlich.
Wird durch den Entzug von Freiheit und/oder durch Verpflichtung vollzogen.	Wir vollziehen sie innerlich durch selbstauferlegte, unbewusste Wiedergutmachung.
Sie hemmt unsere äußere Freiheit.	Sie hemmt unsere innere Freiheit.
Entlastung geschieht durch die verletzte Instanz.	Lösung kann nur durch den Betroffenen selbst erfolgen.
Die Lösung: 1. Einsicht der Verfehlung 2. Aufrichtige Entschuldigung 3. Reue 4. Bitte um Vergebung 5. Akzeptanz der Strafe 6. Vollzug der Strafe	**Die Lösung:** Unbewusste Schuld wird durch den passenden Schuld-Entnahme-Satz genommen. Eventuell sind verknüpfte belastende Emotionen aktiv zu verarbeiten.

Ein Ungeborenes, ein Baby, ein Säugling oder ein Kleinkind kann keine allgemeine Schuld auf sich laden. Sehr wohl kann es aber Unbewusste Schuld auf sich nehmen. Da die Grundlage für Unbewusste Schuld die Fähigkeit des Fühlens ist, sind Ungeborene, Babys, Säuglinge, Kleinkinder und Kinder, wohl auch bedingt durch die Symbiose mit der Mutter und ihre starke (emotionale) Abhängigkeit von ihrer nahen sozialen Umgebung, ganz besonders empfänglich für Unbewusste Schuld. Die Empfänglichkeit für Unbewusste Schuld ist nicht durch psychische Reife, sondern durch die Fähigkeit zu Mitgefühl und Empathie bedingt.

Nichts beeinflusst unser Leben so sehr wie unsere Unbewusste Schuld.

FAZIT

An dieser Stelle möchte ich kurz innehalten und das bisher Gesagte auf den Punkt bringen:

- Jede Empfindung von Leid kann zu Unbewusster Schuld führen.
- Unbewusste Schuld bezieht sich immer auf ein bestimmtes leidvolles Erleben; sowohl auf eigenes als auch auf das eines anderen Wesens.
- Die Entstehung Unbewusster Schuld ist von allgemeiner Schuld unabhängig.
- Bei ihrer Lösung geht es um die durch sich selbst vollzogene Entnahme der Unbewussten Schuld.
- Unbewusste Schuld hemmt die Fähigkeit, mit Schwierigkeiten konstruktiv umzugehen und tatkräftig nach Lösungen zu suchen. Ihre Lösung erhöht Tatkraft, Kreativität, Konstruktivität und verbessert die Problemlösungsfähigkeit erheblich.
- Die Empfänglichkeit für Unbewusste Schuld ist nicht durch psychische Reife, sondern durch die Fähigkeit zu Mitgefühl und Empathie bedingt.

KAPITEL 2 – DIE AUSWIRKUNGEN UNBEWUSSTER SCHULD

Wie wirkt sich Unbewusste Schuld auf die Gesundheit, die Gefühlswelt, die Lebensqualität, den Lebensweg und das Leben aus?

DIE INNERE WIRKUNG VON UNBEWUSSTER SCHULD

Als ich damals auf die Unbewusste Schuld gestoßen bin und ihre Auswirkungen und Mechanismen zu verstehen begann, war ich lange mit einer Frage beschäftigt: Warum hat die Unbewusste Schuld einen so massiven Einfluss auf unser Leben?

Wir Menschen leben seit jeher in Gruppen zusammen. Wir können davon ausgehen, dass auch schon die Vorläufer der frühen Menschen in dieser Hinsicht sehr ähnlich gelebt haben. Um diese Gruppen herum – wir können sie wohl auch Stämme nennen – war Wildnis. Mal war diese Wildnis Urwald, mal weites Grasland, mal Wüste, mal Eis, mal Gebirge, mal Küste. Der Bedrohungen der Wildnis waren Nahrungs- und Wassermangel, Hitze und Kälte und besonders wilde Tiere. Möglicherweise gab es auch die Gefährdung durch andere Stämme.

Die Überlebenschancen waren innerhalb des Stammes auf jeden Fall beträchtlich höher als allein. Der Gefahr des Alleinseins waren wir primär ausgeliefert, wenn wir von unserem Stamm ausgeschlossen wurden. Es ist naheliegend, dass es zu einem Ausschluss, zu einem Verstoßen-Werden kam, wenn die Regeln der Gemeinschaft ausreichend stark verletzt wurden. Schuld konnte also die Ursache für den Verlust der Zugehörigkeit zu unserer Überlebensgemeinschaft sein. Diesen Zusammenhang, **Schuld bedeutet Verlust der Zugehörigkeit bedeutet Verstoßen-Werden bedeutet unmittelbare Todesbedrohung**, haben wir über die gesamte Entwicklung der Menschheitsgeschichte (und vermutlich schon ähnlich als Vorläufer der Menschen) kontinuierlich erlebt. Zugespitzt könnte gesagt werden: »Schuld kann das Leben kosten!«

BEWUSSTE UND UNBEWUSSTE WIEDERGUTMACHUNG

Vermutlich existiert ebenso lange wie diese ständige untergründig schwelende Bedrohung eine Strategie für ihre Überwindung im Ernstfall: die Wiedergutmachung. **Wiedergutmachung war die Möglichkeit, den Ausschluss aus der Gruppe zu verhindern oder, im Falle des schon erfolgten Ausschlusses, die lebensrettende Rückkehr in die Überlebensgemeinschaft zu erreichen.** Ebenso zugespitzt könnte formuliert werden: »Wiedergutmachung kann Leben retten!«

So tief, wie sich der Zusammenhang von Schuld und Verstoßen-Werden in unserer Überlebenssoftware eingegraben hat, so tief hat sich dort auch die Wiedergutmachungs-Überlebensstrategie verewigt.

Haben wir diesen Zusammenhang wirklich begriffen und in seiner vollen Tragweite aufgenommen, so ist es nur noch ein Säbelzahntigerbabysprung weit zu dem Verständnis, dass ein im Unbewussten aufflammendes Gefühl von Schuld ebenso unverzüglich, aber unbewusst die Superwaffe gegen »Tod durch Ausschluss« aktiviert: jetzt allerdings die unbewusste Wiedergutmachung.

Da Unbewusste Schuld unbewusst ist,
ist auch deren Wiedergutmachung unbewusst.

Dieser sehr tiefe, hochrelevante und über 100.000 Generationen eingeübte Überlebensprozess läuft vollautomatisch und startet komplett lautlos. (Es wird so ungefähr angenommen, dass es uns Menschen ca. zwei Millionen Jahre gibt. Werden über die Zeitspanne der menschlichen Evolution für eine Generation durchschnittlich 20 Jahre angenommen, dann ergeben sich 2.000.000 Jahre geteilt durch 20 Jahre = 100.000 Generationen.)

Von der Aktivität der unbewussten Wiedergutmachung bekommen wir erst dann eine Ahnung, wenn wir beginnen, die Auswirkungen der vier unbewussten Wiedergutmachungsmechanismen in unserem Leben zu realisieren. Allerdings können diese Auswirkungen unser Leben so grundlegend beeinträchtigen, dass es uns entgeht, dass der gigantische Supertanker Leben seinen Kurs schon lange geändert hat. Unser Bewusstsein ist zu sehr in unseren tiefen und breiten Strom unseres unbewussten Lebens eingebettet, um am fern vorbeiziehenden Ufer die Änderung unseres Kurses wahrnehmen zu können. Wir erleben uns und unser Leben unbemerkt kontinuierlich aus der Tiefe verändert und halten es aus dem gewohnten ständigen Erleben heraus für »normal«.

IST DIE UNBEWUSSTE WIEDERGUTMACHUNG EINE ÜBERLEBENSREAKTION ODER EIN KURZSCHLUSS?

Gut. Tatsächliche Schuld ist im Hinblick auf die Zugehörigkeit zur Gemeinschaft überlebensrelevant. Nachvollziehbar!

Unbewusste Schuld entsteht durch ungeheiltes Leid aufgrund von Mitgefühl. Akzeptiert!

Aber was hat das eine wirklich mit dem anderen zu tun? Die Unbewusste Schuld des Nicht-heilen-retten-lindern-trösten-Könnens ist doch gerade keine allgemeine Schuld, welche eben im Ernstfall zum Ausschluss führen kann! Warum sind die Antworten auf diese beiden grundverschiedenen Vorgänge so ähnlich? Beides mündet in Wiedergutmachung – bei tatsächlicher Schuld in bewusste Wiedergutmachung, bei Unbewusster Schuld in unbewusste Wiedergutmachung.

Für mich gibt es für die Anwendung der unbewussten Wiedergutmachung, durch das Unbewusste infolge Unbewusster Schuld, zwei mögliche Erklärungen:

Hypothese A: Unbewusste Wiedergutmachung ist eine Art Überlebensreaktion

Vielleicht ist die unbewusste Wiedergutmachung eine Art von Regulativ, um die Überlebensfähigkeit der Gemeinschaft (des Stammes) zu erhöhen.

Die Gesundheit des einzelnen Individuums war über weite Strecken der Evolution stark ausschlaggebend für das Wohlergehen und die Überlebensfähigkeit des Stammes. Daher kann das Nicht-Heilen-Retten-Lindern-Trösten gegenüber einem anderen oder sich selbst wie eine Nachlässigkeit, wie eine Schuld gegenüber der Vitalität und damit der Überlebensfähigkeit des ganzen Stammes – und damit auch letztendlich sich selbst – betrachtet werden. (Wir erinnern uns: Unbewusste Schuld kann auch für ein ungeheiltes Leid von uns selbst unbewusst auf uns genommen werden. Siehe Seite 29.)

Besonders plastisch lässt sich das verstehen, wenn wir uns vergegenwärtigen, dass wir entwicklungsgeschichtlich als Stamm für unser Überleben sehr lange umhergezogen sind. Wir verfolgten den Weg der gejagten Tiere, zogen der Reife der Beeren, Pilze und Früchte und den milderen Jahreszeiten nach. Zugleich wichen wir unguten Wetter- und Klimaveränderungen, Nahrungsknappheit, gefährlichen Tieren und anderen Stämmen aus. Hier mussten »alle Mann auf Zack sein«. Das uns in unserer Mobilität und sonstigen Anpassungsfähigkeit schwächende depressive oder verletzte Stammesmitglied – ob Kind, Frau, Mann – war eine reale Schwächung und Gefahr für unser aller Wohlergehen und Überleben.

Erst vor rund 12.000 Jahren begannen wir, sesshaft zu werden. Die Kultivierung der Pflanzen und der Ackerbau nahmen ihren Anfang. Auf der einen Seite wuchs damit die Menge der zur Verfügung stehenden Nahrungsmittel kontinuierlich und deutlich an, auf der anderen Seite wurde die Versorgungslage vom Wetter abhängiger. Auf jeden Fall verlor die »Stammesmobilität« nach und nach sehr an Bedeutung.

Ein anderer Hinweis dafür – neben der Verbesserung der Überlebensfähigkeit des Stammes –, dass es sich bei Unbewusster Schuld und ihren Folgen um eine Überlebensreaktion handeln könnte, zeigt sich aus meiner Sicht darin: Es findet sich auch heute noch das gleiche Element in allen Bereichen der allgemeinen Schuld. Sowohl in den meisten religiösen, spirituellen und moralischen Ansätzen als auch im Rahmen der Gesetze der Gesellschaft und ebenso im Dunstkreis der Gepflogenheiten, Traditionen und Gebräuche ist das Verweigern und Unterlassen von notwendiger Hilfe missbilligt und geahndet.

Hypothese B: Unbewusste Wiedergutmachung ist eine Art Kurzschluss

Vielleicht handelt es sich bei der unbewussten Wiedergutmachung um eine Art blinde Kurzschlussreaktion? Das Thema »Schuld« ist durch ihr Potenzial des tödlichen Ausschlusses aus der Überlebensgemeinschaft schon seit Anbeginn so bedrohlich und überlebensrelevant, dass möglicherweise der gesamte Komplex von Schuld massiv »hypersensibel« wurde. Vielleicht reagieren wir auf das Thema auch und gerade auf der unbewussten Ebene deshalb so extrem, da »Schuld« überlebensrelevant ist und sich unser Unbewusstes ständig mit dem Erhalt unseres Lebens beschäftigt. Vielleicht hat sich so etwas wie ein »hypersensibler Reflex« entwickelt, wenn es nur irgendwie um »Schuld« geht.

Zu dieser irrationalen Idee würde passen (das Unbewusste funktioniert nun mal nicht nach den gleichen Maßstäben wie unsere »Ratio« = lat. »Verstand«), dass es auch in unserer Zeit so ist, dass auf jeden Fall immer ein Schuldiger gefunden werden muss, wenn etwas Schlimmes geschehen ist. Auch wenn es eine offensichtlich unabwendbare Naturkatastrophe war. Ebenso will auf jeden Fall keiner schuld gewesen sein, egal, worum es geht. Es besteht eine regelrechte Allergie, fast schon Hysterie gegenüber Schuld.

Vielleicht führt die tief in uns eingegrabene Überlebensrelevanz von allgemeiner Schuld deshalb blind-reflexhaft zu einem sofortigen Auslösen des ebenso über Generationen bestehenden und bewährten Überlebensreflexes der unbewussten Wiedergutmachung bei Unbewusster Schuld.

Sicher bin ich mir bei diesen Überlegungen nicht, es sind Spekulationen. Allerdings ist diese offene Frage für das Entstehen, Verstehen und Lösen von Unbewusster Schuld auch nicht relevant.

Handelt es sich bei dem gesamten Komplex von LösUS und Selbstvergebung um eine Angelegenheit der »Evolutionspsychologie«? Oder hat das Ganze doch eine spirituelle Dimension? Müssen wir das wissen? Was wäre, wenn auch hier ein Sowohl-als-auch gilt? Schließen sich Spiritualität und Evolution grundsätzlich aus? Könnte nicht das eine aus dem anderen – oder umgekehrt entspringen? Darüber hatte ich ein langes und sehr interessantes Gespräch mit Gerry aus London, den ich in einem Café in St. Julians in Malta spontan ansprach, weil mir der Spruch auf seinem T-Shirt gefiel: *Look deep into nature, and than you will understand everything better.* Also: *Schau tief in die Natur, dann wirst du alles besser verstehen.*

Gerry studierte Biologie und Theologie – unser Gespräch war eine weite Reise. Dieser Austausch festigte meinen Entschluss bezüglich der Frage »Evolution oder Spiritualität?«. Mein Entschluss: Ich treffe hier für mich keine Entscheidung.

DIE VIER MECHANISMEN DER UNBEWUSSTEN WIEDERGUTMACHUNG

Monate nach meiner ersten bewussten Begegnung mit Unbewusster Schuld begann ich, die Relevanz des Themas zu erahnen. Bald war ich bei der Idee der unbewussten Wiedergutmachung angekommen. Weitere Monate war ich dann intensiv damit beschäftigt, während der Arbeit mit der Unbewussten Schuld zu beobachten und zu untersuchen, was die unbewussten Mechanismen der Wiedergutmachung genau sind. Vier Mechanismen ließen sich damals finden. Bis heute ist keiner neu dazugekommen.

Diese vier Mechanismen laufen tief in uns völlig unbewusst ab. Wir bemerken allein ihre Auswirkungen, die inneren Beweggründe nehmen wir nicht wahr. Wir kennen ihren Ursprung nicht und können keinen Bezug herstellen.

In der Praxis hat sich gezeigt, dass sehr selten alle vier unbewussten Wiedergutmachungsmechanismen gleichzeitig zum Zuge kommen. Häufig sind ein oder zwei Mechanismen deutlich erkennbar.

Vielfach tritt ein Mechanismus hervor, und ein zweiter kommt in abgeschwächter Form hinzu. Zumeist aber verschmelzen einige der vier Möglichkeiten zu einer Form, bei der sich die beteiligten Mechanismen nicht mehr klar voneinander unterscheiden lassen. Üblicherweise lässt sich dann nur noch ein vorherrschender Mechanismus erkennen, während ansonsten eine wenig differenzierbare Mischform der anderen wahrnehmbar ist.

Für das gute Gelingen von LösUS müssen wir uns mit dem **Wie**, dem **Warum** und der Frage, **welcher** Mechanismus hier oder da auftritt, nicht im Geringsten beschäftigen. Ihre exakte Identifizierung spielt keinerlei Rolle und bringt auch keinen Vorteil. Ganz im Gegenteil nimmt der unnötige Identifizierungsversuch eher den Fokus von der eigentlichen Arbeit. Während des Prozesses ist es für den Begleiter selbst notwendig und äußerst hilfreich, darauf zu achten, nicht in unnötiges »Hirnen« zu verfallen. Auch für ihn gilt es, im Fühlen, verbunden mit der Intuition, und wach im Wahrnehmen zu bleiben.

MECHANISMUS 1: DA ICH DIESE SCHULD HABE, DARF ES MIR (EMOTIONAL) NICHT GUT GEHEN

Die mit Unbewusster Schuld verbundenen Gefühle von z. B. Traurigkeit, Zorn, Wut, Verlassenheit, Schmerz, Kummer, Angst, Furcht, Ohnmacht etc. vergehen nicht. Sie bleiben fortwährend direkt wahrnehmbar erhalten oder tauchen bei passender Gelegenheit auf. Dabei sind sie mehr oder weniger spezifisch auslösbar:

Da ich daran schuld bin, leide ich weiter an belastenden Gefühlen.

Dieser Mechanismus ist fast immer aktiv. Er nimmt eine Sonderstellung ein.

Fallbeispiel für Mechanismus Nr. 1

Da ich daran schuld bin, darf es mir nicht gut gehen.

Eine ältere Dame litt immer wieder an vorübergehenden Phasen von Antriebslosigkeit und Schwermut. Sie war bei allerlei Ärzten, bei Psychologen und auch schon mehrmals auf Kur, aber ihre Verfassung hatte sich nicht spürbar oder nachhaltig geändert. Von einem Tag auf den anderen versank sie in diesen depressiven Zustand. Meistens ging sie am Abend ohne jedes Anzeichen ins Bett, um dann nach einer unruhigen Nacht, teilweise mit Schlaflosigkeit, morgens in der unguten inneren Situation zu erwachen. Damit hatte sie schon seit vielen Jahren zu kämpfen. Wie lange das schon so ging, konnte sie mir nicht sagen.

Ich bat sie, sich an diese Antriebslosigkeit und an diese Schwermut zu erinnern (zu diesem Zeitpunkt war sie frei davon). Sie sollte sich vorstellen, wie sie morgens erwachte und sich darin wiederfand. Dann bat ich sie, langsam von 73 (ihr aktuelles Alter) rückwärts zu zählen und sich dabei vorzustellen, dass sie in ihrem Bett liegt und immer jünger wird. Sie sollte so lange rückwärtszählen, bis sie den Eindruck hatte, ihr Zustand dort im Bett verändere sich. Ebenso bat ich sie, mich zu informieren, ob Bilder ihrer Vergangenheit in ihr aufstiegen.

Sie zählte eine ganze Weile still vor sich hin, bis sie mir überrascht von einem Bild berichtete: Sie sitzt in einem Krankenhauszimmer und ist aus Stein. Ich fragte sie nach der Geschichte des Bildes, und sie begann zu erzählen: Mit 24 Jahren hat sie geheiratet. In den Jahren darauf bekam sie zwei Kinder. Sie liebte ihren Mann sehr. Sie führten eine harmonische Ehe und freuten sich an ihrem Leben und an ihren Kindern. Während einer Geschäftsreise geriet ihr Mann unverschuldet in einen Autounfall und wurde schwer verletzt. Nach zwei Tagen auf der Intensivstation verstarb er. Sie war Tag und Nacht bei ihm, sah sein Leid, konnte ihm aber nicht helfen.

Hier haben wir ein ungeheiltes Leid und damit eine »gute« Gelegenheit für die Annahme von Unbewusster Schuld.

Nach drei Jahren heiratete sie erneut einen herzlichen Mann. Sie bekam mit ihm noch ein Kind. Trotz der schweren Vergangenheit lebte die neue Familie gut zusammen und erfuhr viele glückliche Zeiten.

Ihr zweites Glück wurde jedoch davon getrübt, dass sie immer wieder diese Phasen von Desinteresse, Tatenlosigkeit und Schwermut erlebte. Sie konnte sich diese Perioden nicht erklären, da sie keinen Grund in der Gegenwart erkennen konnte und sich sicher war, den Tod ihres ersten Mannes gut verarbeitet zu haben.

(Die genaue Erklärung über die Konstruktion der folgenden Sätze findet sich in Kapitel 9 im Abschnitt »Die Anwendung der LösUS-Technik«, Seite 282.)

Wir sprachen Sätze wie diese:

- *Ich nehme die Schuld dafür von mir, dass ich ihm seinen Schmerz nicht nehmen konnte.*
- *Ich nehme die Schuld dafür von mir, dass er unsere beiden Kinder nicht mehr sah.*
- *Ich nehme die Schuld dafür von mir, dass er starb und ich noch lebe.*
- *Ich nehme die Schuld dafür von mir, dass unsere beiden Kinder ihren Vater verloren haben.*
- *Ich nehme die Schuld dafür von mir, dass ich meinen geliebten Ehemann verloren habe.*
- *Ich nehme die Schuld dafür von mir, dass ich diese furchtbare Ohnmacht, diese lähmende Hilflosigkeit ertragen musste.*

Jeder der Sätze brachte eine unmittelbare Reaktion hervor. Sie wiederholte die Sätze so oft, bis für jeden einzelnen Satz die größtmögliche Erleichterung eintrat. Die Sitzung dauerte etwa eine Stunde und war unkompliziert und ruhig. Wir vereinbarten, sie werde sich in den nächsten Wochen melden, um zu sehen, was geschehen war.

Über ein halbes Jahr lang hörte ich nichts von ihr. Dann meldete sich ihr Mann bei mir, um einen Termin für sich selbst zu vereinbaren. Er erzählte mir, dass es seiner Frau nach dem Termin damals blendend gegangen sei. Sie habe so leicht, so erfrischt und so unbeschwert gewirkt wie selten. Bis heute sei das so geblieben. Er habe sich schon auf die nächste Phase der depressiven Verstimmung vorbereitet, aber bis heute kam es nicht dazu. Er kannte sie nun schon 35 Jahre, aber es gab noch nie ein so langes, beschwerdefreies Intervall. Für gewöhnlich kamen diese Phasen ungefähr alle acht Wochen. Er wusste das so genau, da er früher seine Arbeitszeiten so legte, dass er in diesen Tagen möglichst viel zu Hause bei ihr und den Kindern sein konnte.

Dieses Ereignis zeigt den Mechanismus Nr. 1 anschaulich. Die Gefühle von damals konnten sich nicht lösen, da sie mit Unbewusster Schuld verknüpft waren. Der völlig unbewusst ablaufende Mechanismus Nr. 1 sah bei ihr etwa so aus: *Wenn ich daran schuld bin, dass mein geliebter Ehemann schmerzvoll starb, er unsere Kinder nicht mehr sehen und nicht mehr bei ihnen sein konnte, wie darf es mir dann gut gehen? Wie darf ich glücklich sein? Wenn ich daran schuld bin, dass meine Kinder auf so schmerzliche Weise plötzlich ihren geliebten Vater verloren haben, wie darf ich mich des Lebens freuen? Es ist in Ordnung, dass es auch mir immer wieder richtig schlecht geht.*

Im Rahmen der Logik der unbewussten Wiedergutmachung von Unbewusster Schuld war das gut nachvollziehbar.

Die Sonderstellung von Mechanismus Nr. 1

Da ich diese Unbewusste Schuld habe, darf es mir (emotional) nicht gut gehen.

Dieser Mechanismus führt dazu, dass wir die mit dem ursprünglichen, ungeheilten Leid verbundenen belastenden und traumatischen Emotionen nicht hinter uns lassen können. Durch die Verstrickung mit der Unbewussten Schuld bleiben wir an diesen negativen Gefühlen haften. Sie klingen nicht ab. Entweder bleiben sie deutlich spürbar oder wie eine nicht mehr bemerkte

Hintergrundmusik ständig im Feld der Wahrnehmbarkeit. Oder sie tauchen in eine stumme Latenz ab und betreten die Bühne erst wieder durch spezifische Auslöser. Sie »vergehen« aber nicht. Erst durch die Entnahme der Unbewussten Schuld können sich diese fortwährend festgehaltenen Emotionen lösen.

MECHANISMUS 2: DAS, WOFÜR ICH UNBEWUSST SCHULD BIN, VERSUCHE ICH AUSZUGLEICHEN

Hier kommt häufig der Inhalt der Unbewussten Schuld direkt zum Tragen. Es entsteht ein ständiges, unbewusstes und selbstschädigendes Bemühen um Ausgleich. Es entwickelt sich ein übermäßiges Pflichtgefühl für die Angelegenheiten anderer:

Da ich daran schuld bin, versuche ich alles, um auszugleichen.

Dieser Mechanismus ist häufig aufzufinden.

Fallbeispiel für Mechanismus Nr. 2

Da ich daran schuld bin, versuche ich, es auszugleichen.

Eine Frau Mitte vierzig litt an einem Burn-out. Sie war erschöpft, konnte sich nicht konzentrieren, und ihr Schlafrhythmus war völlig durcheinander. Um sich zu erholen, hatte sie sich gezwungen, all ihren Urlaub zu nehmen und die Unmenge an angesammelten Überstunden abzufeiern. Gerade ging es darum, ob sie nun auf Kur gehen sollte oder nicht. Ihr Arzt und die Krankenkasse wollten sie unbedingt zur Erholung schicken. Sie mochte aber nicht auf Kur gehen, sondern bald wieder arbeiten. Sie hatte keine Kinder und lebte schon seit einigen Jahren allein. Die Schieflage ihres Schlafrhythmus war gut verständlich, da sie im Schichtdienst als Krankenschwester auf einer Intensivstation arbeitete. Ihre Erschöpfung war mir nicht wirklich klar, denn mir schien es so, als müsste es doch möglich sein, sich in der Freizeit zu erholen. Sie erlebte ihre Freizeit aber nicht als wirklich freie Zeit, da sie mehr oder weniger immer auf Abruf war, um eventuell den Dienst für ausfallende Kollegen zu übernehmen. Diese »Rufbereitschaft« hatte sie nicht offiziell, sondern es war zur Gewohnheit geworden, dass sie angerufen wurde, da sie bei einem solchen Anruf einfach nicht ablehnen konnte. Es fiel ihr schwer, ihren Kollegen etwas zuzumuten oder sie »hängen zu lassen«. Außerdem hatte sich ihr ursprüngliches Anliegen, alles für die Kranken auf der Intensivstation zu tun, fast schon zu einem Zwang entwickelt. Sie mochte, so gut es irgendwie ging, immer für alle da sein und sich um jedes Leid kümmern.

Ich fragte sie, wie es wohl wäre, wenn sie für jemanden nicht da sein könnte? Wie würde sich das anfühlen? Obwohl sie sich sonst sehr gut ausdrücken konnte, konnte sie es kaum mit Worten beschreiben. Sie konnte das Gefühl einigermaßen deutlich hervorholen, aber sie konnte es nur ganz schwer beschreiben. Das Einzige, was sie dazu sagen konnte, war, dass es sich wie eine dumpfe Ohnmacht anfühlen würde. Dann bat ich sie, dieses Gefühl der dumpfen Ohnmacht zu fühlen, die Augen zu schließen und zu warten, welche Bilder sich dazu zeigten. Es kamen einige Bilder, fast alle hatten mit Krankenhaus, mehr oder weniger mit Notsituation etc. zu tun. Etwas Bestimmtes oder Hervorstechendes kam nicht zum Vorschein. Da ich daraus nicht schlau wurde, bat ich sie, sich vorzustellen, dass all diese Bilder in einem Karteikasten ihrem Alter nach sortiert waren. Als sie den Kasten innerlich sehen konnte, bat ich sie, das hinterste, also das älteste Bild herauszunehmen und anzusehen. Sie sah sich bei ihrer Geburt und begann zu weinen. Was sie wusste, war, dass sie und ihre Mutter bei der Geburt fast gestorben wären und dass sie dann durch einen Notkaiserschnitt zur Welt kam. Sie hatte die Nabelschnur um den Hals. Als die Nabelschnur entfernt war, ging es ihr schnell besser. Für ihre Mutter war es noch einige Tage sehr kritisch.

Hier haben wir viel ungeheiltes Leid und damit eine »gute« Gelegenheit für die Annahme von Unbewusster Schuld.

Wir sprachen die passenden Sätze:

- *Ich nehme die Schuld dafür von mir, dass Mutter bei meiner Geburt fast gestorben wäre.*
- *Ich nehme die Schuld dafür von mir, dass Mutter bei meiner Geburt so gelitten hat.*
- *Ich nehme die Schuld dafür von mir, dass ich bei meiner Geburt fast gestorben wäre.*
- *Ich nehme die Schuld dafür von mir, dass es mir bei meiner Geburt so schlecht ging.*
- *Ich nehme die Schuld dafür von mir, dass Mutter so lange zwischen Tod und Leben stand.*

Jeder Satz brachte eine Belastungsreaktion. (Mit »Belastungsreaktion« ist gemeint, dass durch das Sprechen eines Satzes zur Entnahme von Unbewusster Schuld – also eines Schuld-Entnahme-Satzes – eine fühlbare Belastung im Körper und/oder den Gefühlen auftritt.) Es gab viele Tränen und viel zu verarbeiten. Dennoch war am Ende jeder Satz neutral und frei sprechbar geworden. Glücklicherweise hatte sie viele gute Erinnerungen an ihre Kindheit, an sich und ihre Mutter beim Spielen, beim Kochen und beim Geschichtenlesen mit Kuscheln. Diese guten Gefühle füllten das Vakuum und schufen so eine positive Ressource.

Wir hatten noch einen kurzen Termin zu dem Thema. Ab da begann sie, sich zu erholen und auch abgrenzen zu können.

Heute ist sie mit Herz bei der Arbeit – und mit Freude bei ihrer Freizeit. Ohne Anstrengung kann sie jede Frage nach ihrem Einspringen für andere frei abwägen und für sich angemessen entscheiden.

Der völlig unbewusst ablaufende Mechanismus Nr. 2 sah bei ihr etwa so aus: *Wenn ich daran schuld bin, dass es meiner Mutter bei meiner Geburt so schlecht ging, dann ist es einfach nur richtig, wenn ich alles dafür tue, dass es schwer kranken Menschen möglichst wieder gut geht. Es ist meine Pflicht, für sie da zu sein und meine ganze Zeit und Energie für sie zu verwenden. Anderen zu helfen ist viel wichtiger als meine Freizeit und meine Erholung.* Auch hier ist die Logik offensichtlich.

Im Laufe der Jahre hatte ich immer wieder mit Menschen aus Pflegediensten, mit Krankenhausmitarbeitern, mit Rettungsassistenten zu tun. Inzwischen bin ich geneigt zu behaupten, dass dieser ganze Betrieb gegenwärtig nur deshalb in der derzeitigen Weise auf dem Rücken dieser Menschen ausgetragen werden kann, weil eine nicht unerhebliche Anzahl von ihnen, aufgrund der Verknüpfung mit Unbewusster Schuld, den unbewussten Drang hat, so hart und selbstschädigend zu arbeiten und diesbezüglich nicht wirklich eine freie Entscheidung hat. Eine Gesellschaft, die sich die Unbewusste Schuld ihrer Mitglieder zu ihrem Funktionieren zunutze macht, sich an ihnen bereichert, ist eine ungesunde Gesellschaft.

MECHANISMUS 3: DAS, WORAN ICH UNBEWUSST SCHULD BIN, ENTHALTE ICH MIR SELBST VOR

Auch hier kommt oft der direkte Inhalt der Unbewussten Schuld zum Ausdruck. Völlig unbewusst enthalten wir uns das vor, was der Leidende auch nicht hatte:

Da ich daran schuld bin, darf ich es auch nicht haben.

Auch dieser Mechanismus ist häufig aufzufinden.

Fallbeispiel für Mechanismus Nr. 3

Da ich daran schuld bin, enthalte ich es mir vor.

Vor etwa sechs Jahren kam ein Mann in die Praxis und sagte frei heraus, dass er ein Problem mit Häusern hätte. Er erzählte, dass er sich mit 25 Jahren sein erstes Haus gekauft hätte. Mit 26 Jahren verlor er das Haus jedoch durch eine Scheidung. Als er etwa 32 Jahre alt war, hatte er sein zweites Haus. Zwei Jahre später brannte es ab. Wieder einige Jahre später hatte er sein drittes Haus und eine Firma. Das Haus war wunderschön. Die Firma geriet in Schieflage, er verlor einen Gerichtsprozess, der ihn das Haus kostete. Inzwischen war er darauf gekommen, dass er mit dem Thema »Haus« offensichtlich ein Problem haben musste.

Ich versuchte zu erkennen, ob er vielleicht ein sehr leichtfertiger Mensch oder eine Spielernatur war. Beides war nicht der Fall. Er stand mit beiden Beinen fest auf dem Boden der Tatsachen und war ein fleißiger und sparsamer Mensch.

Ich fragte ihn nach seiner Geschichte, nach seiner Kindheit, aber ich konnte nichts erkennen, das mir einen hilfreichen Hinweis gegeben hätte. Dann fragte ich ihn nach dem Gefühl, das er jeweils bei dem Verlust der Häuser gehabt hatte. Er sagte, es fühle sich an, wie »vor dem Nichts zu stehen, alles verloren zu haben ... hoffnungslos alles verloren zu haben«. Auch fragte ich ihn nach dem Gefühl, das ihm der Besitz eines Hauses vermittelt. Er antwortete, es bedeute für ihn »Sicherheit und Daheimsein«.

Ich bat ihn, sich in das Gefühl von »hoffnungslos verloren haben« zu vertiefen. Mit einfachen hypnotischen Techniken half ich ihm dabei. Als er mitten in diesem Gefühl war, forderte ich ihn auf, mir das Bild zu nennen, welches ihm jetzt spontan dazu kam. Er sah ein großes Schneefeld und eine Wagenspur. Ich fragte ihn, was er an dem einen Ende der Spur sah, und er erkannte Häuser. Daraufhin fragte ich ihn, was er am anderen Ende der Spur sah: Dort sah er Menschen, die einen Leiterwagen zogen. Auf meine Frage, wie dieses Bild im Zusammenhang mit seinem Leben stehen könnte, fiel ihm ein, dass seine Großeltern im Krieg als Deutsche aus dem Osten vertrieben worden waren. Sie mussten damals fliehen und konnten nur das Nötigste auf einen Leiterwagen packen und sich davonmachen. Später hatten sie sich im Schwäbischen angesiedelt und dort eine neue Heimat gefunden.

Ich fragte ihn, wie er von der Flucht erfahren hatte. Sein Großvater hatte es ihm erzählt, als er etwa zehn Jahre alt war. Auf meine Frage hin, wie es ihm bei dieser Erzählung damals gegangen war, sagte er, dass ihm seine Großeltern unglaublich leidgetan hätten.

Hier hatten wir das ungeheilte Leid und damit eine »gute« Gelegenheit für die Annahme von Unbewusster Schuld.

Wir sprachen im Wesentlichen diese Sätze:

- *Ich nehme die Schuld dafür von mir, dass meine Großeltern vertrieben wurden.*
- *Ich nehme die Schuld dafür von mir, dass meine Großeltern alles hoffnungslos verloren haben – ihr Haus, ihre Felder und ihre Heimat.*
- *Ich nehme die Schuld dafür von mir, dass meine Großeltern vor dem Nichts standen.*

Nach jedem dieser Sätze kam es zum Ausbruch belastender Emotionen, die sich gut verarbeiten ließen. Schließlich konnte er gegen Ende der Sitzung alle zuvor mit Unbewusster Schuld beladenen Sätze ohne jede belastende Emotion sprechen. Wir fanden auch noch eine positive Ressource, mit der sich das Vakuum füllen ließ. Seine Großeltern hatten sich damals in den Wirtschaftswunderjahren wieder ein Haus erarbeitet und lebten in diesem schönen Haus in Wohlstand bis an ihr Lebensende. Diese Tatsache war ihm bisher nicht bewusst gewesen.

Er verließ die Praxis guter Dinge. Wegen anderer Angelegenheiten stehen wir noch heute in loser Verbindung. Bald nach unserem Termin hatte er sein viertes Haus gekauft, das er bis heute besitzt. Der völlig unbewusst ablaufende Mechanismus Nr. 3 sah bei ihm etwa so aus: *Wenn ich daran schuld bin, dass meine Großeltern ihr Haus, ihre Heimat und ihre Felder verloren haben, dann darf auch ich kein eigenes Haus und mit ihm Heimat haben. Deshalb werde ich das Haus wieder los.*

Der Mechanismus Nr. 3 ist hier offensichtlich: *Wenn ich meine Großeltern nicht davor schützen konnte, alles zu verlieren, dann ist es nur recht und billig, dass auch ich mir Haus und Heimat vorenthalte.*

Folgen wir dieser Logik, so ist das mehrfache Verlieren eines Hauses ein angemessener Wiedergutmachungsmechanismus, welcher ihm nach dieser völlig unbewussten Logik die Zugehörigkeit zu seinem Stamm und damit das Überleben sichert.

Faktisch haben sie es natürlich nicht wegen ihm verloren, aber er hatte dieses unbewusste Schuldgefühl, diese Unbewusste Schuld. Wer kann diesen Satz in voller innerer Wahrheit und mit dem Gefühl von reinem Anstand aussprechen: *Ja, mir steht ein eigenes Haus und eine Heimat zu, auch wenn meine Großeltern ihr Haus, ihre Felder und ihre Heimat verloren haben und in bitterer Not waren!* Sehr wenige! Daher ist die unlogische Geschichte dieses Mannes völlig logisch.

MECHANISMUS 4: DAS, WORAN ICH UNBEWUSST SCHULD BIN, MACHE ICH MIR ZUR STRAFE

Ebenso kann hier der Inhalt der Unbewussten Schuld ausschlaggebend sein. Mit der Strafe geht es dem Menschen auf eine gewisse Weise besser, als wenn er diese Strafe nicht hätte. Er hält an der Strafe unbewusst fest, da sie eine gewisse Erlösung bedeutet:

Da ich daran schuld bin, habe ich diese Strafe verdient.

Dieser Mechanismus fällt bei der häufig auftretenden Vermischung von Wiedergutmachungsmechanismen selten deutlich ins Gewicht.

Fallbeispiel für Mechanismus Nr. 4

Da ich daran schuld bin, bestrafe ich mich dafür.

Ein Mann wollte seine langjährigen Knie- und Schulterschmerzen behandeln lassen. Er war schon bei einigen Ärzten vorstellig gewesen und alles war so weit abgeklärt, dass wir davon ausgehen konnten, dass es sich weder um Gelenkschäden noch um Gicht oder Rheuma oder um Neuralgien handelte. Das Beschwerdebild passte auch nicht wirklich zu einer dieser Möglichkeiten, da die Schmerzen mal da waren und mal nicht, mal tags und mal nachts, mal in Ruhe und mal bei Belastung auftraten. Nicht einmal gegenüber Wärme und Kälte zeigten sie eine beständige Reaktion. Außer Musterlosigkeit ließ sich kein Muster finden.

Seltsamerweise konnte er mir auf den Tag genau angeben, wann die Beschwerden begonnen hatten. Erstaunlich war ebenso, dass die Schmerzen an allen vier Gelenken am gleichen Tag angefangen hatten – nämlich einem Tag, nachdem er von einem Gericht freigesprochen worden war.

Er hatte damals einen Beruf mit viel Verantwortung. Obwohl er alles richtig machte, kam es zu Opfern. Er kannte die Toten gut, und auch deren Familien waren ihm vertraut.

Hier haben wir wieder viel ungeheiltes Leid und damit eine »gute« Gelegenheit für die Annahme von Unbewusster Schuld.

Routinemäßig wurde der Fall von der Staatsanwaltschaft untersucht. Es wurde geprüft, ob er sich der fahrlässigen Tötung schuldig gemacht hatte. Zwei Gutachten belegten, dass er sich absolut nichts hatte zuschulden kommen lassen. Er hatte alles richtig gemacht. Dieser Meinung schlossen sich der Staatsanwalt und das Gericht an, und so wurde er auf ganzer Linie entlastet und völlig frei von jedem Verdacht entlassen. Doch am Tag darauf begannen die Beschwerden.

Wir sprachen die passenden Sätze:

- *Ich nehme die Schuld dafür von mir, dass diese Menschen so schmerzhaft gestorben sind.*
- *Ich nehme die Schuld dafür von mir, dass diese Frauen ihre Männer verloren haben.*
- *Ich nehme die Schuld dafür von mir, dass die Kinder ihre Väter verloren haben.*
- *Ich nehme die Schuld dafür von mir, dass ich und meine Kollegen einige unsere Kollegen verloren haben.*

- *Ich nehme die Schuld dafür von mir, dass ich verdächtigt wurde, für den Tod meiner befreundeten Mitarbeiter schuldig zu sein.*
- *Ich nehme die Schuld dafür von mir, dass es so viel Schmerz gegeben hat.*
- *Ich nehme die Schuld dafür von mir, dass ich lebe.*

Jeder Satz brachte unmittelbare Erleichterung. Der ganze Vorgang lief sehr ruhig und undramatisch ab. Anfangs war es schwierig, den Herrn dazu zu bewegen, diese seltsamen Sätze zu sprechen. Erst nachdem ich ihm das Thema der Unbewussten Schuld in Ruhe erklärt hatte, war er damit einverstanden.

Wir hatten seitdem nur noch zweimal kurzen telefonischen Kontakt. Dabei erzählte er mir, dass es mit seinen Gelenken immer besser wurde. Außerdem konnte er wieder schlafen, was er zuvor gar nicht erwähnt hatte. Der völlig unbewusst ablaufende Mechanismus Nr. 4 sah bei ihm etwa so aus: *Wenn ich daran schuld bin, dass diese geschätzten und befreundeten Männer, die mir vertraut haben, völlig unschuldig wegen mir so schmerzhaft durch physische Gewalt gestorben sind, ihre Frauen nun verwitwet und ihre Kinder Halbwaisen sind, dann ist es nur gerechtfertigt, dass auch ich Schmerzen habe und es mir auch nicht mehr gut geht.*

Diese Logik ist wirklich hart. Aber innerhalb dieser Logik geht es dem zur Wiedergutmachung bereiten Schuldigen besser, wenn er dadurch Teil seiner Überlebensgemeinschaft bleiben darf. Am besten geht es ihm natürlich, wenn er sich von der Unbewussten Schuld lösen kann, die mit ihr verstrickten belastenden Emotionen weichen können, das Unbewusste die unbewussten Mechanismen der Wiedergutmachung wegen der jetzt fehlenden Notwendigkeit fallen lässt und auch die körperlichen Schmerzen vergehen.

ZWEI TYPEN VON EMOTIONALER BELASTUNG

Es scheint, als gäbe es zwei grundlegend verschiedene Typen von emotionaler Belastung.

- Der **vergängliche Typus** verschwindet mit der Zeit von selbst oder lässt sich mit EMDR, EFT, Konfliktlösungssätzen, Homöopathie etc. gut auflösen.

- Der **resistente Typus** vergeht nicht von selbst und lässt sich kaum oder gar nicht, auch nicht mit guten Werkzeugen, verarbeiten. Er hinterlässt wahrnehmbare und lang anhaltende Veränderungen. Es verbleibt zum einen eine erhöhte spezifische Sensibilität im Sinne einer auslösbaren, emotional belastenden Reaktion. Zum anderen setzt eine weniger leicht entdeckbare, meist schleichende Veränderung der inneren und äußeren Realität ein. In solchen Fällen lohnt es sich sehr, gezielt nach der Unbewussten Schuld zu suchen. Ist sie gefunden und behoben, so ist die Verarbeitung der Belastung meist eine wirklich unkomplizierte Angelegenheit – wenn sie nicht gar schon allein durch das fühlende Wiederholen der passenden Schuld-Entnahme-Sätze völlig aufgelöst ist.

Diesem Phänomen der Vergänglichkeit oder Resistenz von emotionalen Belastungen bin ich seit Jahren auf der Spur. Für mich erhärtet sich zunehmend der Verdacht, dass der vergängliche Typus frei von Unbewusster Schuld ist. Hingegen scheint mir der resistente Typus stets mit Unbewusster Schuld verstrickt zu sein. Inzwischen finde ich dafür in der Praxis so gut wie keine Ausnahme mehr.

ZEIT IST UNTÄTIG

Vor dem Hintergrund dieser Beobachtung möchte ich das Sprichwort *Die Zeit heilt alle Wunden* relativieren: *Die Zeit heilt vielleicht die von Unbewusster Schuld freien Wunden. Für die mit Unbewusster Schuld verbundenen Wunden stellt sie lediglich den Raum zur Heilung zur Verfügung.* Nur weil Zeit vergeht und ein aktuelles, direkt fühlbares ungeheiltes Leid durch den Strom der Lebensereignisse von der Oberfläche der Wahrnehmung in die Besenkammer unseres Unbewussten gespült wurde, um dort nun als hintergründiges, verborgenes ungeheiltes Leid weiter zu existieren, »vergeht« dieses ungeheilte Leid noch lange nicht. Später werden wir auf diese bedeutungsvolle Wahrheit zurückkommen.

DAS DRAMA-PERPETUUM-MOBILE

Nachdem wir uns die vier Mechanismen der unbewussten Wiedergutmachung von Unbewusster Schuld angesehen haben, gehe ich nun näher auf die unmittelbaren Folgen ein.

Ein ungeheiltes Leid wird erlebt, und dafür wird Unbewusste Schuld auf sich genommen. Ob dieses Leid selbst oder an jemand anderem erlebt oder von den Ahnen übernommen wurde, ist unerheblich. Unbewusst wird dadurch ein inneres Drama erschaffen, und mit diesem wird sich im Kreis gedreht.

Der Inhalt des ungeheilt gebliebenen Leides formt unbewusste Ängste und unbewusste Wünsche. Greifen wir das zuvor beschriebene Beispiel auf, so lassen sich die zentralen Ängste etwa so formulieren: *Wenn es meinen Großeltern durch den Haus- und Heimatverlust so schlecht ging, dann will ich das niemals erleben. Das muss ganz furchtbar sein.*

Die spiegelbildlichen Wünsche lassen sich etwa so formulieren: *Weil Haus- und Heimatlosigkeit schlimm ist, sehne ich mich nach Sicherheit, einem eigenen Haus und einer verlässlichen Heimat.*

So kann es eine tiefe oder auch die zentrale Lebensmotivation werden, dem Inhalt der Unbewussten Schuld im Aspekt der Angst zu entkommen und den gleichen Inhalt im Aspekt des Wunsches zu erlangen: *Bloß nie haus- und heimatlos werden – unbedingt immer Heim, Heimat und Sicherheit haben!*

Zugleich wird unbewusst die überlebenswichtige unbewusste Wiedergutmachung verfolgt: *Wenn ich meine Großeltern nicht schützen konnte, ich daran schuld bin, dass es ihnen durch den Verlust ihres Hauses und ihrer Heimat so schlecht ging, dann darf es mir nicht gut gehen. Mir stehen Haus, Heimat und Sicherheit nicht zu.*

Die Macht des Unbewussten hilft großzügig, subtil und tatkräftig bei der Umsetzung der unbewussten Wiedergutmachung. Damit werden die einst unbewussten Ängste bewusst erlebt, und es wird weiter den dadurch bewusster werdenden Wünschen sehnsüchtig nachgelaufen.

Wir finden uns in den dramatischen Schleifen unserer Lebensachterbahn wie ein Gefangener wieder, der mit aller Kraft versucht, aus seinem Leidensgefängnis auszubrechen, zugleich aber unbewusst freiwillig hierbleibt, um durch überlebensdienliche Wiedergutmachung seine Unbewusste Schuld vergeblich abzutragen, während er sich seine sehnlichsten Wünsche vorenthält.

Die wahren Dramen im Leben entstehen, wenn der innere Wille und der äußere Wille nicht die gleichen Wege gehen und nicht die gleichen, sondern sogar gegensätzliche Ziele verfolgen.

DER ZWEITE AUFGUSS

Ein solcher auf Unbewusster Schuld, (unbewussten) Ängsten und (unbewussten) Wünschen beruhender Mechanismus, der von den Vorfahren unbewusst übernommen wurde, kann ebenso unbewusst an die eigenen Kinder und Kindeskinder weitergegeben werden. So kann es, was fortlaufend geschieht, zu einem Mehrgenerationen-Drama-Perpetuum-Mobile kommen.

Wurde eine solche Prägung von Unbewusster Schuld in dieses Leben mitgebracht, so besteht die hohe Tendenz, dass unser jetziges Leben Erfahrungen in Form von Ereignissen generiert, welche für uns die bisher unbewussten Ängste und Wünsche unmittelbar erfahrbar machen. Das Mitgebrachte, das zuvor subtil-massiv unter der Oberfläche lag, bricht sich durch eigenes traumatisches Erleben seinen Weg in die unmittelbare Wahrnehmbarkeit der Gegenwart.

Vielleicht erleben wir als Kind irgendeine Art von Missbrauch, welche aus dem Gedächtnis zu verschwinden scheint und uns in der Mitte des Lebens in Form von Ohnmacht und Hilflosigkeit in einer auslösenden Situation wieder einholt. Auf der Suche nach der eigentlichen Quelle für diese in unserem Leben gegenwärtigen belastenden Emotionen findet sich dann der Missbrauch in der Kindheit. Gehen wir noch weiter in die Tiefe an den tatsächlichen Ursprung dieses Leides, in den vorgeburtlichen dunklen Ahnungsraum, so findet sich hier vielleicht ein Trauma der gewaltsamen Vertreibung aus der Heimat, welche unsere Ahnen erdulden mussten oder wir in einem eigenen Vorleben erfahren haben.

Wollen wir aber wirklich in Lösung kommen, so gilt es, den tiefsten, den ersten Ursprung der »Perlenkette der Leidwiederholungen« aufzusuchen und hier mit LösUS und Selbstvergebung zu arbeiten. Ob dieser Ursprung ein, zwei ... oder sieben Generationen/eigene Leben zurückliegt, spielt keine Rolle. Bleiben wir beim Kindheitstrauma stecken, lässt sich keine wirkliche Lösung finden; gerade mal eine gewisse (vorübergehende) Erleichterung tritt ein.

Gelingt es nicht, eine mitgebrachte Unbewusste Schuld in diesem Leben zu lösen, und wird sie noch durch eigene traumatische Erfahrungen ausgeschmückt und verstärkt, so ist die Wahrscheinlichkeit sehr hoch, dass unsere Kinder damit belastet werden. Um den unbewussten Schmerz in ihrem eigenen Leben klarer fassbar zu bekommen, generieren dann auch sie häufig unbewusst eigene Traumata, welche auf der »Tradition« der mitgebrachten Unbewussten Schuld fußen. So folgt ein »Aufguss« dem nächsten, bis entweder tatsächliche Lösung stattfindet oder sich die Spur dann doch irgendwann im Rauschen der Zeit verliert. Die magische Schwelle scheint hier die siebte Generation zu sein. Immer wieder gerate ich mit einem lieben Mitmenschen in diese Tiefe der Zeit zurück – überschritten habe ich sie im Sinne der Vorleben noch nie.

Aber bitte, lassen Sie uns bei all dem Drama um das Mehrgenerationen-Drama-Perpetuum-Mobile nicht die Zuversicht verlieren. Denn für all das Beschriebene gilt:

Es ist nur Software!

Und die ist bekanntlich soft, also veränderbar. Wenn wir unseren Ahnen einen Dienst erweisen, unseren Kindern ein Geschenk machen und uns selbst einen großen Gefallen tun möchten, dann sollte unsere Aufmerksamkeit darauf gerichtet sein, uns möglichst umfangreich von Unbewusster Schuld zu lösen. Es stellt sich die Frage, ob wir das Endglied oder ein Zwischenglied einer solchen Kette sein wollen. Jede Unbewusste Schuld, die wir nicht an unsere Kinder weitergeben, ist ein Verdienst.

Nichts beeinflusst unser Leben so sehr wie Unbewusste Schuld.

DER WUNSCH-KOMPASS

In der Praxis habe ich mir angewöhnt, »brennende Wünsche« als mögliche Spiegelbilder tiefer, unbewusster Ängste zu verstehen und nach ihnen zu suchen. Je unglücklicher uns die Nichterfüllung eines Wunsches macht, umso stärker lässt sich für mich ein Zusammenhang mit unbewussten Ängsten, Unbewusster Schuld und Selbstverletzung vermuten.

DER BEWUSSTE WILLE UND DER WILLE DES UNBEWUSSTEN

Steht der bewusste Wille *(Ich will ein Haus haben!)* gegen den Willen des Unbewussten *(Ich will als Wiedergutmachung, um zu überleben, auf keinen Fall ein Haus haben!)*, so stehen wir in einem schweren Konflikt mit uns selbst. Der Wille des Unbewussten kann nicht direkt erkannt werden, da er – wie der Name besagt – unbewusst ist.

UNSER HINTERGRÜNDIGES, VERBORGENES UND UNGEHEILTES LEID

Sehen wir uns die Geschichten unseres Lebens an und begreifen, dass sie sich auf ungute Weise fügen und wiederholen, obwohl sie mit höherer Wahrscheinlichkeit anders laufen könnten und wir uns vergeblich um eine gute Entwicklung bemühen, so kann der Verdacht aufkommen, dass eine Unbewusste Schuld mitwirkt. Sind diese Angelegenheiten zusätzlich mit belastenden Emotionen beladen und haben ihren Ursprung in einem erlebten oder beobachteten Leid oder eine Analogie mit einem solchen, so wird das Verknüpft-Sein mit Unbewusster Schuld noch wahrscheinlicher.

Der geübte LösUS-Practitioner kann die Fährte dieser belastenden Emotionen aufnehmen und ihr über die Zeit hinweg in den tiefen Dschungel unserer Synapsen und seelischen Schwingungen folgen, um ihren tiefsten Ursprung zu finden. Dort angekommen wird die Unbewusste Schuld gelöst, und die mit ihr verknüpften belastenden Emotionen werden reintegriert. Zudem werden positive Ressourcen geschaffen. Auf diese Weise wird eine Veränderung des Willens des Unbewussten im Sinne des gelösten Aspektes erreicht.

Wenn der Wille des Unbewussten nicht mehr dem Motiv der unbewussten Wiedergutmachung von Unbewusster Schuld folgt, sondern die gleiche Absicht wie der äußere Wille annehmen kann oder sich zumindest in Neutralität dem gegenüber erlebt, dann werden sich wahrhaft große Veränderungen in unserem Leben ereignen.

DIE MACHT DES UNBEWUSSTEN

Die Neurowissenschaftler sprechen vom Jahrhundert des Gehirns. Denn in den letzten Jahren haben bahnbrechende Erkenntnisse bezüglich der neuronalen Grundlagen unseres Erlebens und Verhaltens stattgefunden.

Die Frage nach dem freien Willen sucht gerade eine neue Definition. Denn wie kürzlich herausgefunden wurde, wird alles, was wir denken, wissen, hoffen, fühlen, glauben, erleiden, entscheiden oder tun, von den Strukturen und Prozessen unserer Neuronen und Synapsen bestimmt.

Von diesen ständig mehrschichtig ablaufenden Prozessen in unserem Synapsen-Dschungel bekommen wir nur einen verschwindend kleinen Teil bewusst mit. Dieser Teil wird Bewusstsein genannt. Der ganze nicht wahrgenommene Prozess wird als das Unbewusste oder Unterbewusstsein bezeichnet. Letzte Zahlen gehen davon aus, dass wir höchstens 4 Prozent bewusst und mindestens 96 Prozent unbewusst sind. Dabei ist das erst der Anfang, denn die damit beschäftigten Forscher sind immer wieder aufs Neue verwundert, wie wenig wir eigentlich bewusst agieren und tatsächlich bewusst von unserer inneren und äußeren Welt mitbekommen.

Das Unbewusste ist die große Macht in uns. Mit Neuroscans (Untersuchungen der Gehirnaktivitäten) wurden sowohl die Existenz des Unbewussten als auch dessen ungebrochene Führungsqualitäten nachgewiesen. Das Unbewusste lenkt uns auf rätselhafte Weise durch unser Leben: Ob wir Fahrrad fahren, essen, schlafen, verdauen, ein Buch lesen oder schreiben, uns wohlfühlen, eine Kaufentscheidung treffen, uns mit jemandem vertragen oder einen Partner wählen – der Einfluss des Unbewussten ist in jedem Moment vollumfänglich vorhanden.

Inzwischen wird in Forscherkreisen davon ausgegangen, dass unsere Kreativität, unsere Ideen, unsere Ziele, unsere Motivationen und all unsere Vorstellungen über die Welt diesen unbewussten Prozessen entspringen.

Dieses mächtige Unbewusste herrscht und befiehlt nicht laut und polternd. Es steuert subtil, es flüstert, es suggeriert ständig unhörbar in uns. Dabei kontrolliert es unseren kompletten Wissensspeicher und filtert, an was wir uns wann und wie erinnern. Es überwacht unsere gesamten Gefühlserinnerungen und bestimmt, was wir wann und warum und wie intensiv fühlen. Es lenkt unsere Aufmerksamkeit und bestimmt damit, wo der Fokus unserer Aufmerksamkeit gerade liegt. Zudem modelliert und färbt es völlig unbemerkt jede Interpretation von Eindrücken und Erfahrungen, die wir erleben.

Die Forschung hat durch langwierige und aufwendige Arbeit herausgefunden, dass das »Ich«, das bewusste Denken, im assoziativen Cortex der Großhirnrinde liegt. Sie ist die Aufsicht der Logik. Hier wird das Handeln rational abgewogen. Das »Es«, das Unbewusste, liegt tief in alten Hirnstrukturen, so auch im limbischen System, wo es Emotionen, Wünsche und Motive beheimatet.

»ICH« BESTIMME MEIN LEBEN!

Die Vorstellung, dass wir »die Herren unseres Handelns« sind, ist ein überholtes Märchen! Professor Benjamin Libet (1916 – 2007) war US-amerikanischer Physiologe. Er wurde Anfang der 1980er-Jahre aufgrund eines Versuchs bekannt: durch das sogenannte »Libet-Experiment« zur Messung der zeitlichen Abfolge bewusster Handlungsentscheidungen und ihrer motorischen Umsetzung. Dieser Versuch führte zu Diskussionen hinsichtlich der Freiheit des menschlichen Willens; Libet und sein Forscherteam haben zweifelsfrei nachgewiesen, dass unsere Hirnströme eine Entscheidung längst getroffen haben, bevor wir uns gedanklich selbst und bewusst für etwas entscheiden – und zwar etwa eine halbe Sekunde vorher. Wir können es also getrost so verstehen, dass unser frei entscheidendes Ich die letzte Instanz ist, die erfährt, was unser Unbewusstes vorhat.

UNSERE UNBEWUSSTE STEUERUNG

Das Unbewusste steuert 24 Stunden täglich vollautomatisch. Alle bereits bekannten Prozesse werden von ihm im Hintergrund selbstständig verwaltet und abgewickelt. Auf diese Weise haben wir den Kopf frei für Unerwartetes und Neues. Das Unbewusste läuft sehr energiesparend, da die dafür benötigten Schaltkreise und weiteren notwendigen Mechanismen schon bestens angelegt und eingeübt sind. Es verbraucht von der Gehirngesamtenergie nur etwa 20 Prozent, obwohl es mindestens 96 Prozent der Gehirnprozesse ausmacht! Das Bewusstsein verzehrt für seine höchstens 4 Prozent Prozessanteil sagenhafte 80 Prozent der Energie! Hier muss alles neu angelegt und in Betrieb genommen werden. Es ist also nur zu verständlich, dass die effiziente Natur viel auf die energiesparende Arbeit des Unbewussten setzt.

Ebenso auf Energiesparen getrimmt ist unsere Aufmerksamkeit. Damit wir nicht völlig vom Datenstrom aus der Um- und Innenwelt erdrückt werden, filtert das Unbewusste diesen Strom drastisch. Während davon ausgegangen wird, dass unser Unbewusstes ca. 24 Milliarden Bits pro Sekunde (ausgeschrieben: 24.000.000.000) aufnimmt, erleben wir davon nur noch maximal ca. 40 Bits/Sekunde bewusst. Alles wird aufgenommen, aber es wird uns nur ein winziger Bruchteil davon »gezeigt«. Das Unbewusste nimmt damit 600 Millionen Mal mehr auf als unser Bewusstsein! Das erklärt auch, weshalb wir uns bei einer der in diesem Buch vorgestellten Arbeitsweisen an Erlebnisse erinnern, die schon unendlich weit weg zu sein scheinen. Sie sind alle archiviert, aber wir haben keinen bewussten Zugang zu ihnen. Finden wir mit der passenden Methode den richtigen Weg, so erscheinen sie uns als Erinnerungen, wenn wir sie tatsächlich selbst erlebt haben. Haben wir sie nicht persönlich erlebt, sondern von unseren »Ahnen« übernommen, so können sie uns als »Ahnungen« erscheinen.

An dieser Stelle möchte ich erwähnen, dass es für die Lösung von Unbewusster Schuld unerheblich ist, ob wir an die Existenz einer Seele glauben, die wiedergeboren wird, oder ob wir glauben, dass nach dem Tod alles vorbei ist. Es spielt in diesem Kontext keine Rolle, ob wir die Eindrücke, die Informationen, die Gefühle, die Traumata, die Beschwerden, das Wissen, die Verknüpfungen und die Unbewusste Schuld aus einem »vorigen Leben der Seele« mitbringen, aus dem »Informationsfeld unserer Vorfahren«, oder epigenetisch übernommen haben.

Um mich nicht auf die eine oder andere Weltanschauung festlegen zu müssen und damit in eine andere Diskussion zu verfallen, die für diese Arbeit nebensächlich ist, lasse ich diese Frage bewusst offen. Diese »Glaubensfrage« möchte ich hier nicht in

»GLAUBE ODER NICHT GLAUBE« – DAS IST HIER NICHT DIE FRAGE

Seit dem Jahr 2006 habe ich Praxiserfahrung mit dieser Arbeit und mit der Haltung, dass es beide Möglichkeiten (oder noch weitere?) geben kann. Die Lösung von Unbewusster Schuld funktioniert genauso gut bei Menschen mit der festen Überzeugung, dass sie eine unvergängliche Seele haben und schon viele Leben zuvor gelebt haben, wie bei den Menschen, die meinen, nur ein Leben zu haben und Erfahrungen auf den verschiedensten Ebenen einfach übernommen zu haben. Sie funktioniert auch bei Mitmenschen, welche weder die eine noch die andere Vorstellung teilen oder annehmen, dass wir völlig unbeschrieben »als weißes Blatt« geboren werden.

den Raum stellen, da der unbefangene Zugang der einen oder der anderen Seite zu dieser Arbeit damit erschwert oder gar unmöglich wird. Mein höchstes Ziel ist es, möglichst viele Menschen zu erreichen und sie bei der Lösung von Unbewusster Schuld und der damit belastenden Emotionen möglichst hilfreich und zielführend zu unterstützen.

GEDANKENSPIEL 1: DER SPAZIERGANG MIT ZWEI KINDERN

Stellen wir uns vor, dass Sie das Unbewusstsein sind. Sie gehen mit zwei Kindern spazieren. Jedes dieser Kinder verkörpert ein Bewusstsein. Sie, als das Unbewusste jeden Kindes, können aus einem Pool von 24.000.000.000 Informationen pro Sekunde bestimmen, welche 40 Informationen pro Sekunde jedes Kind wahrnimmt.

Nachher erzählen beide Kinder von ihrem Spaziergang. Was werden die Kinder erzählen? Sie werden in ihrer Erzählung das wiedergeben, was Sie als ihr Unbewusstsein aus dem nahezu unerschöpflichen Pool von Informationen zugelassen haben. Wenn Sie sehr verschiedene »Daten« gewählt haben, dann werden Sie zwei völlig verschiedene Geschichten von dem gleichen Spaziergang, von der gleichen Situation, von der gleichen Welt zu hören bekommen.

Warum ist das so? Weil Sie, als das Unbewusste, verschieden gefiltert haben.

Das Unbewusste hat die nahezu unbegrenzte Macht, uns zu zeigen, was es für richtig und wichtig hält. Das Endprodukt dieses unbewussten Filterprozesses bestimmt das Bild unserer Welt. Und umgekehrt bestimmt unser unbewusstes Bild der Welt den Filterprozess. Hieraus machen wir unsere Erfahrungen, ziehen unsere Schlüsse, treffen unsere Entscheidungen, entstehen unsere Gedanken, werden unsere Gefühle, unsere Ängste und unsere Wünsche geboren.

GEDANKENSPIEL 2: DIE ABGEORDNETEN UND DIE LOBBYISTEN

Wir stellen uns die vier Abgeordneten unseres Bewusstseins vor (4 Prozent Bewusstsein). Diese vier Abgeordneten wollen ein bestimmtes Ziel erreichen. Neben ihnen gibt es noch 96 Lobbyisten (96 Prozent Unbewusstsein). Diese Lobbyisten wollen nicht, dass die Abgeordneten ihr Ziel erreichen, da sie andere Ansichten und Ziele haben. Während die vier Abgeordneten maximal 16 Stunden am Tag arbeiten, arbeiten die 96 Lobbyisten täglich 24 Stunden. Ein Lobbyist geht mit der zur Verfügung stehenden Energie etwa zwanzigmal effizienter um als ein Abgeordneter.

- Die Lobbyisten haben vollen Zugriff auf alle Informationen, und sie können bestimmen, welche Information die Abgeordneten bekommen.
- Die Lobbyisten haben die Möglichkeit, alle Informationen, welche die Abgeordneten sich selbst besorgen, nach ihren eigenen Interessen zu filtern.
- Die Lobbyisten haben die Möglichkeit, die Aufmerksamkeit der Abgeordneten zu lenken.
- Die Lobbyisten haben die Möglichkeit, auf die Gefühlslage der Abgeordneten Einfluss zu nehmen.
- Die Lobbyisten haben die Möglichkeit, die Entscheidungen für die Abgeordneten zu treffen, ohne dass diese das bemerken.

Wie hoch sind die Chancen, dass diese vier Abgeordneten des Bewusstseins ihr Ziel gegen die Interessen der Lobbyisten erreichen? Genau: sehr gering!

Wenn sich unser Bewusstsein mit unserem Unbewusstsein anlegt, dann sind wir immer die Verlierer. Wenn wir akzeptieren, dass wir gegen unser Unbewusstes nichts erreichen werden, dann kann es nur noch darum gehen, die für uns schadhaften Annahmen des Unbewussten zu lösen und positiv zu verändern. Gelingt uns das, lösen sich viele Schwierigkeiten auf, und neue Wege öffnen sich uns.

DIE MACHT DES UNBEWUSSTEN VERBUNDEN MIT UNBEWUSSTER SCHULD

Das Unbewusste hat enorm viel Macht und Einfluss. Es kontrolliert fast alles. Dagegen scheint unser Bewusstsein relativ ohnmächtig zu sein. Glücklicherweise ist unser Unbewusstes dazu entwickelt und programmiert, uns auf unserem Lebensweg möglichst perfekt zu unterstützen und unser Überleben nach allen zur Verfügung stehenden Möglichkeiten zu sichern.

Das Unbewusste arbeitet mit all seiner Macht und Intelligenz für uns. Aber diese Formulierung allein ist schon irreführend. Letztendlich kann unser Bewusstsein nicht getrennt von unserem Unbewusstsein betrachtet werden. Beide sind Teil einer Einheit, nämlich unseres Gehirns, unseres Wesens, unserer Person und unseres Synapsen-Dschungels. Das Bewusstsein ist das, was wir bewusst wahrnehmen. Dieser wahrgenommene Teil war, bevor wir ihn bewusst wahrgenommen haben, Teil des Unbewussten. Wenn unsere Aufmerksamkeit weiterwandert oder wir schlafen, wird dieser Teil mehr oder weniger wieder zu Unbewusstsein werden. Natürlich gibt es auch einen großen Bereich unseres Unbewussten, der uns nie zu Bewusstsein kommt.

Würde das Unbewusste gegen uns arbeiten, so wären wir auf der Stelle nicht mehr existenzfähig. Allein schon, wenn wir uns nur einen kleinen Teil der unbewusst gesteuerten Körperfunktionen als *gegen* uns gesteuert vorstellen, dann ist klar, dass es mit uns sofort zu Ende wäre. Wenn sich die Steuerung des Herzens, der Atmung, der Zellatmung, des Gehirns, der Temperaturregelung, des Säure-Basen-Haushalts usw. gegen uns stellen würde, wären wir unverzüglich tot. Ebenso ist es mit den geistigen oder emotionalen Funktionen des Unbewussten. Würden hier verschiedene Komponenten gegen uns gesteuert, würden wir völlig durcheinanderkommen, und es wäre ebenso fatal.

Wir dürfen nicht vergessen, dass das Unbewusste eine geniale Erfindung der Natur ist, die uns erst dahin gebracht hat, wo wir sind. Unser Gehirn, seine Fähigkeiten und seine »Schaltkreise« sind wohl das Komplexeste, was die Natur bisher hervorgebracht hat. Das Unbewusste meistert Tag und Nacht extrem energieeffizient eine fantastisch komplexe Aufgabe mit vielen verschiedenen Ebenen auf bravouröse, geniale und stillschweigende Weise.

Gehen wir also davon aus, dass sicher mehr als 99,9 Prozent der Aufgaben sehr gut bewältigt werden. Die Lösung von Unbewusster Schuld beschäftigt sich also bestimmt nur mit einem Teil der restlichen 0,1 Prozent. Wie komme ich auf diese kleine Zahl? Sie ist frei erfunden – und ganz sicher in Wirklichkeit noch viel kleiner! Ich habe sie so klein gewählt, um dadurch bildlich dem Verhältnis zwischen dem perfekt funktionierenden und dem uns in diesem Kontext belastenden Anteil unseres Unbewussten Ausdruck zu verleihen.

Dieser kleine Anteil von durch Unbewusste Schuld verändertem Unbewussten kann es aber dennoch gehörig in sich haben und uns und unser Leben sehr belasten. Denn wenn wir uns an die Macht des Unbewussten erinnern, so wird uns durchaus klar, dass auch so ein kleiner fehlgesteuerter Teil gehörig Sand ins Getriebe unseres Lebens streuen kann. Da wir mit dem vom Unbewussten gesteuerten Bewusstsein nicht gegen diese kleine Fehlsteuerung, z. B. in Form von Unbewusster Schuld, ankommen können, verlassen wir den Weg des Kampfes und machen uns auf die Suche nach der Lösung.

Für diesen Bereich unseres Lebens und unseres Wesens können wir ganz sicher sagen: Kooperation siegt über Konfrontation.

Das Unbewusste würde perfekt für uns »funktionieren«, uns perfekt bei unserem Weg durchs Leben unterstützen und leiten, wenn da nicht irgendwann etwas nachhaltig Störendes geschehen wäre. Diese Störung muss so nachhaltig gewesen sein, dass sie von den vorhandenen Reparatur- und Korrekturfähigkeiten des Unbewussten nicht von selbst gefunden oder behoben werden kann.

Falls auch Sie zu den Menschen gehören, die sich nicht darum kümmern müssen, ob Ihr rechter kleiner Finger genug durchblutet ist, Ihre Behaarung automatisch wächst, sich Ihr Arm dann hebt, wenn Sie es wollen, Ihre Aufmerksamkeit meist gerade dort ist, wo Sie gerade hinschauen, Sie einem Vogel lauschen können, obwohl gerade eine Trambahn vorbeifährt, Ihr Gedächtnis meist unverzüglich die Information herausgibt, die Sie gerade jetzt brauchen, Sie die Worte verstehen, die Sie im Moment lesen, Ihr Atem später im Schlaf automatisch fließt und Ihr Schlaf später durch Aufwachen von allein wieder endet, dann gibt es Grund zur Dankbarkeit gegenüber Ihrem Unbewussten.

Falls auch Sie zu den Menschen gehören, die immer wieder unerklärlich ungute Gefühle haben, sich hin und wieder selbst im Weg stehen, immer wieder an den gleichen Dingen scheitern, immer wieder mit den gleichen nicht hilfreichen und nicht zielführenden Mustern reagieren oder mit wiederkehrenden Konflikten konfrontiert sind, dann liegt für Ihr Bewusstsein vielleicht gerade darin die konstruktive Möglichkeit, das Unbewusste dabei zu unterstützen, sich durch die Lösung von Unbewusster Schuld von einer historisch bedingten Fehlsteuerung zu befreien.

DER UNBEWUSSTE WUNSCH NACH WIEDERGUTMACHUNG

Wenn das Unbewusste für uns arbeitet, was zweifelsfrei der Fall ist, dann können die durch Unbewusste Schuld entstandenen Beschwerden nur eine Art Missverständnis, eine Fehlregulation oder ein an unpassender Stelle angewandter Mechanismus sein.

Unbewusste Schuld bringt den unbewussten Wunsch nach Wiedergutmachung mit sich. Dieser Wunsch beruht auf der immer gleichen Motivation: *Um zu überleben, muss ich dazugehören. Deshalb möchte ich die Zugehörigkeit durch Wiedergutmachung sichern oder wiederherstellen.*

Mechanismus Nr. 1 ...

... legt zur unbewussten Wiedergutmachung nahe, dass ich an den belastenden Emotionen eines ungeheilten Leides festhalten und es mir schlecht gehen muss, um durch diese Form der Wiedergutmachung meine Zugehörigkeit zu erhalten, dann hilft mir mein mächtiges Unbewusstes dabei, dass es mir schlecht geht.

Danke, großes Unbewusstes!

Mechanismus Nr. 2 ...

... legt zur unbewussten Wiedergutmachung nahe, dass ich etwas ausgleichen, viele Pflichten übernehmen muss, um durch diese Form der Wiedergutmachung meine Zugehörigkeit zu erhalten, dann hilft mir mein mächtiges Unbewusstes dabei, dass ich ständig mit Ausgleichen und Leisten beschäftigt bin.

Danke, großes Unbewusstes!

Mechanismus Nr. 3 ...

... legt zur unbewussten Wiedergutmachung nahe, dass ich mir etwas selbst vorenthalten muss, um durch diese Form der Wiedergutmachung meine Zugehörigkeit zu erhalten, dann hilft mir mein mächtiges Unbewusstes dabei, dass mir vorenthalten wird.

Danke, großes Unbewusstes!

Mechanismus Nr. 4 ...

... legt zur unbewussten Wiedergutmachung nahe, dass ich mich bestrafen muss, um durch diese Form der Wiedergutmachung meine Zugehörigkeit zu erhalten, dann hilft mir mein mächtiges Unbewusstes dabei, mich zu bestrafen.

Danke, großes Unbewusstes!

Das Unbewusste unterstützt uns ständig. Es unterstützt uns auch im Aspekt der Unbewussten Schuld dabei, durch Wiedergutmachung zu überleben. Tatsächlich haben wir rational gesehen nichts falsch gemacht, aber wir haben aufgrund von Mitgefühl mit ungeheiltem, ungerettetem, ungelindertem und ungetröstetem Leid unbewusst eine Schuld auf uns genommen. Das Unbewusste setzt nun seine enorme Macht für uns ein, damit wir durch Wiedergutmachung Teil der Überlebensgemeinschaft sind. Damit ist unsere Überlebenschance deutlich gesteigert.

Hier liegt das Missverständnis, die Fehlleistung. Unser Unbewusstes hilft uns bei dieser Wiedergutmachung, während wir diese Wiedergutmachung mit unserem Bewusstsein als leidvolle Belastung erfahren, da uns die dahinterliegende ursächliche Unbewusste Schuld nicht bewusst ist. **Es hilft uns durch die unbewussten Wiedergutmachungsmechanismen ständig dabei, durch Zugehörigkeit zu überleben – was kann daran falsch sein? Nichts, außer dass wir dadurch nicht tatsächlich besser**

werden und zudem leiden. Nehmen wir die Unbewusste Schuld von uns, dann beendet das Unbewusste seine für uns belastende Wiedergutmachung.

»Wir«, das Bewusstsein, die 4 Prozent Abgeordnete, sollten dafür sorgen, dass die Unbewusste Schuld gelöst wird. Denn dann wird uns unser mächtiges Unbewusstes, die 96 Prozent Lobbyisten, auch in diesen Aspekten dabei helfen, gut durch unser Leben zu kommen.

Das Unbewusste ist »unser bester Freund« – es hilft uns immer mit seiner großen Macht. Unsere Aufgabe dabei ist, dafür zu sorgen, dass seine Hilfe uns auch wirklich rundum guttut.

ZWISCHENFAZIT

An dieser Stelle möchte ich kurz innehalten und das bisher Gesagte zusammenfassen:

- Es gibt in uns den mächtigen Wunsch, frei von Schuld zu sein.
- Wir wollen frei von Schuld sein, um Teil unserer Überlebensgemeinschaft sein zu dürfen. Nur wer dazugehört, überlebt langfristig.
- Haben wir Unbewusste Schuld, sind wir unbewusst gewillt, für diese Wiedergutmachung zu leisten.
- Für die unbewusste Wiedergutmachung gibt es vier Mechanismen:
  1. Dann muss es mir schlecht gehen.
  2. Dann gleiche ich es aus.
  3. Dann enthalte ich es mir selbst vor.
  4. Dann bestrafe ich mich dafür.
- Die Wiedergutmachung durch das Unbewusste wird von unserem Bewusstsein als Leid empfunden.
- Ist die Unbewusste Schuld in uns gelöst, bedarf es dieser Wiedergutmachung nicht mehr.

DIE ÄUẞERE WIRKUNG VON UNBEWUSSTER SCHULD

Alles schwingt, alles kommuniziert, nichts schweigt. Seit Jahren ist es in aller Munde, und die Quantenphysiker pfeifen es längst von den Dächern: Letztendlich ist alles Energie, ist alles Schwingung, ist alles Informationsfeld. Es gibt nichts, das kein Feld hat. Weder Energie noch Schwingung lassen sich gefangen nehmen, sie teilen sich in alle Richtungen mit. So kommuniziert alles mit allem ständig und immer. Ob wir das mit unserem beschränkten, vom Unbewusstsein gefilterten Bewusstsein mitbekommen oder nicht, das spielt für diesen immerwährenden, mindestens lichtschnellen Austausch mit allem keine Rolle.

Zwischen verschiedenen Dingen besteht unterschiedliche Resonanz (von lat. »resonare« = widerhallen). Wird neben einer Gitarre eine Stimmgabel angeschlagen, so schwingt die Saite der Gitarre mit, die mit der Schwingung der Stimmgabel in Resonanz ist. Die anderen Saiten bekommen die Schwingung durchaus ebenso mit, aber sie schweigen, denn sie sind nicht in Resonanz.

Das Prinzip der Resonanz ist auch eine Grundlage der Homöopathie. (Die Homöopathie ist von der Quantenphysik seit vielen Jahren in ihrer Wirkungsweise bestätigt.)[1]

Besteht zwischen dem Informationsfeld einer homöopathischen Arznei und dem Informationsfeld des sie einnehmenden Wesens eine Resonanz, so kann durch diese Resonanz eine heilsame Reaktion ausgelöst werden.

Um den Begriff Resonanz greifbarer zu machen, verwende ich hin und wieder den Ausdruck »Ansprechbarkeit«. Diese Ansprechbarkeit kann einseitiger oder wechselseitiger Art sein. Dass eine homöopathische Arznei einen passenden (ähnlichen) Kranken heilend ansprechen kann, ist bekannt. Ob dieser Kranke umgekehrt die homöopathische Arznei anspricht, ist unbekannt. Die Blume reagiert auf die Strahlen der Sonne mit der Öffnung ihrer Blüte. Reagiert die Sonne auch auf die Öffnung der Blüte?

Nicht alles, was der immerwährende Informationsstrom an uns heranträgt, betrifft, berührt und bewegt uns unmittelbar. Nicht alles, was wir diesem Strom an Schwingung mitgeben, interessiert und bewegt das ganze Universum.

DIE INNERE UND DIE ÄUẞERE REALITÄT

Ich bin der Überzeugung, dass es einen bedeutenden Zusammenhang zwischen unserer erlebten inneren und unserer erlebten äußeren Realität gibt. Tatsächlich meine ich, dass diese beiden Realitäten nur von unserem Verstand als verschiedene, getrennte Aspekte der einen einzigen Realität wahrgenommen werden. Wenn es nur eine Realität gibt, dann wird alles in ihr Geschehende allem anderen mitgeteilt. Wenn dem so ist, dann gibt es im Informationsfluss dieses einen großen Feldes keine Einbahnstraßen.

Wir alle wissen aus unserem Leben, dass bedeutende Ereignisse in unserer Außenwelt auch bedeutende Veränderungen in unserem Inneren zur Folge haben können. Warum soll es nicht umgekehrt auch so sein? Wenn Schwingung und Information ständig in alle Richtungen strahlen und fließen, dann wird unsere innere Veränderung dem Universum mitgeteilt. Alles, was damit in Resonanz ist, also davon ansprechbar ist, wird auf irgendeine Weise reagieren.

Wie gerade angedeutet, tendiere ich nicht dazu, die eine Realität in verschiedene Realitäten aufzuteilen. Um an dieser Stelle einen Gedanken verständlicher darlegen zu können, teile ich hier trotzdem die äußere Realität willkürlich nochmals in zwei weitere Realitäten.

Die eine nenne ich die »soziale Realität« und die andere die »nicht soziale Realität«. Mit sozialer Realität bezeichne ich die Realität meiner sozialen Beziehungen. Damit meine ich in erster Linie die Beziehungen zu den mir nahestehenden Menschen, aber auch zu allen anderen Mitmenschen und zu allen anderen lebendigen Wesen. Mit nicht sozialer Realität bezeichne ich die Beziehung zu den Felsen, dem Wetter, der Sonne, der Landschaft, den Planeten.

Neben der Kommunikation mit Worten, Gesten, Blicken, Tonlagen kommunizieren wir fortwährend unbewusst mit unseren Informationsfeldern untereinander. Das Informationsfeld eines Menschen beinhaltet selbstverständlich auch die Information seines Unbewussten. Folglich kommunizieren wir mit dem Feld unseres Unbewussten permanent auch mit den Feldern des Unbewussten der anderen Wesen und auch der nicht sozialen Realität.

Unsere nahe soziale Realität ist mit uns in Resonanz. Wäre sie es nicht und wir nicht mit ihr, so wären das irgendwelche Menschen, die ich nicht kenne, die mich nicht interessieren – und umgekehrt. Gerade unsere erhöhte Ansprechbarkeit ist es schließlich, die uns mit unserem sozialen Umfeld gern mal in Verstrickungen und in emotionale Verwerfungen bringt. Wir können Leid nur dann empfinden, wenn wir in Resonanz sind.

Für mich ist es logisch, dass es durch eine Veränderung der inneren Realität infolge der Lösung von Unbewusster Schuld und der mit ihr verknüpften belastenden Emotionen zu einer Veränderung der äußeren Realität kommen kann – oder im entsprechenden Fall fast kommen muss.

Tatsächlich ereignet sich das in der Praxis immer wieder. Nicht immer, aber häufig zeigt es sich nach einer gelungenen Lösung von Unbewusster Schuld, dass die darum nicht wissenden Mitmenschen anders agieren und reagieren als zuvor. Bis dahin schwierige Situationen lösen sich nun scheinbar ganz von allein, oder festgefahrene Schwierigkeiten finden spontan neue, konstruktive Wege. Die gemeinsame Begegnung steht ab dann unter einem anderen Stern, und so verläuft das Miteinander häufig gelöster und fruchtbarer.

WIR ERSCHAFFEN UNSERE WELT

Es gibt die Auffassung, dass wir durch unser Denken unsere Welt erschaffen oder zumindest ganz erheblich zu ihrer Erschaffung beitragen. Diese These, welche in vielen Weltreligionen und deren stiftenden Werken mehr oder weniger direkt ausgedrückt wird, erfährt gerade in den letzten Jahren immer breitere Zustimmung. Die Quantenphysik hat diesen Gedanken durch viele Überlegungen und ausgeklügelte Experimente zunehmend gestützt und untermauert.

Es gibt in verschiedenen Betrachtungsweisen über das Leben und die Welt die Ansicht, dass unsere Gefühle ganz erheblich davon bestimmt werden, was wir denken.

Daran wird kaum jemand zweifeln. Für unser Leben kann es äußerst segensreich sein, wenn wir uns ganz bewusst damit beschäftigen, was wir denken und wie wir mit uns selbst umgehen.

Eine bewusst positive Geisteshaltung, getragen von konstruktiven Gedanken und Einstellungen sich selbst und dem Leben gegenüber, führt zu aufwärtsstrebenden Überzeugungen. Unsere Grundstimmung wird heiterer und freudiger. Die Tatkraft wird beflügelt, unser Werk gelingt uns besser, und vormals als zu groß empfundene Aufgaben werden bewältigt. Damit steigt unser Selbstvertrauen, was sich wiederum positiv auf unser Bild von uns selbst, auf unsere Gedankenwelt und damit wieder auf unsere Empfindung von Glück auswirkt.

Die Energie folgt der Aufmerksamkeit. Daher sollten wir achtsam sein, wohin wir unsere Energie durch unsere Aufmerksamkeit schicken.

Als kleines Experiment schlage ich Ihnen vor, an den letzten schönen Urlaub im Süden zu denken und dabei wahrzunehmen, wie Ihre Gefühlsebene darauf reagiert. Als Gegenexperiment ermutige ich Sie nun, sich auf eine gut erinnerbare, stark frustrierende Erfahrung zu konzentrieren. Unschwer werden Sie feststellen, dass sich das Wetter Ihrer Gefühlsebene unverzüglich von »Urlaubshoch auf Frustrationstief« verdunkelt. Die Gefühle folgen also tatsächlich stark den Vorgängen der Gedankenebene.

Die zum Zweck des gerade durchgeführten Experiments gefassten Gedanken waren bewusster Natur. Sie wurden beabsichtigt und vorsätzlich gedacht. Sie sind vergänglich wie ein warmer Sommerwind.

Der größte Teil unseres Denkens findet allerdings im Unbewussten statt. Wer einmal versucht hat, nur einen einzigen Tag ständig darauf zu achten, was er gerade denkt, und seine Gedanken zu kontrollieren, der wird festgestellt haben, dass es kaum eine ganze Minute gelingt, sein Denken in Beobachtung zu halten und zu steuern. Ständig gleitet die Aufmerksamkeit irgendwohin ab.

Es wird wohl jedem von uns schon öfter passiert sein, dass wir plötzlich darüberstolpern, was wir gerade so denken. Wenn wir uns vornehmen, immer wieder einmal darauf zu achten, welchen Gedanken wir z. B. bei Alltagshandlungen gerade nachhängen, dann werden wir immer wieder darüber erstaunt sein, wo unsere Gedanken ohne unsere bewusste Aufsicht herumstreunen.

Kommen wir nun wieder auf die Vorstellung zurück, dass unsere Gedanken und Gefühle unsere Welt mitkreieren, dann müssen wir wohl auch in Betracht ziehen, dass ebenso die unbewusst gedachten Gedanken unsere Gefühle mit hervorbringen und unsere Welt erschaffen.

Bei der Verteilung von 4 Prozent Bewusstsein zu 96 Prozent Unbewusstsein wird es uns schwerfallen, unsere Gedanken ständig von etwas Bestimmtem fernzuhalten oder auf etwas Bestimmtes auszurichten.

Wenn unsere bewussten Gedanken von unserem Bewusstsein gesteuert werden, dann werden unsere unbewussten Gedanken wohl von unserem Unbewusstsein gesteuert. Das Unbewusste können wir aber nicht so einfach steuern, da es eben unbewusst ist.

Wenn wir Unbewusste Schuld auf uns genommen haben, dann ist unser Unbewusstsein mehr oder weniger ständig mit dem Inhalt dieser Unbewussten Schuld und den damit verknüpften belastenden Emotionen beschäftigt. (Eben weil es um die hohe Priorität der Zugehörigkeit und damit ums Überleben geht.)

Erschaffen unsere Gedanken also unsere Welt, dann wirken unsere Unbewusste Schuld und die mit ihr verknüpften belastenden Emotionen ständig mit. Unsere Welt und unser Leben sind folglich mit das Produkt von ungeheiltem Leid, den damit verknüpften belastenden Emotionen sowie den dadurch verursachten tiefen Ängsten und unerfüllten Sehnsüchten (siehe »Das Drama-Perpetuum-Mobile«, Seite 54). So erleben wir unsere Welt, und so fühlt sie sich für uns dann auch an. Die Unbewusste Schuld ist also grundlegend und ursächlich mit unserer Welt und mit unserer Lebensqualität verbunden. Die Energie folgt der Aufmerksamkeit.

Meiner Auffassung nach hilft es folglich nicht allein, seine bewussten Gedanken positiv und konstruktiv zu halten (wenn das überhaupt wirklich möglich ist), sondern es bedarf der Lösung von Unbewusster Schuld, um die unbewussten Gedanken von unbefreitem Leid zu entlasten und von ihm zu entlassen.

FANGEN WIR AN! BLEIBEN WIR DRAN!

Die große Aufgabe, sich von seiner eigenen wesentlichen Unbewussten Schuld zu befreien, kann nicht in einem Arbeitsschritt erfolgen. Wir sind so vielschichtig, wir haben so viel erlebt, wir haben so viel mitgebracht. Es bedarf vieler einzelner spezifischer Schritte. Es gibt hier keine generelle, universelle Lösung und auch keine Art von Gebet, das umfassend und endgültig für die Lösung von spezifischer Unbewusster Schuld hilfreich ist. Das habe ich in der Praxis schon auf verschiedene Weise versucht. Immer dann, wenn es unspezifisch wird, verliert es massiv an Kraft und Klarheit und verschwindet in der Bedeutungslosigkeit. Ebenso wenig ergibt es Sinn, mit seinem bewussten Denken gegen die durch Unbewusste Schuld bedingten unbewussten Gedanken anzutreten (siehe »Der bewusste Wille und der Wille des Unbewussten« auf Seite 57).

Eine bestimmte Unbewusste Schuld entstand immer durch ein ganz bestimmtes Ereignis. Wir können die Unbewusste Schuld nur dann von uns nehmen, wenn wir die dazu möglichst exakt passenden Schuld-Entnahme-Sätze sprechen.

Jeder kann sich von seiner Unbewussten Schuld und den damit verknüpften belastenden Emotionen, die durch aktuelles und noch fühlbares Leid entstanden sind, unverzüglich befreien. Die LösUS-Technik ist der Schlüssel dazu. Die Sätze zur Entnahme von Unbewusster Schuld müssen einfach nur so geformt sein, dass sie das vorhandene ungeheilte Leid benennen und zum Ausdruck bringen. Das können wir alle ganz allein und unkompliziert für uns selbst tun.

Aber auch unseren Mitmenschen können wir eine Hilfe sein. Bieten wir freundlich und unaufdringlich Hilfe an, wenn sie die Lösung von Unbewusster Schuld noch nicht kennen oder gerade nicht erkennen, dass sie sich unter dem schicksalsformenden Einfluss von aktuellem, direkt fühlbarem ungeheiltem Leid befinden. Helfen wir unseren Kindern, die Sätze zu finden und zu sprechen, die ihr zartes, mitfühlendes Herz befreien, um es nicht ohnmächtig im Dunst von »fremdem« oder eigenem ungeheiltem Leid schwer werden zu lassen. Es ist so viel einfacher, als Sie vielleicht gerade annehmen. Die schlichte Frage ist immer wieder und wieder die gleiche: **Gibt es ein aktuelles, direkt fühlbares ungeheiltes, ungerettetes, ungelindertes und ungetröstetes Leid?**

Wenn ja, dann gilt es, dieses Leid in Worte zu fassen und den oder die entsprechenden Schuld-Entnahme-Sätze zu sprechen.

Gibt es aber eine körperliche, emotionale oder geistige Beschwerde, welche nicht auf aktuellem, sondern vermutlich auf längst vergangenem ungeheiltem Leid beruht, dann können wir fachkundige Hilfe brauchen. Für diesen Zustand ist die LösUS-Therapie, ausgeführt von einem LösUS-Practitioner, das passende Werkzeug.

So manches Leid haben wir im Laufe unseres Lebens (mit-)gefühlt und ungeheilt und ungelindert ertragen und hinter uns gelassen. Dennoch lohnt es sich zu beginnen. Wo für jeden von uns der persönliche Anfang liegt, das zeigt das eigene Leben selbst: Fangen wir dort an, wo wir uns gerade belastet fühlen. Dann machen wir dort weiter, wo sich die nächste Belastung zeigt. Wir werden die Veränderung unmittelbar erfahren. Verändern sich die Belastungen nicht, dann suchen wir weiter nach einem anderen Aspekt der Unbewussten Schuld im jeweiligen Zusammenhang. Häufig überlagern sich verschiedene Aspekte Unbewusster Schuld. Wir Menschen sind hochkomplex. Wichtig ist erst einmal nur: Fangen wir an. Und bleiben wir dran.

Obwohl es kein allgemeines Gebet für die spezifische Entnahme von Unbewusster Schuld gibt und geben kann, gibt es vielleicht ein Gebet, welches uns ständig an die Regeln des Spiels erinnert. Dieses Gebet könnte vielleicht so lauten:

UNBEWUSSTES MEIN

Unbewusstes mein, deine Macht erkenne ich an.
Deine Wirklichkeit wird kommen.
Dein Wille wird geschehen, in meiner inneren und äußeren Realität.
Führe mich auch durch diesen Tag, traumwandlerisch sicher.
Lass mich frei aus der Unbewussten Schuld,
und ich werde mir und anderen bewusste Schuld vergeben.
Spalte nicht den deinen und den meinen Willen, sondern vereine sie.
Denn du schaffst die Wirklichkeit, du bist die Macht und die Genialität, schon immer und für immer.
So sei es.

DER VERSTAND UND DIE UNBEWUSSTE SCHULD

Da die Unbewusste Schuld auf der Ebene des »Herzens«, des Fühlens, mehr des Bauchhirns stattfindet, kann der Verstand nicht feststellen, ob sie tatsächlich vorliegt.

Der Verstand kann sehr wohl die Systematik der Unbewussten Schuld erkennen. Er kann aufgrund von Erfahrungen die Einsicht bezüglich ihrer Existenz gewinnen und im einzelnen Fall ihr Bestehen vermuten, er kann potenzielle Entstehungsmomente identifizieren lernen, er kann anhand des Zustandes und der Geschichte einer Person sogar eine spezifische Unbewusste Schuld annehmen, er kann die notwendigen und sinnvollen Schritte einleiten und durchführen, um sie zu erfahren und sie zu lösen – aber er kann sie nicht selbst als solche erfahren und empfinden.

Der einzige Weg, um herauszufinden, ob eine bestimmte Unbewusste Schuld vorliegt, ist es, den dafür spezifischen Schuld-Entnahme-Satz zu sprechen und dabei zu beobachten, ob dieser eine Reaktion hervorruft.

Wenn Sie auch nur wenig aus diesem Buch mitnehmen sollten, dann bitte auch diese Wahrheit.

Erkennen ist Lösen!

Bei der Lösung von Unbewusster Schuld gibt es einen erfreulichen und sehr vereinfachenden Umstand: **Das Erkennen einer Unbewussten Schuld durch das Auftreten einer Belastungs- oder Erleichterungsreaktion infolge eines Schuld-Entnahme-Satzes geht ohne weiteren Zwischenschritt direkt in ihre Lösung über.** Schon allein durch das Erkennen der Unbewussten Schuld ist die Lösung also entweder schon getan oder zumindest bereits in vollem Gange.

Bei der Arbeit mit LösUS genießen wir einen unglaublichen Luxus: Wir bekommen für den Weg durch den Prozess ständig Feedback in Form von körperlichen oder emotionalen Reaktionen.

KAPITEL 3 – DIE LösUS-TECHNIK UND DIE LösUS-THERAPIE

JEDER kann sich mit der LösUS-Technik selbst Hilfe geben. Ein Anfang ist völlig unkompliziert und sofort gemacht. Dann lässt sich die Arbeit mit der LösUS-Technik verbessern und verfeinern. Nach und nach kann viel Lösendes und Gutes für sich selbst und für Mitmenschen erreicht werden.

In der Praxis und bei verschiedenen von mir angebotenen Seminaren oder Fortbildungen habe ich immer wieder Mitmenschen kennengelernt, die mit oder ohne eine entsprechende Ausbildung ein wunderbares Talent und den tiefen Wunsch haben, anderen zu helfen. Für sie ist die LösUS-Therapie im Rahmen der Ausbildung zum LösUS-Practitioner eine wunderbare Möglichkeit, ihrem Talent und Wunsch einen tragenden Rahmen zu geben.

LösUS-TECHNIK FÜR SELBST-ANWENDER UND PRACTITIONER

Alles in diesem Buch Beschriebene hat sich letztendlich aus den Erfahrungen meines eigenen Lebens und der Arbeit als Heilpraktiker in der Praxis entwickelt. Die vielen Begegnungen mit meinen Mitmenschen, die stetig wiederkehrende Suche nach Lösungen und das beharrliche Erforschen der Ursachen verschiedener Beschwerden hat sich hin und wieder wie die Arbeit in einem »großen Labor des Menschseins« angefühlt.

Letztendlich lassen sich wohl die meisten unserer emotionalen Leiden und die durch sie hervorgebrachten vielfältigen Auswirkungen und Krankheiten auf ein paar wenige belastende emotionale Grunderfahrungen zurückführen. Ob wir tatsächlich all die bedrückenden Erfahrungen durch wirklich schwierige Umstände erworben haben oder ob wir eigentlich gar nicht so schwere Situationen subjektiv als überfordernd oder gar traumatisierend empfunden haben, macht kaum einen Unterschied.

Die zugrunde liegenden verletzten Gefühle haben wir alle mehr oder weniger gemeinsam: Wir fühlen uns ungeliebt, nicht liebenswert, nicht verstanden, verlassen, allein gelassen, verraten, vergessen, vernachlässigt, nicht gesehen, übergangen, missverstanden, enttäuscht, ungerecht behandelt, betrogen, nicht geschützt, ungeborgen, unbehütet, ausgeliefert, ohnmächtig, hilflos, in die Enge getrieben, bedroht, verängstigt etc. In uns toben, wohnen oder schwelen Gefühle von Angst, Wut, Zorn, Hass, Hilflosigkeit, Fassungslosigkeit, Verletztheit, Unfähigkeit, Unsicherheit, Kleinheit, Schwäche, Leere, Resignation, verschiedene Befürchtungen, Traurigkeit, Einsamkeit, Verbitterung, Frustration, Enttäuschung usw.

All diese Gefühle hat wohl jeder von uns schon mehr oder weniger intensiv erlebt ... und hoffentlich wieder hinter sich gelassen. Denn wenn wir uns von ihnen wieder lösen konnten, dann können wir uns glücklich schätzen.

Bei vielen beständigen körperlichen, emotionalen und geistigen Beschwerden liegt der eigentliche Grund darin, dass die tatsächliche Ablösung von diesen belastenden Emotionen nicht vollzogen wurde. Obwohl wir die vielleicht schon vor sehr vielen Jahren erlittenen Gefühle längst vergessen haben, sie im Alltag nicht mehr empfinden und uns an das verursachende Ereignis nicht mehr erinnern, wirken sie dennoch tief in uns und verursachen verschiedenste Beschwerden und beeinflussen unseren Lebensweg.

Seit vielen Jahren gehört es in der Praxis zu meinen Aufgaben, die verborgenen Zusammenhänge zwischen aktuellen Beschwerden, den mehr oder weniger verborgenen belastenden Gefühlszuständen und den auslösenden Lebenserfahrungen herauszufinden und zu lösen.

Im Laufe der Jahre hat sich, unter Einbeziehung verschiedener anderer Werkzeuge, eine in sich schlüssige Behandlungsweise entwickelt. Der Name dieser Methode ergab sich von selbst: die »Lösung von Unbewusster Schuld«-Therapie; kurz gesagt die LösUS-Therapie.

Da ich mit dieser Methode ständig befasst war und es in der großen Zahl der Fälle immer wieder und wieder um die Erforschung des verborgenen Beschwerdeursprungs ging, hatte sich mein Blick verengt. Ich trug die unreflektierte Annahme in mir, dass die Lösung von Unbewusster Schuld nur mit Fachwissen und -fähigkeit gelingen könne. Mir war bewusst, dass das eigentliche Herzstück der Methode, nämlich die Entnahme der Unbewussten Schuld, ein ganz einfacher und wirklich leicht umsetzbarer Vorgang ist. Dennoch bin ich wohl durch das ständige Suchen nach dem Beschwerdeursprung und der oftmals herausfordernden emotionalen Verarbeitung dem Irrtum erlegen, dass LösUS so herausfordernd und komplex ist, dass die Lösung von Unbewusster Schuld nur von einem geübten und geschulten Anwender vollzogen werden kann. Mein Irrtum lag darin, Birnen mit Äpfeln zu vergleichen:

- Denn ja, das Erforschen des Beschwerdeursprungs und die Verarbeitung massiver emotionaler Ladungen bedürfen wirklicher Fähigkeiten, gewachsener Erfahrung (besonders an sich selbst), einer gewissen Belastbarkeit und tiefen Vertrauens in die Methode.
- Aber die Lösung der Unbewussten Schuld an sich, der reine Vorgang der Befreiung von ihr ist eine einfache und gut machbare Angelegenheit für nahezu jeden von uns.

Schließlich »erledigt« der Mitmensch bei mir am Schreibtisch oder Bildschirm diesen Schritt ebenso für sich selbst. Er selbst nimmt die Unbewusste Schuld von sich. Ich bin lediglich der Flüsterer, der Begleiter und Assistent. Der Bergführer trägt den Wanderer schließlich auch nicht den Berg hinauf.

Einige Ereignisse in der Praxis und in meinem privaten Leben haben mich dann doch erkennen lassen, dass die Lösung von Unbewusster Schuld in die Hände aller Menschen gegeben werden muss – weil sie genau dorthin gehört.

Folglich geht es in diesem Buch um zwei Arbeitsweisen. Diese gehören zueinander, sind aber nicht das Gleiche. Die eine ist ein Teil der anderen, die andere ist eine Erweiterung der einen. Es geht um die LösUS-Technik für den Selbstanwender und die LösUS-Therapie für den LösUS-Practitioner, also denjenigen, der mit therapeutischen Techniken vertraut ist.

- Die **LösUS-Technik für den Selbstanwender** ist das »Herzstück« der LösUS-Therapie. Die LösUS-Technik lässt sich spielend leicht von jedem auf die entsprechenden *aktuellen, direkt fühlbaren* belastenden Gefühle und das vorhandene »ungeheilte Leid« (dazu ausführlich später) anwenden.
- Die **LösUS-Therapie für den LösUS-Practitioner** ist die in sich abgeschlossene Arbeitsweise für den ausgebildeten Anwender. Sie ist ein sehr tiefgreifendes Werkzeug. Wer sie erlernen möchte, kann sich gern an uns wenden.

Bevor wir uns nun mit der Anwendung der LösUS-Technik beschäftigen und ich Ihnen die LösUS-Therapie vorstellen darf, möchte ich mit Ihnen noch einen kurzen Ausflug in die »Vergangenheit der Eiswürfel« unternehmen.

DAS GEHEIMNIS DER EISWÜRFEL

In den ersten Praxisjahren war ich immer wieder mit einer Frage konfrontiert, für die ich damals keine passende Antwort parat hatte: Wie kann einem Menschen heute noch etwas Beschwerden bereiten, wenn es doch längst Vergangenheit ist?

Schon damals hatte ich immer wieder mit Menschen zu tun, die unter körperlichen, aber noch viel häufiger unter emotionalen Beschwerden litten, welche auf vor Jahren geschehenen Ereignissen beruhten. Ich habe es damals nicht recht verstanden, welcher Art der Zusammenhang von »Vergangenheit« und »Heute« ist. Wenn etwas vergangen ist, wie kann es dann heute noch wirken? Aber ich sah so viele, die unter den Ereignissen ihrer Vergangenheit litten. Und wie sollten wir im Heute eine Lösung für etwas schaffen, das aus der Vergangenheit herrührt? Wir können doch die Vergangenheit nicht verändern?

Ferner erlebte ich ständig, dass die »emotionalen Gespenster« der Vergangenheit binnen weniger Augenblicke wieder gefühlte Gegenwart waren, wenn die Aufmerksamkeit nur intensiv genug in diese Richtung ging. Plötzlich saßen da Betroffene vor mir und weinten bitterlich über Ereignisse, die schon fünf, zehn, zwanzig, dreißig, vierzig, fünfzig oder noch mehr Jahre in ihrer Vergangenheit lagen.

Ich hatte mich schon langsam damit angefreundet, dass es eben einfach so ist, dass längst Vergangenes plötzlich »heute ist« – bis mir in der Praxis Herr R. begegnete.

Herr R. aus München kam wegen verschiedener Beschwerden. Eine davon war seine schmerzende linke Schulter. Diese Schulter tat ihm schon seit Jahren weh. Niemand fand die Ursache, es ließ sich kein Muster erkennen, und jeder Behandlungsversuch eines Kollegen oder Arztes war bisher fehlgeschlagen. Auch ich versuchte, »die Schulter zu verstehen«, und konnte mir keinen Reim machen.

Da die Schulter nur ein Teil seiner Beschwerden war, sprachen wir auch über seine anderen Leiden und deren vermutliche Ursprünge. Durch einen ganz anderen Aspekt seiner Geschichte entschied ich mich damals dazu, ihm das homöopathische Mittel Opium zu verschreiben. Er hatte zwei Jahre zuvor eine schockierende Situation erlebt, von der er heute noch immer wieder träumte und dabei emotional immer wieder in den Schock von damals geriet. Dafür ist homöopathisches Opium der absolute Spezialist. Es kann, wenn es wirklich passt, dem »Schrecken ohne Ende« ein Ende bereiten.

Am nächsten Tag rief er mich und an und fragte, ob er kurz vorbeikommen dürfe, da er mir etwas zeigen wolle. Prinzipiell war ich einverstanden, aber ich fragte ihn, ob er die 50 Kilometer dafür wirklich in Kauf nehmen wolle. Er wollte unbedingt und fuhr gleich los.

Er begrüßte mich herzlich, freute sich über seine bisherige Besserung, und kaum war die Sprechzimmertüre geschlossen, riss er sich förmlich das Hemd vom Leib. Was er mir jetzt zeigte, war für mich erst mal nur »interessant«. Auf der Außenseite seiner linken, also seiner schmerzenden Schulter, hatte er einen scharf umrandeten blauen Fleck. Das Interessante war, dass dieser Fleck eine ganz bestimmte Form hatte. Ich zuckte mit den Achseln, worauf er wohl gewartet hatte. Er holte ein Blatt Papier aus seiner Hosentasche, faltete es auf und hielt den Ausdruck eines Fotos einer Gurtaufhängung eines Autos neben seinen blauen Fleck. Tatsächlich, die Form seines blauen Fleckes und der Umriss dieser Gurtaufhängung waren exakt identisch. Das wunderte mich, und so fragte ich ihn, wann er denn den Unfall gehabt habe, bei dem er sich den blauen Fleck geholt hatte. Denn gestern hatte er nichts von einem Unfall erzählt, und er sah mir auch nicht gerade so aus, als sei er inzwischen »verunglückt«. Ab jetzt war es für mich nicht mehr nur »interessant«, sondern durchaus »erstaunlich«. Seine Antwort war: *Vor 18 Jahren ist mir jemand von links ins Auto gefahren. Damals bin ich mit voller Wucht mit der Schulter gegen die Gurtaufhängung geknallt. Das war ein schlimmer Unfall – von dem träumte ich lange Zeit. Aber einen blauen Fleck hatte ich damals nicht.*

Nun war ich baff.

Dass sich emotionale Traumen sozusagen in einem Schockzustand einigeln und Jahre überdauern, um dann irgendwie ausgelöst wieder hervorzubrechen wie am ersten Tag, hatte ich oft genug gesehen. Aber dass der Körper das Erstsymptom einer physischen Verletzung im Dornröschenschlaf mit sich trägt, um es dann erst nach Jahren zu zeigen, war mir gänzlich neu.

Natürlich führte das Ereignis dazu, dass ich mir wieder vermehrt Gedanken darum machte, was »Vergangenheit« eigentlich ist. So recht weiter kam ich wieder nicht, eher wurde es mir noch schleierhafter – zumindest bis zu dem Augenblick, bis die Eiswürfel mir die Lösung flüsterten.

Wenige Wochen nach dem Spätzünder-Hämatom war ich mit meinen beiden damals jungen Töchtern beim Badesee. Sie hatten gerade ihre »Überall-müssen-Eiswürfel-rein«-Phase. Also nahmen wir eine ganze Thermoskanne davon mit.

Nach dem ersten Bad lagen wir auf der Decke, die Kinder wollten Getränke mit Eiswürfeln und bekamen sie auch. Dann waren die Strohhalme interessanter, und die Eiswürfel aus den Bechern sollten verschwinden. Also wurden sie ins Gras gelegt. Nach ein paar Minuten wollte die größere Tochter doch wieder Eiswürfel, und so wurden welche von dem Häufchen im Gras genommen. Bald darauf wollte nun die kleine Tochter auch wieder Eiswürfel, aber es waren keine mehr da – sie waren »vergangen«. In diesem Moment begriff ich, was »Vergangenheit« heißt: Wirklich vergangen ist etwas nicht dann, wenn es aus dem Sinn, dem Gedächtnis oder dem Fühlen verschwunden ist, sondern wenn es seine bisherige Form, seine bisherige Beschaffenheit gewandelt hat und in einen anderen Zustand übergegangen ist oder sich aufgelöst hat.

Ein Schock, ein Trauma, eine emotionale Belastung aus der Vergangenheit ist also nicht automatisch vergangen, nur weil viele Jahre verstrichen sind. Ein Schock ist dann zur Vergangenheit geworden, wenn er es sozusagen dem Eiswürfel gleichgetan hat und seine Form, seine Beschaffenheit und sein Wesen aufgelöst hat. Der »Zustandswechsel« ist es, der Vergängliches in eine andere Form überführt, die nun zu Recht mit dem Begriff »Vergangen-heit" bezeichnet werden kann.

Das alleinige Vergehen von Zeit, ohne die Veränderung des Zustandes, ist eher wie eine »verlängerte Gegenwart«, bei der die Sache selbst aus dem Sinn, dem Erinnern und dem Fühlen gefallen ist. Wir haben sie nicht mehr präsent, aber deshalb ist sie noch lange nicht zustandsgewandelt, sprich Vergangenheit.

EIN KLEINES, ABER HINKENDES BEISPIEL

Stellen Sie sich vor, Sie stellen einen Ordner in einen Schrank im Keller. Er gerät aus Ihrem Fokus, Sie verschwenden keinen Gedanken mehr an ihn und haben schon gar keine Gefühle mehr dazu. Nun vergehen, sagen wir einmal, zwanzig Jahre. Ist seine Existenz unten im Kellerschrank nun Vergangenheit? Also, es ist schon verdammt lange her, Ihr nach dem Ordner geborener Sohn macht gerade den Führerschein, Sie haben noch zwei weitere Kinder bekommen, den Beruf gewechselt und zweimal im Lotto gewonnen ... Ist der Ordner unten im Keller im Schrank Vergangenheit? Ist er automatisch »Vergangen-heit« – nur weil viel Zeit vergangen ist, so viel geschehen ist und Sie ihn völlig vergessen haben? Wenn er seinen Zustand des »Unten-im-Keller-im-Schrank-Seins« nicht gewandelt und verändert hat, dann ist er genau in dieser Form noch absolute Gegenwart – auch wenn Sie ihn längst vergessen, vielleicht sogar verdrängt haben.

Vergessenheit ist nicht Vergangenheit,
und Vergangenheit ist nicht Vergessenheit.

Erst wenn der Ordner vielleicht geöffnet wurde, der Inhalt in andere Ordner umsortiert und ein Teil in das Altpapier gewandert ist – oder wenn Sie ihn komplett entsorgt haben, weil z. B. die Buchhaltung von damals die Aufbewahrungspflicht längst überschritten hat –, dann ist er Vergangen-heit. Erst jetzt geht es ihm wie dem Eiswürfel vom Badesee – er ist nicht mehr da, existiert nicht mehr, sein Zustand hat sich gewandelt.

Für das weitere Verständnis dieses Buches scheint es mir sinnvoll, die für mich offensichtlichen drei verschiedenen Zustände gegenüberzustellen:

- **Die Gegenwart** – Was wir unter »Gegenwart« verstehen, ist recht klar: Etwas geschieht gerade, es ist da, es ist präsent, es ist jetzt.
  Gegenwart kann aber auch etwas sein, auf das wir gerade nicht unsere Aufmerksamkeit lenken. Etwas, das also gerade nicht in unserem Fokus ist und damit gerade nicht bewusst wahrgenommen oder gefühlt wird. Gegenwart ist also nicht das Gleiche wie »bewusst«. Etwas kann in der Gegenwart geschehen oder vorhanden sein, ohne dass ich mir dessen bewusst bin.

Das Wort »gegenwärtig« ist wohl so etwas wie eine Schnittstelle zwischen den Begriffen »gegenwärtig im Sinne von bewusst« und »gegenwärtig im Sinne von jetzt«.

- **Die »verlängerte Gegenwart«** – Ich habe keine aussagekräftige gängige Bezeichnung dafür gefunden, wenn etwas schon länger oder auch sehr lange her ist oder besteht, seinen Zustand aber noch nicht gewandelt hat, sondern einfach mehr oder weniger vergessen, unbeachtet, also unterschwellig, verborgen oder schlummernd weiterhin besteht.
  Es gibt die ursprüngliche Sache also noch mehr oder weniger im »Originalzustand«, auch wenn sie nicht beachtet wird und vergessen ist.
- **Die Vergangenheit** – Von Vergangenheit können wir in Bezug auf Situationen oder Dinge dann sprechen, wenn etwas die Veränderung seines Zustandes erfahren hat und damit seine vorherige Beschaffenheit, seine Form oder sein Wesen aufgegeben hat. Etwas ist also im wahrsten Sinne des Wortes »vergangen«.
  Der Ausspruch »Das ist Vergangenheit!« bedeutet genau genommen also, dass die gemeinte Sache oder Situation in ihrer ursprünglichen Form nicht mehr existiert.

WOZU DIESE UNTERSCHEIDUNG?

Sie hilft uns zu erkennen und zu verstehen, wann die LösUS-Technik für den Selbstanwender und wann die LösUS-Therapie für den Practitioner angemessen ist.

Die LösUS-Technik für den Selbstanwender ist die passende Arbeitsweise, wenn das eine Unbewusste Schuld verursachende ungeheilte Leid **gegenwärtig** ist. Gegenwärtig kann es entweder sein, weil es gerade jetzt geschieht oder weil es präsent ist, obwohl es schon lange her ist. Ob der betroffenen Person dabei das ungeheilte Leid bewusst ist oder nicht, spielt dabei eine untergeordnete Rolle.

Die LösUS-Therapie für den LösUS-Practitioner ist die passende Arbeitsweise, wenn das ungeheilte Leid im Rahmen der **verlängerten Gegenwart** subjektiv innerlich immer noch stattfindet, auch wenn es schon lang her ist und *nicht mehr gegenwärtig*, sondern vergessen ist.

DIE LösUS-TECHNIK FÜR DIE SELBSTANWENDUNG

Die Selbstanwendung lässt sich gut im Abschnitt »Wie wird die LösUS-Technik durchgeführt?« auf Seite 282 erlernen. Ich biete LösUS-Workshops speziell für Selbstanwender an. Genaueres finden Sie unter www.loesus.de.

Dabei kann es durchaus sein, dass das ungeheilte Leid in der Realität schon beendet ist (die kranke Oma ist längst wieder gesund), aber der innere Eindruck subjektiv noch existiert (die Enkelin knabbert bis heute daran still vor sich hin), auch wenn es von ihr längst vergessen ist und vergangen zu sein scheint (die Enkelin hat die Krankheit der heute gesunden Oma längst vergessen).

Von einer **gelösten Unbewussten Schuld** kann dann gesprochen werden, wenn die durch ungeheiltes Leid entstandene Unbewusste Schuld und die mit ihr verknüpften belastenden Emotionen gelöst sind und die eventuell gebrauchte Selbstvergebung vollzogen ist. Ist die Unbewusste Schuld gelöst, stellt das Unbewusste die unbewussten Mechanismen der Wiedergutmachung ein.

FÜR WELCHE SITUATION PASST DIE LösUS-TECHNIK?

Die LösUS-Technik ist das passende Werkzeug, um uns von einer durch **gegenwärtiges** ungeheiltes Leid verursachten Unbewussten Schuld zu lösen.

Es handelt sich also um einen Zustand, in welchem ein direkter Zugang zu dem ungeheilten Leid möglich ist. Das ungeheilte Leid ist fühlbar, es ist gegenwärtig. Ob es sich dabei um ein eigenes ungeheiltes Leid handelt oder ob wir durch Mitgefühl mit dem Leid eines anderen selbst in Leid geraten sind, macht keinen Unterschied. Es geht allein um den **direkten, also den gegenwärtigen** Zugang zum ungeheilten Leid. Hier muss nichts gesucht und ausgegraben werden.

FALLBEISPIEL: DAS REH IN GROßER NOT

Als die Kinder noch kleiner waren, unternahmen meine damalige zweite Frau Paula, die Kinder und ich eine Radtour. Wir fuhren entlang der Felder und in den Wald. Als wir die Räder über den holprigen Waldweg schoben, entdeckte eines der Kinder nahe am Weg unter jungen Fichten ein am Boden liegendes Reh. Es sah uns mit großen dunklen Augen furchtsam und aufmerksam an und hatte wohl große Angst. Es versuchte mit aller Kraft aufzustehen, aber seine Vorderbeine trugen es nicht. Jedes Mal, wenn es sich hochgekämpft hatte, kippte es wieder zur Seite. Verzweiflung und furchtbare Angst waren ihm anzusehen. Eine Verletzung war nicht zu erkennen, und es war auch nicht in einem Draht oder einer Schnur hängen geblieben. Wir konnten keinen Anhaltspunkt finden, um helfen zu können. Um es nicht noch mehr zu ängstigen und zu weiteren verzweifelten und offensichtlich schmerzhaften Aufstehversuchen zu animieren, entfernten wir uns.

Nun standen wir gut 25 Meter entfernt und sahen es still und zitternd unter den jungen Fichten liegen. Wir waren uns einig, dass wir es nicht liegen lassen konnten. Aber was sollten wir tun? Ich rief bei der Polizei an, um nach Rat zu fragen. Dort erfuhr ich, dass dem Reh nicht zu helfen sei, da es sich um ein Wildtier handle und es den Stress der Gegenwart von Menschen nicht überstehen würde. Somit gab es für uns auch nicht die Möglichkeit, es in eine Klinik zu bringen. Das wäre unser Wunsch gewesen. Besonders die Kinder hofften auf diese Möglichkeit. Ich bekam die Nummer des zuständigen Jägers. Doch als ich ihn nicht erreichte, wurde eine Polizeistreife mit dem Auftrag geschickt, das Reh zu erschießen.

Das Reh beobachtete uns aufmerksam, und wir blickten mit der Gewissheit zu ihm hinüber, dass es schon ganz bald nicht mehr leben würde. Da das Reh so gut verborgen im Unterholz lag, dass es nicht möglich war, die Stelle gut genug zu beschreiben, warteten wir mit Abstand, bevor wir uns an den Waldrand begaben, um dort den Polizisten zu treffen. Als er kam, blieben die Kinder und meine Frau dort, während ich ihn zum Reh führte. Mit sicherer Hand schoss er dem Reh in die Stirn. Für mich sah es so aus, als wäre das Reh auf der Stelle tot und damit von seiner misslichen Lage befreit.

Beklommen machten wir uns auf den Heimweg. Uns war die Lust an der Fahrradtour vergangen. Zu Hause sprachen wir über das Ereignis, über die Situation des Rehs, über unsere Möglichkeiten und über den traurigen Ausgang. Wir waren uns alle einig, dass wir nichts Besseres hätten tun können und es so weit gut gemacht hatten. Ich fragte die Kinder, ob sie den Eindruck hätten, dass sie eine Schuld an der Verletzung oder dem Tod des Rehs haben. Sie dachten kurz nach und verneinten entschlossen mit einigen sehr zutreffenden Begründungen. Da bat ich sie und meine Frau, mir diese Sätze nachzusprechen:

- *Ich nehme die Schuld dafür von mir, dass ich das Reh nicht retten konnte.*
- *Ich nehme die Schuld dafür von mir, dass das Reh schlimm verletzt war.*
- *Ich nehme die Schuld dafür von mir, dass das Reh leiden musste.*
- *Ich nehme die Schuld dafür von mir, dass das Reh erschossen wurde, dass es jetzt tot ist.*

Jeder dieser Sätze brachte spürbare Erleichterung. An ihren Gesichtern und an ihrer Atmung war deutlich zu sehen, dass eine Last von ihnen abgefallen war. Auch mir ging es deutlich besser. Die gelöste und heitere Stimmung kam zurück. Fünf Minuten später spielten die Kinder vergnügt zusammen Verstecken.

Dieses Beispiel verdeutlicht, dass es bei der LösUS-Technik um ein gegenwärtiges ungeheiltes Leid geht. Das ungeheilte Leid ist direkt fühlbar, wir haben direkten Zugang zu ihm. Es bedarf hier keiner Suche nach dem Ursprung – es ist einfach da.

Das ist der springende Punkt: Das ungeheilte Leid ist direkt fühlbar, es ist ein Teil der Gegenwart.

Dabei spielt es tatsächlich eine untergeordnete Rolle, wie weit das leidverursachende Ereignis in der Vergangenheit liegt. Die *direkte Gegenwärtigkeit* des ungeheilten Leides ist der springende Punkt, nicht die Frage, ob das Ereignis jetzt stattfindet, schon länger her ist oder in weiter Ferne liegt.

Hier ein Beispiel für eine Unbewusste Schuld, welche auf einem direkt fühlbaren, gegenwärtigen ungeheilten Leid beruht, obwohl das ursprüngliche leidverursachende Ereignis schon lange her ist.

FALLBEISPIEL: DAS REH IM SCHEINWERFERLICHT

An dem gleichen Abend, als die Kinder im Bett waren und Ruhe einkehrte, stieg in mir eine alte Erinnerung auf, die ich schon längst vergessen hatte. Das Reh von heute Nachmittag erweckte in meinem Gedächtnis ein anderes Reh aus früheren Zeiten. Damals, ich war etwa 18 Jahre alt, fuhr ich in einer sternenklaren, klirrend kalten Winternacht kurz vor Mitternacht über eine abgelegene Straße nach Hause. Plötzlich sah ich erschrocken und überrascht im Kegel der Scheinwerfer etwas zappelnd am Straßenrand liegen. Der Schnee war rot gefärbt, es dampfte, und die Augen eines Rehs funkelten im hellen Licht. Ich fasste mich schnell, stieg aus und sah mir die Lage genauer an. Da lag ein Reh ohne Vorderbeine im Schnee und versuchte unter schauerlichem Gepiepe und Gefiepe aufzustehen. Es war offensichtlich angefahren worden. Es musste furchtbar leiden. Mir war klar, dass es keine Hoffnung für das Tier gab. Mein Herz war aufgebracht, verzweifelt und voller Mitgefühl. Heute hätte ich vermutlich mein Mobiltelefon herausgenommen und um Rat und Hilfe bei der Polizei angerufen. Damals gab es noch keine Mobiltelefone, und so war ich auf mich selbst gestellt. Das Tier litt so furchtbar. Ich konnte nicht warten und mit ansehen, wie es verzweifelt verbluten würde. So tat ich in meiner Not, was ich tun musste. Ich holte den Wagenheber aus dem Kofferraum und schlug ein paar Mal auf den Kopf des Tieres ein – bis es sich nicht mehr rührte. Es war furchtbar. Es war ein Albtraum. Da stand ich nun in der nächtlichen weißen, mondbeschienenen Wintermärchenlandschaft im Scheinwerferschein, blutbespritzt in einer leuchtenden Lache aus blutgetränktem Schnee – alles war wieder still und fast unheimlich friedlich. Ich fuhr zur Polizei, um den Vorfall zu melden. Der Polizist belehrte mich, aber zollte mir stillen Respekt. Zu Hause duschte ich und legte mich, mir bewusst darüber, das Richtige getan zu haben, verzweifelt und traurig ins Bett und schlief weinend ein.

Dieses längst vergessene Ereignis, welches mich damals über Wochen beschäftigt hatte, dann aber doch in den Untiefen der Vergessenheit verschwunden war, war in mir wieder zurückgekehrt – zurückgekehrt in Form von Bildern, Gefühlen und dem Geruch von Blut im Schnee.

Die durch die nachmittägliche Schuldentnahme noch gut erinnerbare Erleichterung ließ mich, ohne zu zögern, diese Sätze leise, aber hörbar sprechen:

- *Ich nehme die Schuld dafür von mir, dass das Reh so verletzt war.*
- *Ich nehme die Schuld dafür von mir, dass das Reh keine Vorderbeine mehr hatte.*
- *Ich nehme die Schuld dafür von mir, dass das Reh so schrecklich verzweifelt war und so furchtbar blutete.*
- *Ich nehme die Schuld dafür von mir, dass ich dem Reh nicht helfen konnte.*
- *Ich nehme die Schuld dafür von mir, dass das Reh so furchtbar litt, so erschütternd piepte und fiepte.*
- *Ich nehme die Schuld dafür von mir, dass ich so überfordert war und mir nicht anders zu helfen wusste.*
- *Ich nehme die Schuld dafür von mir, dass ich das Reh erschlagen habe.*

Beim Sprechen vibrierte ich am ganzen Körper, und mit den Tränen kam große Erleichterung auf. Jetzt konnte ich die inneren Bilder von damals wieder ansehen, ohne dabei in Enge und Traurigkeit zu verfallen. Dachte ich nun an das arme Reh, so erschien es mir nicht mehr arm, sondern so, als wäre es jetzt heil an einem sicheren und friedlichen Ort. Auch hier ist die LösUS-Technik das passende Werkzeug. Denn obwohl das Ereignis schon gut ein Vierteljahrhundert her und vergessen gewesen war, war das ungeheilte Leid an diesem Abend wieder präsent. Mit den Bildern der Erinnerung waren die leidvollen Gefühle wieder gegenwärtig.

Die LösUS-Technik ist dann passend, wenn ungeheiltes Leid gegenwärtig ist, wenn es »fühlbare Gegenwart« ist.

HANDELN UND LOSLASSEN KÖNNEN

Durch die Lösung einer Unbewussten Schuld verändert sich grundlegend das Verhältnis zu dem zugrunde liegenden ungeheilten Leid. Da es sich bei der LösUS-Technik zur Selbstanwendung meist um ein *ungeheiltes aktuelles Leid*, ein Leid der Gegenwart handelt, können wir nach der Lösung fast immer eine oder beide dieser zwei Reaktionen feststellen:

Variante A – Konstruktiv und kreativ
Unsere Perspektive verändert sich, und wir kommen wieder in die Lage zu handeln. Die zuvor bezüglich des ungeheilten Leides bestehende Rat- und Tatenlosigkeit, diese belastende Lähmung, löst sich. Konstruktivität und Kreativität kehren zurück. Häufig fällt uns jetzt eine Lösung ein, auf die wir zuvor einfach nicht gekommen wären.

Variante B – Loslassen
Das uns zuvor gefangen nehmende ungeheilte Leid verliert seine bindende Kraft, und wir können uns von seinem schädlichen Einfluss lösen. Selbst wenn der Grund für das ungeheilte Leid als solcher bestehen bleibt, vollzieht sich eine Loslösung von ihm.

GRENZEN DER LösUS-TECHNIK BEI DER SELBSTANWENDUNG

In vielen Situationen der Entstehung von Unbewusster Schuld kann durch die LösUS-Technik unmittelbar Hilfe geschaffen werden. In bestimmten Entstehungssituationen ist das jedoch nicht möglich.

Erinnern wir uns: Die LösUS-Technik ist das passende Werkzeug, um uns von einer Unbewussten Schuld zu lösen, welche auf aktuellem und gegenwärtigem Leid beruht.

Aber nicht bei jeder Entstehung von Unbewusster Schuld gibt es den für die LösUS-Technik geeigneten Moment. Es gibt zwei klassische Situationen, in welchen es die Gelegenheit für die Anwendung der LösUS-Technik *nicht* gibt:

ENTSTEHUNG WÄHREND DER SCHWANGERSCHAFT ODER FRÜHKINDLICH (SIEHE SEITE 32)

Erleben wir ungeheiltes Leid als Kleinkind, Säugling, Baby oder gar als noch Ungeborenes, so haben wir weder das Bewusstsein noch die Einsicht, den Verstand oder die Sprache zur Verfügung, um den erlösenden Schuld-Entnahme-Satz zu bilden. Für die in diesen Lebensabschnitten erworbene Unbewusste Schuld steht uns nur die Lösung im Nachhinein zur Verfügung. Hier muss im Nachhinein auf die LösUS-Therapie zurückgegriffen werden. So schön es auch wäre – die LösUS-Technik hat hier keinen Ansatz für den Akutfall.

DIE ENTSTEHUNG VOR DER ZEUGUNG/ DIE ÜBERNAHME

Die zweite klassische Situation ist dann gegeben, wenn die betreffende Person das die Unbewusste Schuld prägende Ereignis selbst gar nicht erlebt hat. Hier kommen wir wieder auf zwei mögliche persönliche Ansichten zurück, welche auf Seite 61 im Kasten angesprochen wurden:

- Glauben wir an die Existenz einer Seele, die wiedergeboren wird? Bringt diese Seele Erfahrungen aus einem Vorleben mit?
- Oder übernehmen wir bestimmte Erfahrungen (z. B. epigenetisch) aus dem Informationsfeld unserer Vorfahren?

Wie dem auch sei – bezogen auf unser jetziges Leben gibt es weder bei der einen noch bei der anderen Möglichkeit den passenden Moment für die direkte Anwendung der LösUS-Technik. Ob als Seele zuvor erfahren oder über ein Informationsfeld übernommen: Es handelt sich nicht um aktuelles ungeheiltes Leid.

Auch wenn es schön wäre, der »Chronifizierung der Unbewussten Schuld« rechtzeitig den Wind aus den Segeln zu nehmen, ist das in diesen Fällen nicht möglich. In der Praxis werde ich häufig mit Unbewusste Schuld prägenden Ereignissen konfrontiert, welche vor der Zeugung des Betroffenen geschehen sind.

REAL ODER WAHR?

Besonders bei der Arbeit mit LösUS in Zeiträumen vor der Zeugung kann die Frage entstehen, ob all die während einer Sitzung auftauchenden Ahnungen, Eindrücke, Erinnerungen und Bilder wirklich durch real geschehene Ereignisse entstanden sind. Bei Erinnerungen an vor wenigen Jahren geschehene Ereignisse wird es wohl meist so sein. Bei Erinnerungen aus der frühen Kindheit, dem Säuglingsalter, um die Geburt herum, im Mutterleib oder noch weiter zuvor verwaschen sicherlich mehr oder weniger die Grenzen zwischen realer Erinnerung und in Bilder eingekleideten Symbolisierungen von subjektiven Eindrücken, Gefühlen und Emotionen.

Gerade nach Sitzungen mit Rückgriff auf den Beginn unseres Lebens oder noch weiter zurück in ein »Vorleben« oder »die Welt der überlieferten Eindrücke der Ahnen« stellt sich die Frage, ob all die gerade in der Sitzung erlebten Dinge denn wahr und so geschehen sind. Da bin ich überfragt. Ich weiß nicht im Geringsten, ob das alles so wirklich jemals geschehen ist. Was ich aber weiß – und dies sage ich jedem Mitmenschen auch so –, ist, dass all diese aus seinem Inneren aufgestiegenen Ahnungen, Eindrücke, Erinnerungen, Bilder, Emotionen und Gefühle bis gerade eben noch eine wahrhaftige Wahrheit seiner Innenwelt waren. Sie haben bisher sein Fühlen, sein Handeln, sein Denken, seine Begegnung mit der Welt real geprägt und somit sein Leben faktisch mitgestaltet und bestimmt. Aber ob sie jemals so oder so ähnlich wirklich stattgefunden haben? Ich weiß es nicht, und es interessiert mich auch nicht.

Mich interessiert nicht, ob die Geschichte wahr ist.
Mich interessiert die Wahrheit der Geschichte.
Und dann interessiert mich die
wahre Lösung für diese Geschichte.

Mir ist es nicht wichtig, ob diese wahre Lösung
mit der objektiven Realität zu tun hat.
Was auch immer die objektive Realität sein soll.

Vermutlich gibt es nur eine Realität. Jeder hat seine eigene Wahrnehmung von dieser Realität. Daraus formt jeder seine Wahrheit darüber. Folglich gibt es viele Wahrheiten über dieselbe eine Realität.

KRIEG IST TAUSENDMAL SCHLIMMER ALS KRIEG

Häufig zeigen sich Belastungen mit Unbewusster Schuld durch die verheerenden Kriegserfahrungen der Vorfahren. Ob es um inzwischen betagtere Herrschaften geht, die den Krieg zwar nicht mehr selbst erlebt haben, aber deren Eltern noch mittendrin steckten, oder ob es um die Enkel der kriegserlittenen Großeltern geht, spielt dabei keine Rolle.

Unser Verstand kann uns dazu verführen anzunehmen, dass die Enkel der Kriegsgeneration doch kein Leid diesbezüglich haben können, da sie selbst kein Kriegsleid erlebt haben. Schließlich kennen sie selbst den Krieg doch nur vom Hörensagen und sind eher am Rande der Wirtschaftswunderjahre als in den Zeiten von Zerstörung, Tod, Gewalt, Vertreibung, Verlust und Hungersnot aufgewachsen.

Das unglaubliche Elend des Einzelnen, der Familie, des Volkes und aller beteiligten Völker hat dennoch tiefe Spuren von ungeheiltem, ungerettetem, ungelindertem und ungetröstetem Leid auch bei den Enkeln hinterlassen.

Da gibt es zum einen die unmittelbar durch die Gewalt, die Entbehrungen und die Verluste des Krieges entstandenen Traumata, welche die Menschen selbst erlebt haben. Doch zum anderen gibt es auch die mögliche seelische Not ihrer Kinder und Enkel, die durch unterschwellige traumatische seelische Verstümmelung, herzensmäßige stille Verrohung, bis zur Unberührbarkeit entwickelte Distanziertheit, kaschierte überlebensorientierte Lieblosigkeit, schwelende und erstickende ungelöste Trauer und in übermäßige Leistungsorientiertheit umgeschlagene (unbewusste) Existenzangst einen großen Mangel an warmer Geborgenheit, herzlicher Zuneigung, mitfühlendem Verständnis, zuversichtlicher Lebensbejahung und grundsätzlichem Optimismus erlitten.

Die unsichtbaren seelischen Folgen eines jeden Krieges sind unermesslich viel größer als allgemein angenommen. Wenn wir davon ausgehen, dass wir uns derzeit etwa drei bis vier Generationen nach dem Ende des Zweiten Weltkrieges befinden, und ich aus vielen Erfahrungen aus der Praxis berichten kann, dass die Belastungen von ungeheiltem Leid bis in die siebte Generation reichen können, so lässt sich annehmen, dass wir wohl etwa noch einmal acht Jahrzehnte brauchen werden, um dessen seelische Folgen weitestgehend überwunden zu haben.

Gerade bei verschiedenen Verhaltensauffälligkeiten, Verlustängsten, emotionalen Störungen und Angstzuständen kommt immer wieder das kriegsbedingte leidvolle Schicksal der Vorfahren zum Vorschein. Die Entnahme der Unbewussten Schuld, die häufig notwendige Verarbeitung von damit belastenden Emotionen und die erlösende Selbstvergebung schaffen so oft große Erleichterung und Lösung.

Bei all der berechtigten Ablehnung des Nationalsozialismus dürfen wir wohl nicht ganz vergessen, dass auch diese Menschen letztendlich Menschen waren. Trotz allem, was sie Grauenvollstes und Unmenschlichstes getan haben, erlitten vermutlich auch sie ungeheiltes, ungerettetes, ungelindertes und ungetröstetes Leid. Und so gab es auch für sie Unbewusste Schuld, die in ihrem Familiensystem möglicherweise weitergegeben wurde.

In der Praxis scheint es mir immer wieder so, als litten die Nachkommen dieser Menschen doppelt – zum einen haben sie Vorfahren mit dieser gewaltvollen, menschenverachtenden Geschichte, zum anderen sind sie zusätzlich von deren ungeheiltem Leid geprägt.

Aus meiner Beobachtung heraus lässt sich die von Vorfahren übernommene Unbewusste Schuld leichter von sich nehmen, wenn die Vorfahren auf der Seite der »Opfer« waren. Die Entnahme von »vererbter« Unbewusster Schuld vonseiten der »Täter« stammend ist meist eine weit größere Herausforderung (hier gilt es, besonders wach für Konflikte zu sein und gezielt liebevoll-clevere Konfliktlösungssätze zu platzieren).

Bei der Befreiung von Unbewusster Schuld in unserer Gegenwart darf es für uns natürlich keine Rolle spielen, auf welcher Seite welcher Konflikte die Vorfahren eines Menschen standen.

Je mehr ungeheiltes Leid ein Mensch mit sich trägt, desto konzentrierter bin ich bei der Sache. Ich schöpfe alle Möglichkeiten aus, möglichst effektiv zu unterstützen.

Auch wenn es provokant klingt: Es fällt uns wohl meist leichter, mit »Opfern« als mit »Tätern« empathisch zu sein – das Gleiche gilt (teilweise) auch für deren Nachkommen. Zumindest für die Nachkommen können und müssen wir wohl ohne jeden Zweifel feststellen, dass wir uns diese Unausgewogenheit aus dem Blickwinkel der Menschlichkeit nicht erlauben dürfen.

In diesem Kontext werden erfahrungsgemäß sehr häufig solche oder ähnliche Konfliktlösungssätze (siehe Seite 101) gebraucht: *Obwohl mein Großvater/meine Großmutter aufseiten der Nazis stand, nehme ich dennoch die Schuld dafür von mir, dass ...*

LösUS ist ein hervorragendes Werkzeug für die innere persönliche Aufarbeitung der familiären Kriegslast. Das gilt für die unmittelbar Betroffenen, für deren Kinder und ebenso für deren Enkel und Urenkel etc.

Obwohl es diese Sitzungen in der Praxis meist gehörig in sich haben, stellt sich nach gelungener Lösung (ob in einer oder mehreren Sitzungen) ein Gefühl von »endlich überwundener Last« und »tiefem Zur-Ruhe-Kommen« ein.

Ich lade jeden mit systemischer Arbeit vertrauten und agierenden Therapeuten dazu ein, LösUS in den systemischen Prozess einzubinden. Oft habe ich schon miterleben dürfen, wie die Kombination dieser beiden wunderbaren Werkzeuge unglaubliche Lösungen und Befreiungen hervorgebracht hat. Allerdings empfehle ich dringend, sowohl mit der widerstandslosen Annahme (Beschreibung folgt später) als auch mit der aktiven Verarbeitung von belastenden Emotionen gut vertraut zu sein. Ein bloßes »Abreagieren-Lassen« der traumatischen Emotionen reicht in den meisten solcher Fälle, meiner Erfahrung nach, für eine wirkliche Lösung bei Weitem nicht aus. Zudem gilt es, bei all dieser subtil-massiven Arbeit die Belastung für den Mitmenschen und alle Beteiligten möglichst gering zu halten.

Abgesehen von der Systemischen Therapie kann LösUS selbstverständlich auch modular im Kontext vieler anderer Therapieformen verwendet werden.

Seitdem ich 2006 mit den Ursprüngen von LösUS in der Praxis begann, gab es gerade einmal drei Wochen, in denen ich NICHT mit Krieg und seinen Folgen zu tun hatte (Stand 2023).

DIE LösUS-THERAPIE FÜR DEN LösUS-PRACTITIONER

Die LösUS-Therapie für den LösUS-Practitioner ist das passende Werkzeug, wenn es darum geht, eine auf Unbewusster Schuld basierende Beschwerde zu behandeln, welche auf einem zuerst aufzuspürenden, nicht mehr direkt fühlbaren, hintergründigen, verborgenen ungeheilten Leid beruht. Dieses einst ungeheilte Leid kann viele, viele Jahre (oder »Leben« oder Generationen) zurückliegen und in der Gegenwart gänzlich aus der Wahrnehmung verschwunden sein.

Die LösUS-Therapie ist eine vollständige Methode zur Auffindung, Lösung und Verarbeitung von Unbewusster Schuld und ihren Folgen. Ihr Herzstück ist die LösUS-Technik.

DIE VIER SCHRITTE DER LösUS-THERAPIE

Im kurzen Überblick nenne ich Ihnen die vier Schritte, die im Rahmen der LösUS-Therapie gegangen werden:

- Schritt 1: Das Auffinden des Beschwerdeursprungs
- Schritt 2: Die LösUS-Technik – Die Lösung von Unbewusster Schuld (siehe Seite 282)
- Schritt 3: Die Verarbeitung von belastenden Gefühlen
- Schritt 4: Die Überprüfung und die Schaffung positiver Ressourcen

SCHRITT 1: DAS AUFFINDEN DES BESCHWERDEURSPRUNGS

Mit 34 Jahren begann ich, mich ernsthaft mit Hypnose zu beschäftigen. Dutzende Bücher, Seminare und eine längere Ausbildung später war ich immer noch mit der für mich erdrückenden Frage beschäftigt: Wie soll er gefunden werden, dieser Augenblick der Beschädigung der Integrität in dem unendlichen Meer von Erfahrungen, in dem tiefen Dickicht der Milliarden von neuronalen Verschaltungen in unserem Gehirn? Auch wenn ich dazu verschiedene Techniken gelernt hatte, fühlte ich mich damit lange überfordert.

Eines Abends, Jahre später, wollten meine beiden Töchter eine Geschichte erzählt bekommen. Ich nahm das Märchenbuch aus dem Regal, schlug zufällig Hänsel und Gretel auf und stellte es zurück. Das war mir zu grausam. Lieber dachte ich mir eine liebevolle Geschichte aus. Als sie schliefen, fielen mir wieder Hänsel und Gretel ein – und da sah ich die Lösung!

Wenn wir heute noch Beschwerden durch ein Leid, ein Trauma aus längst vergangenen Zeiten haben, dann muss es zwischen dem Damals und dem Heute eine Verbindung geben. Denn wäre beides völlig getrennt voneinander, dann hätte damals passiert sein können, was wollte: Ist es mit dem Heute nicht irgendwie verbunden, wirkt es eben auch nicht ins Heute. Da es bei den Folgen im Heute letztendlich immer hauptsächlich – oder zumindest auch – um belastende Gefühle geht, muss die Verbindung ins Damals auch immer gefühlsmäßiger, emotionaler Natur sein. Dann gilt auf der Suche nach dem Ursprung im Damals einfach nur, aus dem Heute heraus der Spur der Gefühle rückwärts zu folgen – ähnlich wie Hänsel und Gretel ihren Steinchen folgten, um wieder nach Hause zu finden. Dann ist es nicht mehr relevant, wie unendlich viel wir erlebt haben mögen. Es gilt, eine Meisterschaft in der Rückwärtssuche der emotionalen Spur im unendlichen Dschungel unserer Synapsen zu erlangen. Beherrsche den Hänsel-und-Gretel-Effekt, Practitioner!

Ein Teil der LösUS-Therapie ist wie eine solche Suchexpedition in einen nahezu unendlich großen, völlig unübersichtlichen und nur schwer durchdringbaren Dschungel. Die **hypnotischen Techniken** unterstützen die Öffnung der Tore nach innen und vereinfachen den Zugang in diese verborgene Welt. In diesem Dschungel ist es, bildlich gesprochen, zu etwa 96 Prozent Nacht. Die Nacht des Unbewussten, dem unser Bewusstsein nicht allzu viel Erhellung entgegenzusetzen hat. Angeblich hat unser Gehirn mehr synaptische Verschaltungen, als alle Menschen der Erde zusammen Haare auf dem Kopf haben! Das für jeden Menschen absolut unverwechselbare Schaltmuster seines Gehirns wurde teils vererbt, also sozusagen vorinstalliert, aber auch durch Erlerntes und Erfahrenes – interpretiert und geprägt durch den Kontext des Ererbten – erzeugt und erschaffen. Es wurde also Software nachinstalliert. Alles von einem Menschen jemals Erlebte, Gedachte und Gefühlte ist in der Struktur seiner synaptischen Verschaltung mehr oder weniger abgebildet. Wo sollen wir da nur anfangen zu suchen? Einfach daraufloszugaloppieren hat bei diesem riesigen und verschachtelten Dickicht keinen Sinn. Zu vermuten hilft uns auch nicht weiter, weil wir schließlich etwas Bestimmtes gezielt auffinden wollen und dafür die Zahl der Möglichkeiten viel zu groß ist.

Zuerst brauchen wir also einen Kompass, einen Detektor oder eine Art von Navigationsgerät, mit dem sich gezielt suchen lässt.

Dieses Gerät haben wir. Wir verwenden hierfür die **Aurafeld-Suchtechnik** (siehe Seite 97). Diese Technik arbeitet ähnlich wie ein Fährtenhund. Wir teilen ihm mit, wonach er suchen soll – das ist das belastende emotionale Muster im Heute –, und schon setzt er seine Fähigkeit für uns ein. Er folgt seinem Spürsinn für Emotionen und seiner Intuition. Schließlich bringt er uns über die fantastisch verschlungenen Pfade unseres synaptischen Dschungels an den gesuchten Ort. (Diese Technik hier zu erklären ist zum einen unangebracht, da wir uns sonst weit weg von der Selbstanwendung hinein in den professionellen Bereich bewegen. Zum anderen ist dieser Prozess für eine schriftliche

Darlegung fast schon zu einfach. In der Ausbildung zum LösUS-Practitioner wird er umfassend erklärt und erlernt.)

Sind wir dort angekommen, so geht es darum, das damalige Ereignis möglichst gut zu erfassen. Auch hierbei hilft uns die Aurafeld-Suchtechnik. Dieses Erfahren gleicht einem Einschwingen auf die äußeren und auch inneren Gegebenheiten von damals. Über das Informationsfeld sind wir in Kontakt mit diesem Damals. Aus dem vergessenen Damals wird ein gegenwärtiges Jetzt.

Die Aurafeld-Suchtechnik, kurz AFST

Die Aurafeld-Suchtechnik hilft, den Weg zum Ursprung der Beschwerde zu finden und die Situation ihrer Entstehung zu erfassen. (Das ist natürlich nur dann notwendig, wenn es sich um ein hintergründiges, verborgenes ungeheiltes Leid handelt.)

Jedes bedeutsame Ereignis unseres Lebens hinterlässt in uns eine prägnante und spezifische Spur. Diese Spuren finden sich tief in unserem Gedächtnis und in unserem emotionalen Speicher wieder. Jede Körperzelle ist bestens informiert – ob sie will oder nicht. Die geistigen und emotionalen Eindrücke verweben sich zu Gedanken- und Gefühlsmustern. Diese Muster machen viel von unserem Wesen und unserem Charakter aus.

Positive Ereignisse hinterlassen bejahende, uns fördernde Gedanken- und Gefühlsmuster. Sie verankern in uns positive Erinnerungen, den Glauben an unsere Fähigkeiten und Zuversicht für unser Leben. Sie stärken uns, lassen uns offen sein und halten unsere Energie im Fluss. Sie bilden unsere positiven Ressourcen mit.

Negative Ereignisse hinterlassen ablehnende Gedanken- und Emotionsmuster. Sie schwächen, belasten und verschließen uns und hemmen unseren Energiefluss. Diese Art von Belastung kann auf den Körper übergreifen und zu ganz verschiedenen Beschwerden führen.

Auch in unserer Aura, in dem uns umgebenden Energie- und Informationsfeld, sind all diese Eindrücke gespeichert. Alles, was wir jemals Prägendes erfahren haben, schwingt in ihr. Unsere Aura kann durchaus als ein alles speicherndes Hologramm begriffen werden. Daher kann uns dieses persönliche Informationsfeld sehr hilfreich dabei sein, den Ursprung einer Beschwerde zu finden.

Mit der Aurafeld-Suchtechnik kann dieser umfassende Gedächtnisspeicher direkt angesprochen werden. Allerdings antwortet er nicht in Worten. Da sich die Inhalte dieses Speicherfeldes auf Erlebnisse beziehen, sind diese in der entsprechenden Codierung gespeichert: in Bildern, Gefühlen und Gedanken.

Bei der AFST wird, basierend auf einer gut zur Beschwerde passenden Ausgangssituation, über fühlenden Kontakt nach innen der Beschwerdeursprung gesucht. Dabei kann es durchaus sein, dass dieser Rückweg den Rahmen des jetzigen Lebens verlässt und in den Bereich der Vorleben/der Ahnengeschichte (je nach persönlichem Weltbild) eintaucht. Ob wir uns im vor- oder nachgeburtlichen Raum oder in der Zeit um, vor oder nach der Empfängnis bewegen, spielt kaum eine Rolle. Die Arbeitsweise der AFST lässt sich für alle Spielfelder anpassen.

Ist der Ursprung der Beschwerde gefunden und die Situation ihrer Entstehung erfasst, kann direkt zur LösUS-Technik übergegangen werden.

SCHRITT 2: DIE LösUS-TECHNIK – DIE LÖSUNG VON UNBEWUSSTER SCHULD

Letztendlich ist jede Beschwerde im Sinne dieser Arbeit durch ein ursprüngliches ungeheiltes Leid entstanden. Dabei ist es ganz gleich, ob die Beschwerde emotionaler, geistiger oder körperlicher Natur ist oder aus einer aktuellen leidvollen Lebenssituation besteht. Solange sich unser mitfühlendes Herz durch ungeheiltes, ungerettetes, ungelindertes und ungetröstetes Leid in Verstrickung mit Unbewusster Schuld befindet, können wir uns von der Beschwerde nicht lösen. Deshalb sprechen wir dort, tief im Synapsen-Dschungel, am Ursprung der Beschwerde die zu dem Leid passenden Schuld-Entnahme-Sätze.

Entweder löst sich die Unbewusste Schuld durch eine mäßige, überschaubare Belastungsreaktion oder durch eine sofortige Erleichterungsreaktion. (Mit »Erleichterungsreaktion« ist gemeint, dass durch das Sprechen eines Satzes zur Entnahme von Unbewusster Schuld – also eines Schuld-Entnahme-Satzes – eine fühlbare Erleichterung im Körper und/oder in den Gefühlen auftritt.)

In beiden Fällen reichen meist wenige Wiederholungen der Sätze aus, um die Lösung zu vervollständigen, das selbst auferlegte Leid vom Herzen zu nehmen und damit die Beschwerde auf den Weg der Heilung zu bringen.

Oder es zeigt sich eine massivere Belastungsreaktion. An dieser Stelle wird inhaltlich so verfahren, wie es unter »Die Anwendung der LösUS-Technik« (siehe Seite 282) in Teil 3 »So befreien Sie sich selbst« beschrieben ist. Allerdings wird der ganze Prozess vom Practitioner angeleitet und begleitet. Erfahrener Begleitung bedarf besonders die Verarbeitung von belastenden Emotionen, welche gerade bei den alten und verborgenen Zuständen von ungeheiltem Leid in massiver Weise hervortreten können. Diese Verarbeitung wird im folgenden Abschnitt schemenhaft beschrieben.

SCHRITT 3: DIE VERARBEITUNG VON BELASTENDEN GEFÜHLEN

Die emotionale Verarbeitung ist nötig, wenn mit der Unbewussten Schuld massiv belastende Gefühle verknüpft sind. Dort, fern der Heimat des Jetzt, tief im synaptischen Dschungel irgendeiner vergessenen verlängerten Gegenwart, schlagen wir sinnbildlich unser Feldlazarett auf. EFT und EMDR (siehe unten) sind wie klares Wasser, das von der emotionalen Belastung reinwäscht und reinigt. Die homöopathischen Arzneien wirken wie Balsam, der die Übermacht der Gefühle und die Schmerzen lindert und ausklingen lässt. **Die Konfliktlösungssätze** sind wie friedensstiftende Mantras, die den Konflikt lösen und den Weg zum inneren Frieden ermöglichen. Das systemische Wissen hilft uns, Unordnung zu erkennen und wieder gesunde Ordnung herzustellen. Das Wissen um Emotionen dient dazu, diese verlorenen Kinder wieder anzunehmen (siehe Kapitel 4 »Gefühle und Emotionen« ab Seite 114). Und die Königsdisziplin der Selbstvergebung gibt uns uns selbst wieder zurück (siehe Kapitel 5: »Selbstvergebung« ab Seite 140).

EFT – Emotional Freedom Techniques

EFT wurde von dem US-Amerikaner Gary Craig auf der Grundlage von TFT (»Thought Field Therapy«, ins Deutsche übersetzt mit »Gedankenfeldtherapie«) entwickelt. EFT ist die Kurzform für den Namen »Emotional Freedom Techniques«, übersetzt also etwa »Techniken der emotionalen Freiheit«. Sie gehören zu den sogenannten »Energietechniken«, welche zu dem Bereich der »Energetischen Psychologie« zählen. Dabei wird davon ausgegangen, dass die Ursache jedes emotionalen und körper-emotionalen Problems im Energiesystem des Körpers liegt.

EFT ist eine Behandlungsmethode für energetische Ungleichgewichte. Durch sanftes und rhythmisches Beklopfen bestimmter Akupunkturpunkte mit den Fingerkuppen, bei gleichzeitigem Sprechen und Empfinden der belastenden Emotion, können heilsame Veränderungen bewirkt werden.

Richtig und an der wirklich passenden Stelle eingesetzt ist EFT ein sehr wirkungsvolles Werkzeug. Gerade bei einer auftretenden Belastungsreaktion kann EFT perfekt angewendet werden. Erstens ist die Belastung unmittelbar fühlbar, und zweitens wird der Grund für ihr Auftreten erkannt.

Die von mir bevorzugte Variante dieser Technik legt großen Wert darauf, dass der Mitmensch für sich selbst, für seinen Zustand, für seine Unbewusste Schuld und für seine belastenden Emotionen volles Verständnis entwickelt.

EMDR – Eye Movement Desensitization and Reprocessing

EMDR wurde von Dr. Francine Shapiro entwickelt. Frau Shapiro ist eine US-amerikanische Literaturwissenschaftlerin und Psychologin. EMDR (Eye Movement Desensitization and Reprocessing) kann mit »Augenbewegungs-Desensibilisierung und Wiederaufarbeitung« übersetzt werden.

Während der Mitmensch innerlich eine traumatische Erfahrung oder eine andere emotional belastende Situation empfindet, erfolgt durch den Therapeuten eine wechselseitige Stimulierung.

Ebenso wie EFT ist EMDR ein perfektes Werkzeug für die LösUS-Therapie. Gerade dann, wenn es zu starken Belastungsreaktionen kommt, kann EMDR große Erleichterung bringen.

Klassischerweise wird die wechselseitige Stimulierung dadurch erzeugt, dass der Practitioner einen Finger etwa 60 Zentimeter entfernt vor den Augen seines Gegenübers langsam horizontal hin und her bewegt. Der Mitmensch folgt dem Finger durch die Bewegung seiner Augen. Der Kopf wird dabei stillgehalten. Ebenso kann diese wechselseitige Stimulierung über das sanfte Beklopfen z. B. der Knie, der Handrücken oder der Schultern erreicht werden.

Die Wissenschaft geht bisher davon aus, dass es durch die bilaterale Stimulierung zu einer neuronalen Neuvernetzung zwischen den beiden Gehirnhälften kommt. Dieser Neuvernetzung wird es zugeschrieben, dass die zeitgleich empfundenen belastenden Gefühle an Ladung verlieren.

Die gezielte Neuvernetzung kann ebenso dazu genutzt werden, um positive Gefühle zu verankern. Daher kann die bilaterale Stimulierung vorteilhaft zur Bildung von neuen Ressourcen verwendet werden.

Konfliktlösungssätze

Vor Jahren war eine junge Frau, Greta, zum Ersttermin in der Praxis. Sie kam wegen einer körperlichen Beschwerde. Aber schnell war klar, dass sie in einer sehr unguten Gemütsverfassung war. Gezielt nachgefragt erzählte sie, dass ihre liebe Urgroßmutter in den letzten Tagen in hohem Alter nach langer, leidvoller Krankheit gestorben sei. Seitdem gehe es ihr ganz schlecht.

Gretas Dilemma wurde schnell klar. Sie war in einem inneren Konflikt: *Entweder bin ich froh oder ich bin traurig – was bin ich nun?* Damals erkannte ich, dass wir belastende Gefühle nicht verarbeiten können, wenn wir uns diesbezüglich in einem inneren Konflikt befinden. Vor der emotionalen Verarbeitung bedarf es der Beilegung dieses Konflikts. Für diesen Zweck werden die Konfliktlösungssätze eingesetzt.

Wodurch entstehen diese Konflikte? Sie entstehen durch die Eigenart unseres Verstandes, die Welt über Differenzierung und über Entscheidung erkennen zu wollen (siehe Seite 25).

Gretas Verstand wollte eine Entscheidung treffen: *Entweder bin ich traurig, weil meine geliebte Urgroßmutter gestorben ist, oder ich bin froh, dass sie von ihrem schrecklichen Leid erlöst wurde. Wenn ich aber froh bin, dass sie erlöst wurde, dann kann ich nicht traurig sein. Ich bin aber traurig, denn sie ist gestorben, dann kann ich aber nicht froh sein. Was bin ich denn nun, traurig oder froh?*

So kommt es gern zu einem zermürbenden Hin und Her, das uns einfach nicht den Schmerz annehmen und ausdrücken lässt. Wir hängen in diesem verwirrten Niemandsland fest. Dieser Zustand wirkt sich häufig sehr zersetzend auf die Gesamtverfassung aus. Die irritierende Kraft solcher Konflikte übertrifft häufig die ursprüngliche emotionale Belastung. Dieses Hin-und-Her kostet viel Energie, raubt die Ruhe, lässt an sich selbst zweifeln, verunsichert, stört den Schlaf, belastet teils soziale Beziehungen und sorgt dafür, dass wir in der Belastung unverarbeiteter Dinge hängen bleiben. Wir fühlen uns mit uns selbst überhaupt nicht wohl. In der Folge wird die ursprüngliche emotionale Belastung gern durch diese innere Zerrissenheit überlagert. Dauert der Zustand länger an, verschwindet auch er aus der direkten Wahrnehmbarkeit, bleibt aber dennoch vollwirksam erhalten.

Der Konfliktsatz ist der Entweder-oder-Satz. Der Konfliktlösungssatz ist der Sowohl-als-auch-Satz.

Das »Entweder oder« entspricht der Nichtannahme der Situation durch den Verstand. Das »Sowohl als auch« entspricht der Annahme der Situation durch den Verstand und die Gefühlsebene. **Nur das, was angenommen ist, kann verarbeitet werden.**

Als ich damals das Dilemma von Greta verstand, wurde mir der Konfliktlösungssatz klar: *Ich bin sowohl froh, dass meine liebe Urgroßmutter endlich von ihrem schrecklichen Leid erlöst ist, als auch traurig, dass sie gestorben ist.* Das Umdrehen des Satzes erhöht seine befriedende Wirkung: *Ich bin sowohl traurig, dass meine geliebte Urgroßmutter gestorben ist, als auch froh, dass sie nun endlich von ihrem Leid befreit ist.*

Diese Sätze sprach ich Greta damals vor, und sie sprach sie nach. Augenblicklich wurde sie ruhig. Es wurde friedlich im Raum. Jetzt waren Freude und Schmerz zugleich da. Das ist nur für unseren Kopf ein Widerspruch. Unser Herz kann problemlos beides zugleich erleben. Sie konnte die Trauer nun spüren und sich darauf einlassen. Damit konnten wir zur Verarbeitung übergehen.

Das Wissen um die Existenz dieser Konflikte und ihre Lösung durch Konfliktlösungssätze öffnet immer wieder das Tor zur emotionalen Verarbeitung. Stets finden sie mitten in der Sitzung Verwendung und werden fließend mit eingebaut.

Die Konfliktlösungssätze gehören zum festen Repertoire der LösUS-Therapie. Kennen und verwenden wir sie nicht, so bergen diese inneren Konflikte das Potenzial, für uns zu einer Sackgasse in der Sitzung zu werden. Wir können nicht heilen, wenn es in wichtigen Angelegenheiten hängen gebliebene, unbefriedigte Konflikte in uns gibt.

Die Kombination von Konfliktlösungssätzen und Schuld-Entnahme-Sätzen ist immer wieder ein wahrer Segen.

Fehlerhafte Wahrheiten

Nicht nur unser Bewusstsein, auch das Unbewusste neigt dazu, teils völlig unsinnige Annahmen für unumstößliche Wahrheiten zu halten. Dabei ist weniger die »Unumstößlichkeit«, als vielmehr die Unbewusstheit der getroffenen Annahme die Herausforderung. Ist eine »fehlerhafte Wahrheit« erst einmal gefunden, dann bedarf es meistens nur weniger Minuten, um ihre »Unwahrheit« für das Unbewusste begreiflich zu machen und damit ihre (teils verheerende) Macht gänzlich zu entkräften. Es scheint gerade so zu sein, als würde das Erkennen der Unwahrheit eine selbstständige Korrektur dieses fehlerhaften Zustandes hervorrufen – wunderbar. (Ohne ins Detail zu gehen, ist dieses Prinzip wohl das zentrale Wirkprinzip der Homöopathie.)

Die Aufgabe des LösUS-Practitioners ist es, den Spiegel zu finden, diesen dem Unbewussten vorzuhalten und es damit im gewissen Sinn über seinen eigenen Unsinn stolpern zu lassen.

Wir kommen zum Beispiel bei einem Mitmenschen mit Beziehungsschwierigkeiten gut mit der Lösung von Unbewusster Schuld voran. Dann beginnt die Verarbeitung von belastenden Emotionen zu stocken, bis jegliche Dynamik verloren geht. Da die Vermutung aufkommt, dass eine unbewusste fehlerhafte Wahrheit den Prozess stören könnte, beginnt die meist kurze Suche nach ihr. Die gefundene fehlerhafte Wahrheit sah in diesem Fall so aus: *Weil sich meine Eltern haben scheiden lassen, kann ich keine Beziehung aufrechterhalten.*

Eine solche unbewusste Wahrheit ist natürlich Gift für das Gelingen von Paarbeziehungen. Natürlich weiß unser Verstand, dass unsere eigene Paarbeziehung gelingen kann, obwohl die der Eltern gescheitert ist. Wenn das Unbewusste aber der Überzeugung ist, dass nun auch unsere Paarbeziehung scheitern muss, da die der Eltern gescheitert ist, besteht kaum eine Chance, dass wir eine gelingende Paarbeziehung erleben. Wir schlappen 4 Prozent Bewusstsein können uns noch so abmühen – wenn die 96 Prozent Unbewusstsein anderer Überzeugung sind, dann wird das langfristig nichts.

Die Arbeit mit Wahrheitssätzen ist oft eine »entsetzliche Freude«. Entsetzlich, weil einem alles zu Berge stehen kann, wenn man dahinterkommt, was das Unbewusste für schräge, unsinnige, naive und tollpatschige Überzeugungen von uns völlig ungesehen tief in sich eingegraben hat. Eine Freude, weil die verbalen Angriffe auf diese Überzeugungen am wenigsten mit logischen Erklärungen, sondern viel besser mit blankem Unsinn und (schwarzem) Humor gelingen. Nicht selten haben wir, die lieben Mitmenschen und ich, dabei schon Tränen gelacht. Das Motto heißt hier häufig: *Fight fire with fire und bekämpfe Unlogik mit Unlogik.* Wie der bauchmuskelkaterverursachende Martin Perscheid es für uns alle stellvertretend so schön auf den Punkt gebracht hat: *Weißt du, was dein Problem als Mann ist? Du verstehst Unlogik nicht!*

Für die Arbeit mit fehlerhaften Wahrheiten muss man wohl zu zweit sein. Ich selbst habe bei mir nur einige wenige allein gefunden. Und ich behaupte, dass ich in dieser Hinsicht mit einigen Wassern gewaschen bin. Daher möchte ich hier nicht den Versuch wagen, einen Selbstanwendungsvorgang hierzu zu beschreiben. Aus meiner Sicht gehört die Suche und Lösung zu den Königsdisziplinen im Dunstkreis von LösUS. Der gut ausgebildete LösUS-Practitioner kann damit umgehen.

Homöopathische Arznei

Bisher waren wir überwiegend mit verbalen Interventionen beschäftigt. Neben dem Beklopfen von EFT und der wechselseitigen Stimulierung von EMDR gibt es für mich noch ein weiteres wunderbares nonverbales Werkzeug. Der gut platzierte Einsatz der passenden homöopathischen Arznei mitten in einer Sitzung bietet sich hin und wieder perfekt an.

Die Homöopathie kommt inzwischen in etwa jeder hundertsten Sitzung zum Einsatz. Sie wird nur dann genützt, wenn es anders zu zäh läuft und sich zugleich ein gut in die Muster der Homöopathie übersetzbarer Zustand zeigt. Selten passiert es sogar, dass es zum Einsatz von zwei oder drei Arzneien in einer Sitzung kommt (jede für sich als Einzelgabe). Bei der Bearbeitung von schweren, sehr traumatischen Erlebnissen und besonders für die Lösung und die Verarbeitung von Schockzuständen kann es zu dicht aufeinanderfolgenden, sehr spezifischen Einzelgaben kommen.

Die Integration der Homöopathie in die Lösung von Unbewusster Schuld ist wohl nur etwas für »fleißige Schüler« oder für mit ihr schon gut vertraute LösUS-Practitioner. Das Wissen um die Homöopathie lässt sich nicht auf die Schnelle oder nebenbei aufnehmen. Das tatsächliche Wesen der Homöopathie ist eigentlich recht unkompliziert, aber dennoch kein »Konsumgut«. Sie entspricht in diesem Aspekt so gar nicht unserem Everything-to-go-Zeitgeist. Die Homöopathie will erschlossen und erfahren und muss wohl auch erlebt und ein wenig erlitten werden.

Verschiedene hypnotische Techniken

Diese Techniken werden an dieser Stelle nicht weiter ausgeführt. Sie laufen alle nebenbei ab und finden hier und da Einlass über die entworfenen Bilder, den Tonfall, die Gestik oder auch über die Klopfmuster von EFT und EMDR. Letztendlich trägt jede gute Sitzung von Anfang bis Ende mehr oder weniger subtile hypnotische Züge. Denn ohne den hypnotischen Zugang nach innen würden wir im Kopf hängen bleiben.

Genau genommen verbirgt sich hinter dem Begriff »hypnotische Techniken« schlicht das Handeln in dem Sinne, dass eine Unterstützung dabei gegeben wird, die Aufmerksamkeit bei wachem Bewusstsein ein Stück weit von der Außenwelt abzuziehen und schneller und besser mit seiner Innenwelt in Verbindung zu kommen.

Für unsere Arbeit brauchen wir beides. Wir brauchen sowohl den klaren und wachen Verstand als auch den intuitiven Zugang nach innen. Daher ist die hier verwendete Form der Hypnose eine solche, bei der die volle Aufnahmefähigkeit, die Handlungsfähigkeit und das Bewusstsein in jedem Moment bestehen bleiben. Ein Zustand des Ausgeliefertseins oder der Bewusstseinsreduzierung tritt zu keinem Zeitpunkt ein.

Um Missverständnisse und Fehlinterpretationen auszuschließen, möchte ich ausdrücklich darauf hinweisen, dass es sich in diesem Kontext nicht im Geringsten um eine aufmerksamkeits- oder bewusstseinsreduzierende Hypnose handelt. Ganz im Gegenteil: Der Mitmensch ist hellwach, besonders nach innen. Ebenso wenig ist er irgendwie willenlos oder gar ausgeliefert.

Kenntnisse über systemische Arbeit

Wer mit systemischer Arbeit vertraut ist, dem wird es deutlich aufgefallen sein, wie gut sich diese Arbeit in die systemische Arbeit integrieren lässt.

Umgekehrt ist es ebenso. Der »systemische Blick«, also die Betrachtung einer Situation aus der Perspektive der systemischen Arbeit,[2] gibt immer wieder Hinweise darauf, an welcher Stelle eine Unbewusste Schuld entstanden sein kann. Es ist hilfreich, in diesem Sinne nach ihrem Vorhandensein zu forschen.

Ich möchte klar zum Ausdruck bringen, dass ich den dogmatischen Ansatz mit seinen teils sehr veralteten und rigiden An-

KEINE VERURTEILUNG UND AUFTEILUNG IN »GUT UND BÖSE«

Im kompletten Kontext von LösUS geht es in keiner Weise um »Gut und Böse«. Es geht eben gerade nicht um »schuldig« und »unschuldig« in dem uns geläufigen allgemeinen Sinn. Es geht nicht um »Verurteilung« und »Vergeltung«. Es braucht keine Bösen, damit wir die Guten sein können. Und auch in uns selbst muss nichts verurteilt werden. Das sind Egospiele. Diese dürfen auch sein. Hier allerdings finden sie nicht statt. Es geht einzig und allein darum, eine durch ungeheiltes, ungerettetes, ungetröstetes und ungelindertes Leid entstandene Unbewusste Schuld von sich zu nehmen, die durch sie festgehaltenen Emotionen zu lösen und in Selbstvergebung zu gelangen.

sichten, der in der Szene der »klassischen« systemischen Arbeit an manchen Stellen ausgeprägt herrscht, nicht befürworte. Deren teils sehr strikte Haltung findet hier weder Anwendung noch Fortsetzung.

SCHRITT 4: DIE ÜBERPRÜFUNG UND DIE SCHAFFUNG POSITIVER RESSOURCEN

Wir blicken zurück an den Ort der Unbewussten Schuld und der Verletzung. Durch Wiederholung überprüfen wir, ob die zuvor reaktiven Schuld-Entnahme-Sätze nun neutralisiert sind. Ebenso überprüfen wir die Ausgangssituation im Heute, welche uns mit der Aurafeld-Suchtechnik an den Ort der Heilung im synaptischen Dschungel geführt hat.

Durch das Füllen des Vakuums mit Positivem, das durch die Lösung eines alten, lang bestehenden Leids entstanden ist, schaffen wir stärkende und positive Ressourcen. Diese Ressourcen kräftigen wie frische Nahrung und aufbauende Vitalstoffe, sie stärken unsere Substanz.

Die Überprüfung

Nachdem der eigentliche Prozess getan ist, gilt es, die Ergebnisse zu überprüfen. Dabei werden sowohl die einzelnen Schuld-Entnahme-Sätze als auch die Ausgangssituation der Sitzung geprüft.

Die Überprüfung gilt dann als positiv, wenn
- die Ausgangssituation keine Belastung mehr zeigt.
- alle reaktiven Schuld-Entnahme-Sätze jetzt neutral sind.

Fällt die Überprüfung negativ aus, so wird zurückgekehrt und nach den noch nicht gelösten Aspekten der Ausgangssituation, weiteren passenden Schuld-Entnahme-Sätzen und noch fehlender Selbstvergebung gesucht. Falls es die Zeit und die Kräfte noch zulassen, wird weitergearbeitet.

Ist »der Akku leer« und die Verfassung des lieben Mitmenschen lässt es zu, dann wird in naher Zukunft ein neuer Termin ausgemacht. Grundregel: Wenn es sich vermeiden lässt, dann beginne eine Reise nach innen nie geschwächt.

Die Schaffung positiver Ressourcen

In der Natur gibt es kein Vakuum. Jede Leere füllt sich. Durch die Lösung kommt es zu so etwas wie einer »inneren Empfindungsleerstelle«. Wird diese Stelle »leer gelassen«, so hallt in ihr, bildlich gesprochen, eventuell noch ein Rest der zuvor vorhandenen negativen Emotion nach, oder sie füllt sich mit irgendetwas.

Es ist viel sinnvoller, sie gezielt mit positiver Wahrnehmung zu füllen und diese gut zu verankern, um so eine neue positive Ressource zu schaffen.

Nachdem die belastende Emotion gelöst ist und der Mitmensch die gleiche Situation in seiner Wahrnehmung nicht mehr als belastend, sondern als positiv oder zumindest neutral empfindet, wird dieses »relative Vakuum« z. B. durch die unter EMDR beschriebene Neuvernetzung gefüllt.

WELCHE BESCHWERDEN LIESSEN SICH DURCH LösUS BEHEBEN?

Es lassen sich die Beschwerden mit LösUS heilen, die auf dem Vorhandensein von Unbewusster Schuld beruhen. Zur Orientierung möchte ich zum Abschluss dieses Kapitels eine Liste von Beschwerden nennen, die sich in meiner Praxis mit dieser Methode beheben ließen. Anzumerken bleibt, dass die Beschwerden des Geistes und der Emotionen häufiger auf Unbewusster Schuld beruhen als körperliche Beschwerden.

Psychische Beschwerden
Allgemeine Angstzustände, Angst vor Spinnen, Hunden, Dunkelheit, vor bestimmten Personen, vor Krankheit, Herzerkrankung, Tod, Unfällen, Prüfungsangst, Stottern, Angst vor dem Sprechen in der Öffentlichkeit, Lampenfieber, Zustände von Gleichgültigkeit, Zustände von mangelndem Lebensmut, Nervosität, Anspannung, Reizbarkeit, Zweifel, wiederholte unglückliche Liebe, emotionale Belastung durch Trennung, Verlust und Tod, anhaltender Kummer, anhaltende Traurigkeit, Depression, Niedergeschlagenheit

Kognitive Beschwerden
Konzentrationsschwäche, Aufmerksamkeitsschwäche, Vergesslichkeit, Gedankenleere, Gedankenrasen, geistige Ruhelosigkeit, Schlafstörungen, Migräne und verschiedene andere Kopfschmerzen, schulischer Misserfolg trotz Intelligenz und Bemühen

Körperliche Beschwerden
Wiederholte Aborte trotz bester Gesundheit, verschiedene Essstörungen, andauernder Schluckauf, Asthma, Atemnot; anhaltendes erschwertes Atmen, Bauchschmerzen, Kinderlosigkeit ohne erkennbare Ursache, Herzbeschwerden (Schmerzen, Arrhythmie, Druckgefühl, Schweregefühl, schneller Herzschlag), verschiedene Gelenkbeschwerden, Rückenschmerzen, Menstruationsschmerzen, Blasenentzündung, verschiedene Allergien und Lebensmittelunverträglichkeiten, Hautausschläge, zu viel oder zu wenig Appetit, Hitzewallungen, Zittern

Anderes
Beschwerden durch Mobbing, finanzielle Schwierigkeiten trotz Fleiß, Intelligenz und klugen Handelns

Achtung!
Diese Liste enthält keine Heilversprechen! Sie ist eine Sammlung von individuellen Fällen. Aus ihr lässt sich weder schließen noch behaupte ich, dass sich die hier genannten (oder ähnlichen) Beschwerden mit der in diesem Buch beschriebenen Vorgehensweise erfolgreich bei anderen Personen behandeln lassen. Nehmen Sie bei entsprechenden Beschwerden zusätzlich fachkundige Hilfe in Anspruch.

DIE EVOLUTION DER UNBEWUSSTEN SCHULD

Nachdem Sie nun die LösUS-Technik für den Selbstanwender und die dem versierten Practitioner vorbehaltene LösUS-Therapie kennengelernt haben, ist es an der Zeit, uns die »kleine Evolution« der Unbewussten Schuld anzusehen.

- Wird eine auf *aktuellem ungeheiltem* Leid beruhende Unbewusste Schuld gelöst, so ist damit die Entwicklung hin zu Unbewusster Schuld mit hintergründigem, verborgenem ungeheiltem Leid verhindert.
- Bleibt eine auf *aktuellem ungeheiltem* Leid beruhende Unbewusste Schuld bestehen und geht in lang anhaltende Unbewusste Schuld, basierend auf hintergründigem, verborgenem ungeheiltem Leid, über, so können sich daraus gravierende körperliche, emotionale oder geistige Beschwerden und/oder schwierige Lebensumstände entwickeln.

Beide Aussagen sind gut zu verstehen, wenn wir sie im Licht der unbewussten Wiedergutmachung durch unser mächtiges Unbewusstes betrachten (siehe »Die Macht des Unbewussten« auf Seite 58).

Befreien wir uns von Unbewusster Schuld, so entfällt die Motivation für unbewusste Wiedergutmachung. Das Unbewusste nimmt seine für uns leidbringenden Anstrengungen der Wiedergutmachung zurück – schon allein aus Energiespargründen:

Wenn ich nicht mehr schuldig bin, dann laufe ich auch nicht Gefahr, die Zugehörigkeit zu verlieren und in der Wildnis umzukommen. Warum sollte ich mir dann die selbstverletzende Mühe machen, es mir schlecht gehen zu lassen, ständig für andere zu leisten, mir Dinge selbst vorzuenthalten oder mich selbst zu bestrafen?

Bleibt eine Unbewusste Schuld aber bestehen ...

- ... so wendet das mächtige Unbewusste fortwährend die unbewussten Wiedergutmachungs-Mechanismen an, um dadurch die Berechtigung der Dazugehörigkeit und somit das Überleben zu sichern.
- ... so verlieren wir durch die Überlagerung mit anderen Ereignissen, Aufgaben und Geschehnissen nach und nach den Be-

zug zu dem erlebten ungeheilten Leid. Das Ereignis schwindet aus unserem Bewusstsein und taucht in den Untergrund ab. Es ist zu hintergründigem, verborgenem ungeheiltem Leid geworden.

- ... so wird durch die Anstauung der mit der Unbewussten Schuld festgehaltenen belastenden Emotionen (siehe »Mechanismus Nr. 1«, Seite 42) Energie gebunden. Denn auch unsere Emotionen sind eine Form von Lebensenergie. Zudem wird nun dazu eine gewisse Menge an Energie benötigt, um diese festgehaltenen Emotionen unter Kontrolle zu halten. Wir verlieren also auf doppelte Weise an Lebenskraft (ein Absatz hierzu folgt auf Seite 123).
- ... so leben wir ständig auf einem »emotionalen Vulkan«, der uns im Alltag hin und wieder kleine Ausbrüche beschert und unterschwellig ständig mit einer massiven Eruption bedroht. Unsere sozialen Beziehungen, auch und gerade zu uns selbst, werden davon unweigerlich beeinträchtigt.
- ... so kann es in selteneren Fällen nach langer und intensiver Anstauung der festgehaltenen Emotionen zu ihrem spontanen Ausbruch kommen. Dieser Ausbruch kann sich in der Form einer Panikattacke, Wut, Aggression, von Halluzinationen oder Wahnvorstellungen etc. zeigen.

Eine anhaltende Unbewusste Schuld wirkt also wie eine schwelende Kraft, welche verborgen aus der Tiefe unseres Wesens heraus unser Leben nach und nach deformiert. Diese Verformung vollzieht sich gemäß der Schwere und dem Inhalt der Unbewussten Schuld.

Bevor Sie im Text fortfahren, bitte ich Sie, das »Fallbeispiel 1 – Florian« auf Seite 206 zu lesen.

Florian nahm als Kleinkind Unbewusste Schuld auf sich, da er in seinem Fieber allein gelassen wurde. Ebenso nahm er Unbewusste Schuld auf sich, da er traurig war, als sich seine Eltern trennten. Daraufhin entwickelte er Kopf- und Bauchschmerzen.

Da ich einige Erfahrung mit der LösUS-Therapie bei Kindern habe, wage ich zu behaupten, dass sich diese Kopf- und Bauchschmerzen später nicht entwickelt hätten, wenn er damals mit 4 ½ Jahren einen Menschen um sich gehabt hätte, der die passenden Schuld-Entnahme-Sätze mit ihm gesprochen hätte. Denn wenn sich seine Beschwerden durch die Lösung Unbewusster Schuld hätten beheben lassen, wie hätten sie dann entstehen können, wenn die zugrunde liegende Unbewusste Schuld damals gelöst worden wäre?

Umgekehrt können wir uns fragen, wie es Florian wohl später mit diesen Beschwerden ergangen wäre, wenn er die Unbewusste Schuld nicht im Alter von zehn Jahren bei mir in der Praxis von sich genommen hätte.

- Wie wäre es mit ihm emotional weitergegangen?
- Hätten sich seine Kopf- und Bauchschmerzen fortgesetzt? Wären sie schlimmer geworden? Hätte sich daraus eine andere, vielleicht schwerwiegendere Beschwerde entwickelt? Migräne? Reizdarm?
- Wie gut hätte er spätere fieberhafte Zustände emotional überstanden, da er doch in einem solchen Zustand die emotional belastenden Erfahrungen gemacht hat?
- Wie gut hätte er später eine Bindung zu einer Partnerin eingehen können, da er doch tief in sich den Kummer, die Traurigkeit und die Unbewusste Schuld des Allein- und Verlassenseins trug?
- Wie gut hätte er später einmal für seine eigenen fiebernden Kinder da sein können, wo er doch Schuld daran ist, im Fieber allein gelassen worden zu sein? Hätte er unbefangen für sie da sein können, ohne von alten Gefühlen aus ähnlicher Situation vereinnahmt zu werden? (Wie wäre es seinen Kindern damit gegangen?)
- Hätte er wirklich eine reelle Chance auf eine stabile eigene Familie gehabt, da er doch »schuld daran war«, dass sich seine Eltern getrennt haben? (Lesen Sie nochmals über »Mechanismus Nr. 3« auf Seite 48 nach.)
- Wie hätte sich sein Bild von sich selbst entwickelt, wenn er sich körperlich kränklich, hilflos von Gefühlen geplagt und sozial eingeschränkt erlebt hätte?

Wir wissen es nicht. Dennoch traue ich mich zu behaupten, dass wir nicht davon ausgehen können, dass sich alles ganz von allein in Wohlgefallen aufgelöst hätte.

AUS »AKTUELLEM AKUT« WIRD »HINTERGRÜNDIGES CHRONISCH«

Worauf ich mit diesem Gedankenspiel hinauswill, ist Folgendes: Damals, als bald fünfjähriger Junge, wären die passenden Schuld-Entnahme-Sätze wirklich eine einfache und schnelle Angelegenheit gewesen. Es wären ihm viel Kummer, Traurigkeit, Kopf- und Bauchschmerz erspart geblieben. Ist es nicht einfach wunderbar, dass Sie durch die wirklich einfache LösUS-Technik für sich selbst und auch für Mitmenschen mit ungeheiltem Leid und dessen belastenden Folgen einfach kurzerhand aufräumen können? Dass Sie damit automatisch dafür sorgen, dass sich diese leidvollen unbewussten Mechanismen der Wiedergutmachung erst gar nicht entfalten und ihr unheilsames Werk beginnen?

Sie persönlich können dafür sorgen, dass aus dem aktuellen, dem »akuten Leid« an der Oberfläche keine sich eingrabende und ins mehr oder weniger Unsichtbare abgleitende »chronische Dauerbeschwerde« wird. Sie können dem Spuk ein Ende setzen und sich von aktuellem ungeheiltem Leid befreien.

Yes, you can!

Was die LösUS-Technik angeht, gibt es zwischen Ihnen und mir keinen Unterschied. Ich habe ein wenig Vorsprung, durch Jahre der Erfahrung, welche ich von Herzen gern mit Ihnen teile.

Wie wäre es mir persönlich in meinem weiteren Leben ergangen, wenn mich jemand damals nach dem Tod meines Vaters an der Hand genommen und mir geholfen hätte, meine Unbewusste Schuld von mir zu nehmen? Sicher, mein Vater wäre so geblieben, wie er war – nämlich tot. Die Trauer und die Schwere hätte ich erlebt, aber ich wäre meinem weiteren Leben in bestimmten Aspekten nicht aus der Position des »unbewusst Schuldigen« für die Krankheit, das Leid und den Tod meines Vaters begegnet. Das wäre sicher ein Unterschied für mich gewesen.

Wie bei jedem »Übel«, so ist es auch bei der Unbewussten Schuld: Je früher und ursächlicher es behoben wird, umso weniger Leid und Schaden richtet es an.

Wenn es um die LösUS-Technik geht, dann können Sie sich wirklich angesprochen fühlen: Sie sind der »LösUS-Technik-Troubleshooter« vor Ort in der ersten Reihe Ihres Lebens! Niemand ist so nah an Ihnen dran wie Sie selbst! Wenden Sie die Technik für Ihr eigenes Leben und vielleicht auch achtsam und unaufdringlich in Ihrem unmittelbaren Umfeld an. Natürlich nur, wenn es dort passend ist. Alle Unbewusste Schuld, die Sie in der ersten Reihe schon gelöst und damit erledigt haben, ist befreit und verursacht keine weiteren Schwierigkeiten mehr. Ich finde das wirklich großartig! Es ist so einfach! Es ist nur Software!

Trauen Sie sich, bringen Sie LösUS in die eigene Anwendung. Ich sowie das gesamte Team an LösUS-Practitionern stehen hinter Ihnen (siehe Therapeutenliste auf www.loesus.de).

KAPITEL 4 – GEFÜHLE UND EMOTIONEN

In unserem alltäglichen Sprachgebrauch werden die Begriffe *Gefühl* und *Emotion* häufig ungenau verwendet. Sobald wir uns der Unterschiede bewusst sind, werden wir uns auch über uns selbst in dieser Hinsicht klarer.

ZWISCHEN FRIEDERSPITZ UND FRIEDER

Die Monotonie der stetig gegen Norden ansteigenden Forststraße war Gift für den inneren Zustand von Verzweiflung, Fassungslosigkeit und Einsamkeit. Nichts lenkte von dem Toben der Gefühle ab. Für eine Stunde war ich aufwärtsschnaufend auf mich selbst zurückgeworfen. Nach dem Abzweig gegen Westen in die steiler werdenden Serpentinen des Waldes bot die Abwechslung gewisse Erleichterung.

Gute zweieinhalb Stunden und 1400 Höhenmeter später war der Gipfel der Friederspitz erreicht.

Der brennenden Sonne des späten Vormittags den Rücken zugewandt, saß ich bei einer kleinen Brotzeit und freute mich an den zwei Dohlen, die vor mir geschickt mit dem leichten Aufwind spielten und mir fast aus der Hand fraßen. Die unbefangene Leichtigkeit und Wendigkeit waren ansteckend. Versunken in Beobachtungen wurde mir bewusst, wie schnell sich meine Stimmung verändert hatte. Gerade im Gefühlskeller festgesessen, jetzt mit der Leichtigkeit der Dohlen gesegnet. Natürlich wechseln unsere Stimmungen ständig, stark davon abhängend, was um und in uns gerade geschieht. Aber so deutlich hatte ich das noch nie wahrgenommen. Beim Übergang vom Wald in die Latschen war mir das so ähnlich durch einen drollig knapp über den Boden tanzenden Schmetterling aufgefallen, der sich in meiner Aufmerksamkeit verfing und mich kurz aus dem Gefühlsgestöber erlöste. Die Dohlen waren nach wie vor bei mir, aber jetzt sah ich sie nicht mehr wirklich. Dafür flogen die Gedanken spielerisch.

Weder der Schmetterling noch die Dohlen haben Gefühle mitgebracht oder Gefühle weggenommen. Ebenso liegen die Gefüh-

le nicht auf dem Weg, also können sie nur aus mir selbst gekommen sein.

Die gleichen Gefühle können da sein, verschwinden und sogleich wieder da sein. Es muss also einen Bereich, eine Sphäre in mir geben, in welcher sie sein können, ohne dass sie gefühlt werden.

Gern hätte ich diese Gedanken mit Paula geteilt, darüber gesprochen, so wie noch vor ein paar Wochen – aber jetzt war ich allein. Die Welle der Einsamkeit und Verzweiflung war zurück und schwappte die Dohlen völlig aus der Wahrnehmung. Jetzt tat es wieder richtig weh, so weh, dass ich es im Sitzen nicht mehr aushielt. Da kam es gerade recht, dass ich ohnehin weiter auf den Frieder wollte, den wenige Meter höheren Zwillingsgipfel der Friederspitz. Von meinen Gefühlen überfordert, raffte ich mich auf und zwang mich auf den kurzen Weg in die Senke zwischen den beiden Gipfeln hinab.

So klar wie noch nie konnte ich förmlich sehen, wie es in mir um Kontrolle kämpfte. Erklärungen, Ablenkungen, andere Erklärungen, neue Ablenkungen, Ausflüchte, Hoffnungen, Gedankensprünge rangen karussellartig mit dem Druck der Gefühle. So deutlich wie nie erkannte ich, dass es genau das war, was ich die letzten Wochen getan hatte: vermeiden, verhindern, verleugnen und verdrängen, mit mäßigem Erfolg und ohne jeden Fortschritt. Immer wieder brach es aufs Neue aus.

Am tiefsten Punkt auf dem Grad zwischen den Zwillingen angekommen, blickte ich zurück zur Friederspitz. Ich setzte mich ins Gras und nahm einen Schluck Wasser. Der Blick schwenkte wieder vorwärts in Richtung Frieder.

Ein Berg, zwei Gipfel – ein Zustand, zwei Möglichkeiten? Welche Möglichkeiten? Gut, die eine ist der ewige schmerzhafte Versuch, den Gefühlen zu entkommen, sie kontrollieren und im Zaum halten zu wollen. Wenn das die eine Möglichkeit ist, was ist dann die andere?

Mit einem Gefühl von Grauen stieg die Klarheit auf, dass der andere Weg dann wohl das Nicht-Vermeiden, das Nicht-Verhindern, das Nicht-Verleugnen und das Nicht-Verdrängen war. Wie ging das?

Die nächste Welle rollte heran.

Der erste Reflex war wie ein spontanes Sich-Festhalten-Wollen. Der zweite wie ein inneres Weglaufen-Wollen. In diesem Moment begann für Augenblicke der Kampf mit dem Kämpfen. *Alles Tun fallen lassen, nichts tun, nur da sein. Pures Da-Sein.* Ich saß, die Wasserflasche in der Hand, den blinden Blick gesenkt. Ich saß. Es war, als wäre ich wochenlang vor einem Orkan davongelaufen, dem ich jetzt wehrlos und erschöpft erlaubte, mich einzuholen und über mich hinüberzuwüten. Er wütete, und ich saß. Er wütete weiter, und ich saß. Es war wie ein großer Schmerz aus vielen Schmerzen. Und zugleich eine tiefe Ruhe in der Unruhe. Im Wüten erwuchs eine Stille. Das Wüten flaute ab, die Stille breitete sich aus. Es war still, und ich saß.

Wund und zugleich gelöst war ich seit Langem das erste Mal bei mir. Hier oben, zwischen den Zwillingen. Die Stille war in mir und um mich. Die Erschöpfung war kampflos, angenehm.

Das ist also die andere Möglichkeit – pures Annehmen. Ich war erstaunt, denn es war so schnell gegangen, als hätte es nicht stattgefunden.

Eine Viertelstunde später erreichte ich den unspektakulären Gipfel des Frieders. Ruhig, nachdenklich, frei und leer, sitzend, trinkend zur Friederspitz hinüberblickend. *Dort drüben gerade noch im ewigen Vermeiden gefangen. Hier drüben wie hinter dem Orkantief. Das wehrlose, tatenlose Hinnehmen war heftig, aber lange nicht so schmerzhaft und anstrengend wie das kämpfende Vermeiden. Vor allem kehrte danach Stille ein.*

Intensiv spürte ich den zarten, warmen Aufwind, hörte die Ruhe und roch die Klarheit der Bergluft. Ich war schlicht mit dem Moment, in ihm – und ich war er selbst. Ich war da, einfach nur da. Ohne sagen zu können, wo ich selbst anfing oder aufhörte. Es war, als hätte ich mich aufgelöst.

Wenn ich jetzt hier bin, wo war ich dann, als all der Schmerz mich erfüllte? Weder der Schmetterling noch die Dohlen oder der warme Aufwind bringen die Freude oder den Frieden. Gedanken zogen auf, suchten, waren da. Ich saß nur wieder. *Wenn ich jetzt mit dem Moment bin, wo bin ich, wenn all der Schmerz da ist? Wo kommt er her?*

Es sortierte sich in mir: Neben dem spürenden und fühlenden Sein des Momentes gibt es auch ein Fühlen von Gefühlen, die nicht aus diesem gegenwärtigen Jetzt kommen. *Es gibt also Ge-*

fühle des Jetzt und Gefühle der Vergangenheit. Geplagt bin ich durch die Gefühle der Vergangenheit. Ohne sie bin ich einfach im Fühlen des Moments. Die quälenden Gefühle der Vergangenheit kenne ich schon alle, die sind mir schrecklich vertraut.

Schon auf den ersten Metern des Rückwegs bemerkte ich, wie viel Kontrolle es abverlangte, nicht automatisch in die Kontrolle der Gefühle zu verfallen. Die Wahrnehmung des Unangenehmen wollte durch die Verschiebung der Aufmerksamkeit oder durch Interpretation und Erklärung vermieden werden. Einfaches reines Fühlen musste erst einmal bewusst behütet werden. In stillem Erschrecken wurde mir so deutlich wie nie zuvor bewusst, wie viel Aufmerksamkeit ich – wir – in unserem Leben unbewusst darauf verwenden, dem Auftauchen der belastenden Gefühle aus der Vergangenheit auszuweichen. Es schien mir, als würden wir uns ständig schlafwandelnd auf einem riesigen Minenfeld bewegen. Ständig darauf bedacht, uns auf keinen Fall mit dem Schmerz zu konfrontieren, der tief in uns schlummert. Anstatt von Lebenslust und Neugierde geführt, leben wir unbewusst eher ständig auf mehr oder weniger vermeidender Schleichfahrt.

Wach und aufmerksam ging es durch die Senke zurück auf die Friederspitz. Obwohl mein Aufenthalt hier gerade erst gut eineinhalb Stunden her war, war ich hier an demselben Ort jetzt ein ganz anderer. Die Angst vor Gefühlen war weg. Die Verwunderung über das Neuland schwang noch mit. Neugierde, sanfte Zuversicht und passiver Mut wuchsen heran. Ich nahm an der gleichen Stelle Platz und war hier oben immer noch ganz allein. Nicht einmal die Dohlen kamen. Aber ich fühlte mich nicht allein.

Wie in einer Zwischenwelt fiel der Blick nach außen und nach innen. Außen war der Friede der ewigen Berge, innen war Bewegung. Mal tauchten diese Bilder mit alten Gefühlen auf, dann schwanden sie, und es tauchten andere Gefühle mit Bildern aus der Vergangenheit auf. Ich bemerkte, dass mein Körper alles irgendwie mitmachte: Kamen stärkere, belastende Gefühle hoch, zeigte der Körper verschiedene unangenehme Empfindungen.

Mal wurde die Brust eng, mal entstand ein Kloß im Hals, mal wurde der Mund trocken, dann spannten sich wieder die Schultern, der Rücken, andere Muskeln, und ganz besonders das Zwerchfell und der Beckenboden an. Je besser es gelang, eine innere Haltung von Zustimmung, von Annahme, wirklich so gemeintem Willkommenheißen sowohl gegenüber den Gefühlsbelastungen als auch gegenüber körperlichen Erscheinungen aufrechtzuerhalten, umso schneller lief es durch mich hindurch und entspannte sich wieder.

Nach innen gerichtet, wie nach der Brandung des fernen Meeres lauschend, saß ich da. Kleinere Wellen kamen auf, etwas größere auch. Traurigkeit stieg auf, war da und floss ab. Einsamkeit keimte, machte die Brust eng, wurde heftig – flaute ab und nahm die Beklemmung wieder mit sich. Verzweiflung fiel über mich herein, fand keinen Widerstand in mir, fiel ins Leere und ließ die gepresste Atmung wieder frei. Je mehr es gelang, nur zu sein – und es ging immer besser –, umso mehr fühlte ich mich wie eine im Wind spielende Dohle. Es war ein Spiel. Zu allem, was hochkam, war in mir nichts anderes als ein wirklich so gemeintes tiefes und liebevolles »Ja«.

Ist die Bereitschaft, einfach zu fühlen, erst einmal in der Tiefe angekommen, ist alles ein Spiel. Zu allem, was hochkam, hatte ich nichts anderes als ein wirklich so gemeintes, tiefes *Ja*.

Auf dem Abstieg beschäftigte mich die Frage: *Woher kommt all das, was da aus der Tiefe aufsteigt?* Da ich es gerade erlebt hatte, dass mit den belastenden Gefühlen auch Bilder und Szenen teils längst vergangener schwieriger Ereignisse hochgespült wurden, wuchs in mir folgende Idee: Diese irgendwie konservierten Gefühle der Vergangenheit könnten einst zurückgeblieben sein, weil es uns damals nicht möglich war, die Wucht der belastenden Gefühle aufzunehmen und einfach durch uns hindurchlaufen zu lassen. Gerade so, als wären sie zu unserem Schutz wie in einem Überlaufgefäß aufgefangen worden, um die völlige Überlastung im Moment zu verhindern. Wie ein Überlebensmechanismus, ein Schutzschalter vor Gefühlsüberforderung. Und weil in uns letztendlich alles – das hatte ich die letzten siebenundzwanzig Jahre in der Praxis tief verstanden – immer hin zur Integrität, zur Ganzheit und zum Heilsein zurückkehren will, steigen diese weggesperrten, versteinerten, belastenden Gefühle wieder in den Raum der Fühlbarkeit auf. Das kann spontan geschehen, wird aber meist durch geeignete äußere Anlässe ermöglicht.

Unterhalb der Friederalm pausierte ich im Schatten einer kleinen Fichte. *Ist der Umgang mit diesen versteinerten belastenden Gefühlen, diesen Schmerz-Konserven, nicht eigentlich ganz einfach? So einfach, wie ich es gerade erlebt habe? Gewiss, ich musste erst an die Grenze des Erträglichen und etwas darüber hinauskommen, bevor aus dem ständig verneinenden Widerstand ein willkommen heißendes »Ja« wurde. Aber dann war alles letztendlich einfacher als die fruchtlose, furchtbar zähe Endlosschleife der Verweigerung.* Es kann uns doch, so wie den Dohlen mit den unsteten Aufwinden, gelingen, hingabevoll in purer Annahme mit den aufsteigenden Gefühlsschmerzen zu spielen? Vielleicht brauchen wir erst die Erfahrung des Feststeckens im tosend empordrückenden Gefühlsschmerz, um die willenlose Entschlossenheit aufzubringen, es einfach annehmend geschehen zu lassen? Vielleicht ist dieses einfache »Ja« die resignative, glückliche Frucht von so langer Verweigerung?

Die morgendliche »Forststraße des Grauens« hatte sich in einen Weg der Ruhe gewandelt. Der Zugang zu mir und der Blick auf die Welt waren anders geworden.

In den Wochen und Monaten nach dieser Wanderung sammelte ich noch einige Erfahrungen mit dieser Art der Widerstandslosigkeit, und das Bild dieser inneren Vorgänge ließ sich noch weiter abrunden.

GEFÜHLE UND EMOTIONEN – LEBEN UND ÜBERLEBEN

Wochen später fand ich auf einer Bank am Waldrand ein Buch mit dem Titel »Zeit für Gefühle« von Diana und Michael Richardson. Ich las nur den Klappentext, etwas mehr als die Einleitung und ein paar Sätze quer. Was ich in dieser Kürze verstand, war, dass meine Unterscheidung der »Gefühle des Momentes« und der »Gefühle der Vergangenheit« hier als Gefühle und Emotionen bezeichnet wurden. Aus verschiedenen Gründen erscheinen mir diese Bezeichnungen als sehr sinnvoll, und inzwischen habe ich mitbekommen, dass sie etabliert und geläufig sind. Deshalb werde auch ich mich im Weiteren ihrer bedienen. Da ich mit der Beobachtung und Erforschung meiner Erfahrungen in dieser Hinsicht noch so beschäftigt und fragil war, verzichtete ich darauf, dieses vermutlich sehr lesenswerte Buch zu lesen. Es war mir lieber, in meinem Kontext zu bleiben und mich nicht »ablenken« zu lassen.

Daher entspricht alles Weitere hierzu Geschriebene meinen Gedanken, Beobachtungen und Erfahrungen.

Aus den vielen Jahren der Praxis war ich natürlich damit vertraut, dass es in unserem Leben meist um Schwierigkeiten mit den Gefühlen aus der Vergangenheit geht. Schließlich geht es bei LösUS so viel um diesen Aspekt unseres Seins. Aber diese Klarheit und Einfachheit, die mir Friederspitz und Frieder geschenkt hatten, dieses unmittelbare Erleben der einfachen Anwendbarkeit, die waren mir in dieser Tiefe und Klarheit neu.

GEFÜHLE ...

lassen sich als eine direkte und unmittelbar fühlbare Reflexion des Jetzt verstehen. Alles gegenwärtig Wahrgenommene, ob Positives oder Negatives, ob in unserem Inneren oder Äußeren, erzeugt in jedem Moment unser Fühlen, unsere Gefühle.

Fühlen ist, Gefühle sind also das Mitschwingen mit allem Wahrnehmbaren des Moments. Gefühle sind unsere Resonanz mit dem Moment. Fühlen ist Leben. Leben ist Fühlen.

EMOTIONEN ...

lassen sich als die einst unerträglichen, überfordernden Überschüsse von unangenehmen Gefühlen verstehen, die aus Überlebensgründen in Gefühlskonserven eingeschlossen und damit weggepackt wurden. Emotionen sind also gerade nicht das Mitschwingen mit dem Moment, sondern die in das Jetzt aufsteigenden Gefühlsüberforderungen der Vergangenheit. Die Bildung von Emotionen ist eine Überlebensfunktion.

Sprachlich ist das erst einmal etwas verwirrend. Wir sagen, wir fühlen unsere Gefühle. Wenn Emotionen aber etwas anderes als Gefühle sind, wie heißt dann der zum Fühlen der Gefühle analoge Vorgang für Emotionen? Er wird ebenso als Fühlen bezeichnet.

In der deutschen Sprache gibt es kein Verb in dem Sinne von: *Ich emotione meine Emotionen.* Letztendlich lässt sich dem auch gut zustimmen. Denn wenn Emotionen abgespaltene Gefühle der Überforderung sind, dann sind es letztendlich und tatsächlich als Wahrgenommenes doch Gefühle. Der Unterschied liegt in zweierlei Aspekten: erstens in der Quelle und zweitens in deren grundsätzlicher Qualität.

Gefühle spiegeln den Moment. Emotionen stammen aus einem »Moment der Vergangenheit« und steigen aus unserer Tiefe in den gegenwärtigen Moment empor.

Fühlen wir Gefühle, sind wir in der Gegenwart und direkt mit ihr verbunden. Fühlen wir Emotionen, sind wir mit der Vergangenheit verbunden.

Gefühle können die komplette Bandbreite von größter Freude bis zu tiefster Trauer sein. Emotionen beschränken sich auf das belastende Spektrum der Gefühle. Das ist deshalb so, da es keine Notwendigkeit gibt, positive Gefühle zum Schutz vor Überlastung in Überlebenskonserven abzuspalten.

Hier könnte eingewendet werden, dass wir doch generell nur in der Gegenwart fühlen können. Denn wir können nicht schon morgen oder noch gestern fühlen. Emotionen fühlen wir schließlich auch und immer nur im Jetzt. So ist es, nur die Quelle ist eine andere.

Ein Beispiel: Zwei Menschen sehen eine Hummel. Der eine ist von ihrer gemütlichen Drolligkeit angesteckt und empfindet Freude. Sein Fühlen antwortet direkt auf den Moment. Den anderen überfällt Traurigkeit, weil seine gestorbene Tochter so gern Hummeln malte. Sein »Fühlen im Moment« ist keine direkte Antwort auf den Moment, in ihm steigen abgespeicherte belastende Gefühle auf, die durch die Hummel im Jetzt ausgelöst werden. Sie kommen aus seiner schmerzenden Tiefe, aus einer Gefühlskonserve, aber letztendlich sind sie ebenso eine – seine! – Antwort auf den Moment und werden auch im Jetzt gefühlt.

GEFÜHLE SIND DA-SEIN – EMOTIONEN SIND WEG-SEIN

Wären wir völlig frei von Emotionen, dann würden wir tatsächlich nur das einfache Jetzt, also allein den direkten Moment fühlen. Wir wären im reinen Hier und Jetzt zu Hause. In diesem Zustand ist die Aufmerksamkeit bei uns selbst, wir sind präsent und konzentriert.

Da unser Überlaufgefäß aber nicht leer ist, sich in ihm selbst erworbene oder (aus einem Vorleben oder von der Ahnenreihe geerbte) mitgebrachte Gefühlskonserven (Emotionen) befinden, ist unser Jetzt immer mehr oder weniger von Emotionen mitgeprägt.

Aufgrund der vielen Jahre der Arbeit mit Gefühlen in der Praxis und natürlich meinem eigenen Leben bin ich der tiefen Überzeugung, dass wir kaum in der Lage sind, wirklich allein auf den Moment an sich zu reagieren.

Ich bin der Überzeugung, dass wir, je nach persönlichem Befreitheitsgrad, gut und gern bis zu 90 Prozent des ewigen Momentes nicht direkt, sondern gefiltert durch alte abgespeicherte Emotionen, durch Unbewusste Schuld verursachte Muster und durch die Folgen von Selbstverletzung erleben.

Das »reine Fühlen des puren Moments« ist vermutlich etwas für Erleuchtete (was auch immer das für ein Zustand genau sein mag). Für uns noch etwas kleinere Lichter wird es erst mal eine gewisse Mischung sein. Denn wenn ich der Fühlende bin, dann ist immer ein Stück von mir in diesem Fühlen. Mit diesem Blick gesehen müsste das Ich also aufgelöst sein.

Ziel von LösUS plus Selbstvergebung in dieser Hinsicht ist es, den ewigen Augenblick tatsächlich immer mehr als ihn selbst zu erleben.

Ziel von LösUS plus Selbstvergebung in dieser Hinsicht ist es, unser Überlaufgefäß zu leeren und die in den Gefühlskonserven feststeckende Lebensenergie wieder zurückzubekommen.

LösUS plus Selbstvergebung schafft die Grundlagen dafür, dass wir es uns aus der Tiefe heraus erlauben können, uns von diesen Konserven zu heilen und zu befreien. Erinnern wir uns an den ersten unbewussten Wiedergutmachungsmechanismus (siehe Seite 42): *Wenn ich daran schuld bin, dass es jemandem schlecht geht, dann ist es schon in Ordnung und richtig, dass es auch mir schlecht geht.* Unbewusst wird an belastenden Emotionen festgehalten.

»LEBENSENERGIE-KONSERVEN« UND DER KONSERVEN-BURN-OUT

Auf der Friederspitz verstand ich tief, dass die Freude über den Schmetterling und die Dohlen von diesen nicht mitgebracht wurde. Diese Freude kam aus mir selbst. In ihr steckt folglich meine Energie. Der Anlass lag im Außen, die Freude selbst wurde aus meiner Lebensenergie geformt.

Analog verhält es sich mit belastenden Gefühlen. Ein bestimmter Anlass mag in uns Traurigkeit auslösen. Diese Traurigkeit wird ebenso aus der eigenen Energie erzeugt. So weit, so klar.

Wenn aber in einem belastenden Gefühl unsere Lebensenergie steckt, dann steckt auch in dem einst überfordernden Überschuss, aus welchem die Emotion (»Gefühlskonserve«) erstellt wurde, unsere Lebensenergie. Da konservenbildende belastende Gefühle eine hohe Intensität haben, steckt in ihnen vermutlich eine ganze Menge Energie unseres Lebens.

Vermeiden wir aber (bewusst oder unbewusst) die Rückkehr des abgespaltenen, belastenden Gefühls, indem wir es nicht aus der Konserve herauslassen, so setzen wir nicht nur die in ihr enthaltene Energie weiter fest, sondern müssen vermutlich nochmals mindestens das gleiche Maß an Energie aufwenden, um ihr Drängen zurück in unser Bewusstsein im Zaum zu halten.

In diesem Sinne ist eine Emotion durchaus als »Lebensenergie-Konserve« zu betrachten. Aus unbewusster Gewohnheit heraus wehren wir uns, dem schlafwandelnden Minenfeldgänger gleich, mehr oder weniger von früh bis spät dagegen, dass diese Energie wieder zu uns zurückkommt. Denn wenn das Gefühl damals so belastend und überfordernd war, dass wir es aus Selbstschutz abspaltend konservieren mussten, dann ist auch dessen Rückkehr eine massive Belastung, welche wir zu vermeiden versuchen.

Dieser ständige Energieverlust schwächt unser Leben und dürfte dazu beitragen, dass wir durch das Fühlen im Jetzt leichter überfordert sind und daher eher erneute Energiekonserven (Emotionen) anlegen. Unsere Fühlbelastbarkeit, diese dynamische Stabilität, schwindet, und wir erleben uns gegenüber dem Moment eher als immer ausgelieferter und schwächer. Vielleicht verschließen wir uns zunehmend, um weniger Gefahr zu laufen, weder durch das Fühlen des Moments noch durch das Aufsteigen angestoßener Emotionen in die Fühlbarkeit überfordert zu werden. Voller Vorsicht und Angst wandeln wir durch dieses wunderbare bunte Leben wie auf Zehenspitzen über ein Minenfeld. Es wird kälter, *wir* werden kälter. Wenn Fühlen Leben ist, dann entfernen wir uns gerade von ihm.

Fehlt uns die festgesetzte Energie und reduziert sich zugleich das Erleben der positiven Gefühle, da wir uns dem Moment zunehmend entziehen, so darf es nicht verwundern, dass wir uns in Richtung Burn-out bewegen. Da bedarf es dann vielleicht nur noch einiger belastender Lebensumstände, ob privater oder beruflicher Natur, und wir sind auf dem Kurs zum Zusammenbruch. In der Praxis habe ich einige solche emotionalen Burn-outs gesehen, die frei von äußeren Belastungen waren.

HÖLLE IST KEIN ORT, HÖLLE IST EIN ZUSTAND

Letztendlich ist dieser Rückzug aus dem Moment, dieser Schutz vor dem potenziellen Erwecktwerden der Emotionen nichts anderes als die Hölle in Raten. Oder wie würden Sie es nennen, wenn der fühlend-lebendige Zugang zur Leichtigkeit des Schmetterlings, zum Strahlen des blauen Himmels, zur Frische des Baches, zum beruhigenden Grün der Pflanzen, zum Duft der Blumen, zum Lachen der Kinder, zur Wärme in der herzlichen Umarmung, zur Geborgenheit in der Freundschaft, zur Berührung durch geliebte Menschen, zur Erotik – zur allgegenwärtigen Liebe in uns selbst – zunehmend verloren geht und verschwindet?

Ich fürchte, viele Menschen haben diesen Zugang nicht verloren – sie haben ihn in diesem Leben noch nicht gehabt. Anders kann ich es mir nicht erklären, wie Menschen häufig mit sich selbst, anderen Menschen, der Natur und allen anderen Geschöpfen umgehen.

Aber all das, was uns hier vom Leben trennt, ist, wie schon erwähnt, nur Software. Nicht mehr und nicht weniger. Gehen Sie es an, bleiben Sie dran. Legen Sie für sich entspannt und zuversichtlich los. Wenn Sie feststecken, nehmen Sie einen neuen Anlauf. Wenn Sie weiter feststecken, dann holen Sie sich Hilfe von einem ausgebildeten LösUS-Practitioner.

EMOTION – E MOVERE

»Emotion« stammt aus dem Lateinischen: »e« bedeutet auch »aus, heraus«, und »movere« bedeutet »bewegen«. Passend können wir nachvollziehen, dass eine Emotion eigentlich etwas ist, dass wir aus uns herausbewegen sollten. Der Weg des Herausbewegens einer Emotion aus einer Gefühlskonserve führt einzig und allein über das Fühlen. Denn schließlich ist Emotion »versteinertes« Gefühl. In der Benennung der Sache selbst liegt bereits die direkte Anweisung zur Lösung enthalten. Wie weise!

Die Idee des »Herausbewegens« lässt sich auf eine zweite Art verstehen. Wenn das Fühlen die Reflexion der Einflüsse des Momentes ist, und die Emotion vielleicht durch den Moment ausgelöst wird, ihre Quelle aber in unserer Tiefe hat, dann ist »E-Motion« das Fühlen des aus unserer Tiefe Herausbewegten. So gesehen gibt das Wort Emotion Auskunft über den Ursprung des »Gefühls«. Wie weise!

Eine weitere Bedeutung von »e« ist auch »infolge«. »Movere« bedeutet ebenso auch noch »verursachen, beeinflussen, Eindruck machen«. Das Wort »E-Motion« ließe sich folglich also auch so verstehen, dass ein reines Gefühl aus dem Moment »infolge einer, verursacht durch eine, beeinflusst von einer« E-Motion einen anderen Eindruck macht.

Die Emotion färbt, verändert also den unmittelbaren Eindruck der reinen Reaktion auf den Moment, das Gefühl. Wie weise!

NICHT MITTENDRIN, STATTDESSEN VOLL VORBEI

Genau das ist aus meiner Sicht mit einer der großen Gründe, der unser Leben so kompliziert machen kann: Wir, also unsere Gefühle, reagieren nicht wirklich auf den tatsächlichen Moment. Ständig mischen sich meist völlig unbemerkt schwelende, erweckte (erworbene oder mitgebrachte) Emotionen mit ein, die unseren Jetzt-Zugang zu uns und der Welt »emotional« verzerren. Das ist schon für uns allein fordernd und kompliziert genug. Diese Verzerrung wird durch Selbstverletzung und Unbewusste Schuld mit all ihren tiefgreifenden Wirkungen noch verstärkt, um dann mit den ebenso unbewusst schuldbeladenen, emotionsgeprägten Gefühlswahrnehmungen unserer Mitmenschen in »Kollision« zu geraten. Das macht unser Leben sehr komplex, unübersichtlich und gern auch hochexplosiv.

EMOTIONEN SIND IMMER »MEINE«

Haben wir eine gewisse Reife erlangt, wird uns bewusst, dass nahezu alles, was wir im Umgang mit unseren Mitmenschen als belastend fühlen, durch unser Gegenüber eigentlich nur ausgelöst wird. Seinen Ursprung hat es aber in uns. Allzu leicht verfallen wir in die Vorstellung, der andere sei schuld und habe mir das angetan. Aber hat der Schmetterling die Freude »mitgebracht« oder nur ausgelöst? Ebenso ist es mit den belastenden Gefühlen: Der andere hat sie nicht mitgebracht, er hat sie ausgelöst. Auslösen kann er aber nur, was ohnehin schon in uns schlummert.

Leben wir mit dem Wunsch, uns von unseren Konserven zu befreien und unsere Lebensenergie wieder zurückzubekommen, so wird uns durch unser »schmerzauslösendes« Gegenüber gerade eine heilige Gelegenheit geschenkt. Jetzt liegt es einzig und allein an uns selbst, ob es uns gelingt, das Vermeiden zu vermeiden und in liebevolles und wahrhaftiges Willkommenheißen überzugehen.

Vielleicht war es auf dem Weg über das Estergebirge, als mich wieder Wellen eines Tiefenbebens erreichten und mich nach dem Willkommenheißen in völligem Frieden zurückließen. Zu dem Zeitpunkt hatte ich schon Erfahrungen mit Selbstvergebung gemacht, die zur puren Annahme hinzukamen und sie verstärkten. Noch auf dem Berg versuchte ich damals, in ein paar Zeilen das Erkannte erinnerbar zu halten.

EMOTIONEN MEINE

Die volle Verantwortung für euch habe ich allein.
Wodurch auch immer ihr möget hervorgelockt sein,
euer Ursprung ist die Tiefe mein.
Aus einst übermächtigen, unerträglichen Gefühlen,
durch Selbsturteil mit entstanden,
erstarrt und im Schatten längst verschollen,
kehrt ihr durch exakten Zufall wieder,
um schmerzlich durch Herz und Körper fließend

mich endlich findend zu heilen.
Meine Aufgabe ist's, euch Bittersüße herzlich zu begrüßen,
willkommen zu heißen, mit euch zu sein,
in mein Wesen euch zu schließen,
uns zu verbinden und zu einen.
Dann, ganz geworden Frieden, drin wie draußen,
selbst mit mir im Reinen, im Heilen, heilig sein.
Oh, danke dir, du heiliger Schmerz.

DAS GROẞE GLÜCK

Wir können unser ganzes Leben lang völlig unbewusst vermeiden, verhindern, verdrängen und verleugnen. Wir können wahre Meister im Abspalten unserer eigenen (überfordernden) Gefühle und der in ihr steckenden Lebensenergie und -freude werden. Wir können, völlig unbewusst, versuchen, unseren scheinbaren Frieden wie auf einer Spitze zu balancieren, anstatt den Frieden mit uns selbst und der Welt auf unspektakuläre Weise herzustellen.

In unserer Leistungsgesellschaft ist der Mensch, der diszipliniert, zielstrebig, unumstößlich entschlossen, eisern und ausdauernd agiert, wenn andere längst aufgesteckt haben, oft der Erfolgreiche und wird bewundernd idealisiert. Das Übergehen der eigenen Bedürfnisse wird an vielen Stellen verlangt und ist häufig ein Vorteil im Wettbewerb. Das Im-Zaum-Halten der eigenen Gefühle und besonders der drängenden Emotionen ist ein Zeichen von Überlegenheit und Stärke. »Wille frisst Herz« wäre vielleicht ein passendes Motto hierfür.

Ein Weg zum Erfolg in unserer kurzsichtigen Gesellschaft ist der Weg der Meisterschaft in Selbstverleugnung und Abspaltung. In diesem Sinne kann das Maß der (unbewussten) Bereitschaft zu autoaggressivem Verhalten ein Erfolgsfaktor sein. Kein Wunder, dass sich das Leben dann, neben dem Strohfeuer des scheinbaren Erfolgs, mehr oder weniger ähnlich einem einzigen Klimmzug mit vielleicht kurzen Pausen anfühlt. Es fühlt sich dann deshalb so an, weil es genau das ist.

Vielleicht haben wir aber auch das große Glück, wie ich es hatte, und wir geraten in die Nähe der wirklichen Unausweichlichkeit. Die Vermeidung kommt an ihre Grenzen und darüber hinaus und funktioniert nicht mehr. Teile unseres Lebens fliegen uns um die Ohren, und die massiv aufbrechenden Emotionen führen uns zu neuen Wegen und neuen Einsichten. Im herkömmlichen Sinne wirklich keine Erfolgsgeschichte.

Gelingt aus der Not die Wende, wird das Notwendige erkannt und getan, der Vorgang der »Produktion von Emotionen« und deren weitere Fixierung in der Abspaltung aufgegeben und die Vermeidung vermieden. Entsteht die Bereitschaft, alles, was aufsteigt, wahrhaftig willkommen heißend zu fühlen, dann erleben wir diesen heiligen, diesen wunderschauerlichen Loslassschmerz. Es sind massive Schmerzwellen, die nichts als Heilsein und zunehmende Energie und Lebensfreude hinterlassen.

Entweder gehen wir diesen Weg, vom Schicksal begünstigend unterstützt, eher freiwillig, oder wir suchen uns unbewusst den Druck, den es für unsere Notwende braucht. Beide Wege sind heilig – beide Wege haben in der großen Ordnung ihren Platz. Im Rückblick erleben wir jedes geglückte Geschehene als heilig.

Was sich aus meiner Sicht auch an dieser Stelle nochmals sagen lässt: Die Zeit heilt keine Wunden – und auch keine Konserven. Sie stellt nur den Raum zur Verfügung.

DAS MILDE TRAININGSLAGER

Wenn ich annahm, dass die aufsteigenden emotionalen Belastungen der Frieder-Bergtour schon heftig waren – und das waren sie –, dann hatte ich noch keine Ahnung davon, was noch auf mich zukommen sollte. Denn, wenn man so will, waren die Erfahrungen der Frieder-Tour ein mildes Trainingslager, eher ein lockeres Aufwärmen. Hier fanden sich die Grundlagen und bildeten sich die Einsichten, um genug zu verstehen und im Folgenden nicht unterzugehen.

Stellen Sie sich vor, Sie haben bis hierher alles gut einordnen können, verstanden, können dem zustimmen und gewinnen dem durchaus eine persönliche Perspektive für Ihr eigenes Umgehen mit Gefühlen und aufsteigenden Emotionen für die Zukunft ab. So weit, so gut.

Nun ist der Augenblick gekommen, und es bricht auf. Es bricht wirklich auf. Es weht kein mildes Lüftchen, auch keine steife Brise – vielmehr rollt ein Orkan mit dem Donnern eines Güterzuges direkt auf Sie zu.

Im Friederspitz-Trainingslager erlebte ich das Erträgliche bis an seine Grenzen. Bald darauf erfuhr ich, vielmehr überfuhr mich, wie diese Belastungen durch aufsteigende Emotionen solch ein Ausmaß annehmen können, dass sie über die eigenen Grenzen hinausgehen. Gleich vorweg – ich habe all diese Wellen überlebt! Ich war allein ohne Hilfe und Anleitung, und ich bin nicht Superman.

Seien Sie entspannt, lassen Sie sich ein, Sie können da durchgehen. Jedes Mal erfuhr ich sprunghaftes Wachstum und Zunahme von Klarheit. Es gibt keinen Grund zur Panik. Respekt, Demut, die passende Haltung zu dem Aufsteigenden und Vertrauen sind das Gebot der Stunde auch für diese Prozesse.

Es ist klar, dass da kein lächelndes Elfenwesen aus der Emotionskonserve entschweben wird. Die Bildung von Gefühlskonserven ist, aus meiner Sicht, ein unglaublich sinnvoller und effektiver Überlebensmechanismus. Wenn Ihr Unterbewusstes vor der Wahl stünde, ob es an der Momentbelastung durch Überforderung kollabiert oder ob es eine Art von Überlebensabspaltung, eine Art von Hypothek, eine »emotionale Bad Bank« installieren sollte, um zu überleben – wofür wird und sollte es sich bitte entscheiden? Ja, ich bin auch für die emotionale Bad Bank. (Unter einer Bad Bank, wir erinnern uns an die Finanzkrise beginnend 2007, wird eine extra für den Zweck gegründete Bank verstanden, um dorthin alle faulen Kredite und toxischen Wertpapiere zu verschieben.)

Wenn sich die Inhalte einer solchen überlebensrelevanten Bad Bank auf den Rückweg in Ihre Fühlbarkeit machen und Sie diese aus vollem Herzen willkommen heißen, dann wird es eben gern mal grenzwertig. Denn gerade, weil es damals grenzwertig und darüber hinaus war, wurden diese Gefühlskonserven gebildet. Folglich muss deren Inhalt entsprechend sein. *Von nichts kommt nichts!* heißt das passende Sprichwort dazu.

Inzwischen glaube ich, dass gerade dieser gewisse Kontrollverlust, auch als Gegenstück zur kontrollierenden Vermeidung, genau das ist, was mit den Anstoß zur tiefen Befreiung und Wandlung gibt und ihn vielleicht erst ermöglicht.

EMOTIONEN – ÜBERFORDERTE KINDER DES MOMENTS

Lassen Sie uns das alles so einfach und menschlich sehen, wie es ist.

An einer Stelle war es uns einfach zu heftig, es hat uns überfordert. Wir haben ein belastendes Gefühl weggepackt, um die Situation irgendwie zu überstehen. Es ist aber nur ein sehr kleiner Teil von uns. Wir sind immer noch das viel Größere. Der kleine Teil ist eher wie eines unserer Kinder.

Wir lösen uns von all den eher technischen Überlegungen und betrachten diesen Anteil von uns, diese Gefühlskonserve, diese Überlebensabspaltung, diese ins Überlaufgefäß aufgenommene Gefühlsüberlastung, diese rettende Emo-Bad-Bank, schlicht als ein Kind, ein Kind von uns selbst.

In Ihrer Kindheit geschah vielleicht etwas überfordernd Trauriges. Dieses Traurige wurde abgespalten – und dieses traurige Kind möchte nun einfach wieder heim zu Ihnen. Es möchte ganz angenommen sein.

Eine Frage an Sie: Es klingelt, und ein unendlich trauriges Kind steht vor Ihrer Tür. Was machen Sie?

Vorschlag A

Sie gehen so mit ihm um, wie Sie im Wesentlichen unbewusst bisher vielleicht mit all Ihren Emotionen umgegangen sind, und sagen zu dem Kind: *Ich sehe dich nicht, dich gibt es nicht. Ich denke jetzt an etwas Schönes, dann bist du weg. Schokolade wird dich vertreiben. Sport oder Sex machen mich taub für dich. Lass mich in Ruhe. Bleib gefälligst im Keller und schweig. Kriech zurück unter den Stein, unter dem du hervorgekrochen bist. Ich will dich nicht haben. Zieh Leine!* Und Sie schließen mit einem Knall die Tür.

Vorschlag B

Sie beugen sich zu ihm, öffnen Ihre Arme und heißen es aus vollem Herzen willkommen – auch wenn das schmerzt.

Wenn Sie von Vorschlag A überzeugt sind, dann lesen Sie vielleicht doch lieber ein anderes Buch. Wenn Sie für Vorschlag B sind, dann habe ich gute Nachrichten für Sie: Das Kind klingelt nicht an Ihrer Haustür, es pocht aus der Tiefe Ihres Wesens an Ihr Herz. Es kommt nicht von außen, es kommt von innen. Es ist schon in Ihrem Haus, es klopft von innen an die Kellertür. Auch ist das Kind kein Kind, sondern ein Teil von Ihnen – es sind Sie selbst und ein Teil Ihrer puren Lebenskraft. Ferner geht es vermutlich auch nicht um ein einzelnes Kind, sondern um einen Teil Ihrer Kinderschar, die vielen Kinder der Traurigkeit, der Verzweiflung, des Alleinseins, der Hoffnungslosigkeit, der Verlorenheit, des Verraten-Seins, des Im-Stich-gelassen-Seins, des Unverstanden-Seins, der Wut, der Angst usw. ... die sich Ihr ganzes Leben lang angehäuft haben und auch schon mitgebracht wurden.

Noch eine Frage: Wie fühlt sich für Sie der Vorschlag der Abweisung an? Schließen Sie bitte die Augen, und stellen Sie es sich kurz vor – geben Sie sich dafür drei ruhige Atemzüge.

Machen Sie das bitte JETZT. Danke!

Wie fühlt sich im Gegensatz dazu für Sie der Vorschlag an, herzlich willkommen zu heißen? Geben Sie sich hierfür drei ruhige Atemzüge mit geschlossenen Augen.

Machen Sie das bitte JETZT. Danke!

Welcher Weg ist Ihrer? Wo wollen Sie hin? Wo wollen Sie ankommen?

Ich verspreche Ihnen, dass Sie im positivsten Sinne nicht mehr der gleiche Mensch wie heute sein werden, wenn Sie ein paar Kinder angenommen haben. Ferner verspreche ich Ihnen, dass Sie unglaublich schnell in Ihre Tiefe, Weite und Höhe wachsen werden, wenn Sie wach und jederzeit dazu bereit sind, diese Kinder, also sich selbst, anzunehmen. Hier geht es nicht um große Zeiträume. Sie können in zwei Tagen schon ganz woanders sein.

Eine Beschreibung zur Vorgehensweise bezüglich der Annahme der schmerzenden inneren Kinder findet sich in Teil III unter »Der Umgang mit Emotionen« beginnend mit Seite 258.

Liebe Leserin, lieber Leser! Lassen Sie uns, jeder für sich, immer mehr und mehr weiterziehen. Weg vom Minenfeld der Emotionsvermeidung hin in das lebendige und bunte Land der offenen Arme und der sich anvertrauenden Kinder. Es muss nicht schnell gehen. Alles Gute darf in seinem Tempo wachsen. Aus meinem eigenen Leben weiß ich, dass für mich das »Schnell-sein-Wollen«, die Ungeduld, häufig eine Form der tausend Formen der Vermeidung war.

Es muss auch nicht langsam gehen. Es geht einzig und allein um das Bereitsein und das Wachsein für den Moment, in dem etwas nach oben drängt.

Treiben wir uns an,
nehmen wir dem Strom des Lebens die Gelegenheit,
uns zu tragen.
Sperren wir uns,
sind wir zu schwer, um von ihm getragen zu werden.
Sind wir wach und bereit, sind wir mit ihm, ist er mit uns.

EINE HEILSAME STUNDE IN DER WÜSTE

Übermütig war ich auch an diesem Samstag nicht, eher aus Verzweiflung zu allem bereit. Es war der Samstag sieben Wochen nach meinem persönlichen Urknall.

Ich war in München, um an einem GFK-Workshop (Gewaltfreie Kommunikation) teilzunehmen. Es war wieder ein Tag starker Emotionen. Ich saß in der Veranstaltung und bekam kaum etwas mit. Daher entschloss ich mich, sie zu verlassen und das erdrückende Gefühl von Einsamkeit in den Menschenmassen der Fußgängerzone im Herzen Münchens zu ertränken.

Inzwischen war es Mittag, und der Asphaltsommer in der Innenstadt war brüllend heiß. Der Menschenstrom drängte sich zwischen Stachus und Marienplatz. Erst versuchte ich, mich mit Konsum abzulenken. Ich aß und trank dies und das, was auch kurz half. Dann stand ich wieder in der Masse, und mir war klar, dass ich jetzt irgendwas tun musste. Es war zu unerträglich. Der Spruch *Nirgends kann man sich so allein fühlen wie in einer Menschenmenge!* kam mir in den Sinn.

Etwa einhundert Meter stadteinwärts vom Karlstor fand ich bei einer Gruppe von Pflanztrögen aus Beton einen freien Stuhl in der prallen Sonne mit Blickrichtung Stachus. Die Geräuschkulisse verschwand hinter der Meditationsmusik meiner Kopfhörer, die Bilder verschwanden hinter meinen geschlossenen Augenlidern – und jetzt war ich völlig alleine. Der Umschwung von »wie am Stachus« zur Abgetrenntheit von der Welt war frappierend. Die Verlorenheitsspirale nahm noch mal Fahrt auf.

Meinen inneren Prozess begann ich, indem ich mit mir selbst lautlos sprechend alles freundlich benannte, was ich gerade in mir wahrnahm. Sodann sagte ich zu allem innerlich deutlich sprechend »Ja« und hieß es herzlich willkommen. Da waren die Kinder der Angst, für immer allein zu sein, Einsamkeit und Traurigkeit. Ferner verschiedene körperliche Beschwerden. Die Emotionen erschienen in mehreren Wellen. Hin und wieder öffnete ich die tränenden Augen. Für die Menschen um mich war ich offensichtlich unsichtbar. Vermutlich war mir mein Elend deutlich anzusehen, und passend zu meiner Verfassung reagierte niemand darauf. Vor mir wandelten viele Menschen, ein ewiger Strom. Mich hoben meine Wellen, und ich versank in ihnen. Ein kleiner, japanischer Junge an der Hand von Mutter und Vater blickte flüchtig zu mir rüber und gleich wieder weg. Die Augen schlossen sich, und die Welt verschwand wieder. Mit heller Wachheit nahm ich alles Aufsteigende widerstandslos an. Da waren verschwommene Bilder von zerfallenen Häusern, von Menschen auf der Flucht, da war ein Kind, wohl ein früheres Ich, das verloren ging und nicht mehr gefunden wurde und getrennt blieb. Dann strich wieder Stille in zarten Schwaden hindurch, unterbrochen von abebbenden Emotionswellen von Einsamkeit und Verlorenheit. Vor den geöffneten Augen zog eine arabische Großfamilie karawanenhaft vorbei, die Sonne stach. Ich machte es wieder dunkel. Die Emotionen brandeten wieder massiv auf, aber ich hatte den Status der demütigen Annahme erreicht. So fühlte ich all den Schmerz und war zugleich voller Ruhe, Zuversicht – und Liebe. Der Schmerz floss ab, immer weiter ab, die Liebe stieg.

59:58 Minuten – die Musik endete. Fast eine ganze Stunde war vergangen. Mit dem Augenaufschlag war ich wieder in diesem Jetzt. Der Blick trocknete schnell. All die vielen Menschen erschienen mir jetzt so liebenswert, so wunderbar. Meinen Sitzplatz verlassend schwebte ich durch das Karlstor, über den Stachus und war glückselig wie im Himmel – voller Liebe für all die Menschen um mich, die mich jetzt sahen und zurücklächelten.

Es war jetzt nicht mehr quälend heiß, jetzt war es »Sommer in der Stadt« (Spider Murphy Gang).

Diese heilige Annahmephase war mit Abstand die längste. Ich habe keine Erklärung, weshalb sie so lang war. Vielleicht weil sie durch das Öffnen der Augen immer wieder unterbrochen wurde. Vielleicht auch, weil sich unendliche Mengen an Einsamkeits- und Verlassenheitskonserven angesammelt hatten? Darauf habe ich keine Antwort. Alle anderen solche Phasen lagen im Minutenbereich; soweit sich die Zeit in dieser Sphäre halbwegs einschätzen lässt.

***Der Schmerz ist nicht die Qual –
die Qual ist der Widerstand gegen den Schmerz.
Schmerz ist nur Schmerz.***

EIN GEDANKENEXPERIMENT: DAS HEILENDE PARADOX DER PRÄSENZ

Selbst als ich heftige Wellen schwerer Emotionen fühlte, war ich präsent. Ich war ganz da, obwohl ich von Emotionen geflutet war. Das klingt wie ein absoluter Widerspruch zu den Aussagen vorheriger Absätze. **Genau das ist das Geheimnis: Befinden wir uns während des Fühlens von Emotionen im Modus der Vermeidung, dann sind wir nicht präsent. Befinden wir uns während des Fühlens von Emotionen in Annahme, dann sind wir präsent. Das Annehmen schafft die Präsenz! Das Verbleiben in der Präsenz ist das Annehmen!**

Ich möchte es so einfach und plastisch wie möglich beschreiben, denn es ist einfach. Hierfür unternehmen wir zusammen einen kleinen gedanklichen Ausflug. Bitte halten Sie nach jedem Satz einen Atemzug lang inne, und stellen Sie es sich wirklich vor: *Sie wandern mit schwerem Rucksack neben einer Autobahn in einem engen, steinernen Tal. Der widerhallende Lärm ist erdrückend. Sie nähern sich einer lauten Baustelle. Sie tragen etwas in den Händen. Sie können sich nicht die Ohren zuhalten. Schrill sägt eine Säge staubend Beton. Der Lärm schmerzt in den Ohren. Unregelmäßig hämmert ein unglaublich lauter Presslufthammer. Sie gehen weiter auf die Baustelle zu. Es gibt keinen anderen Weg. Jetzt sind Sie genau neben Säge und Presslufthammer. Es ist wirklich schlimm, es stresst, bedroht und verletzt Sie.* Wenn Sie sich die Szenerie wirklich vorstellen, dann erleben Sie sich und Ihren wunderbaren Körper gerade im Modus der Vermeidung. Wie fühlt sich das an? Wie geht es Ihnen? Was macht die Atmung? Die Muskelspannung? Die Nackenmuskulatur? Der Beckenboden?

Der Ausflug geht jetzt weiter. Bitte nach jedem Satz wieder einen Atemzug lang innehalten und wirklich in die Vorstellung gehen. *Sie sind am größten Lärm vorbei. Es wird deutlich ruhiger. Sie biegen nach rechts in ein ruhiges, waldiges Seitental ab. Sie folgen einem gemütlich plätschernden Bach. Während Sie weitergehen, verschwindet der Lärm, Sie hören nur noch den Bach und die Vögel zwitschern. Sie halten an. Legen das in den Händen Getragene und den Rucksack ab. Die Luft ist wunderbar frisch. Einatmend genießen Sie die Reinheit und Frische der Luft. Da! Ein ganz besonderer Vogelgesang ist ganz in der Nähe. Er ist wunderbar. Sie drehen den Kopf leicht, um besser zu hören. Unwillkürlich öffnen Sie die Augen weit und ganz leicht den Mund, als würden Sie dadurch noch besser hören. Sie lauschen. Da ist Offenheit und Neugierde in Ihnen.* Jetzt sind Sie präsent! Sie sind da! Sie sind im Moment! Was macht Ihre Atmung? Ihre Muskulatur? Die Nackenmuskulatur? Ihr Beckenboden?

Bemerken Sie den Unterschied zwischen den beiden Zuständen? Im quälenden Lärm versuchen wir, uns zu entziehen, wir vermeiden – wir schützen uns! Im Wohlgefühl öffnen wir uns und sind einfach da! Die Kunst besteht nun darin, in der offenen, neugierigen und beobachtenden Haltung des Vogelgesangs zu bleiben, während der güterzuglaute Orkan der Emotionen über Sie hinwegfegt. DAS IST ALLES! Wenn Sie das draufhaben, dann wird sich in Ihrem Leben ganz viel ganz schnell zum Positiven wenden.

Setzen wir das Experiment noch einen Schritt fort. Bitte halten Sie nach jedem Satz wieder einen Atemzug lang inne, und stellen Sie es sich wirklich vor: *Ihr Weg führt Sie wieder zurück. Sie tragen wieder den Rucksack auf dem Rücken und haben auch die Hände erneut voll. Sie nähern sich wieder dem Ausgang des ruhigen, waldigen Tals. Je näher Sie der Autobahn kommen, umso lauter wird es. Sie müssen wieder an der Baustelle vorbei. Schon hundert Meter vor der Baustelle ist der Lärm unerträglich.*

Wie geht es Ihnen? Was macht Ihr Körper? Sind Sie noch offen und präsent, als würden Sie dem schönen Vogelgesang lauschen? Ich hoffe nicht! Denn da vorn ist es so unerträglich, dass Sie sich unbedingt schützen sollten! Erst wenn Sie in »Sicherheit« sind, sollten Sie sich wieder »öffnen«.

An dieser Stelle möchte ich betonen, dass es absolut sinnvoll und in der entsprechenden Situation überlebensrelevant ist, »die Schotten dicht zu machen« und einen Schritt aus dem Jetzt herauszutreten. Daran ist nichts falsch – das ist gut. Behalten Sie das bei!

Für den letzten Teil unseres Experiments wählen wir eine Variante ab dem Aufbruch zurück aus dem Tal. Wir sind jetzt also wieder in der wunderbaren Frische des vogelbesungenen und leise plätschernden Tals. Bitte halten Sie nach jedem Satz wieder inne. *Ihr Weg führt Sie wieder zurück. Sie tragen wieder den Rucksack auf dem Rücken und haben auch die Hände wieder voll. Sie nähern sich wieder dem Ausgang des ruhigen, waldigen Tals. Sie nähern sich der Autobahn, und es bleibt völlig still. Sie sehen die Autobahn, aber sie ist leer. Sie wurde weiter weg wegen der Reparatur einer Brücke gesperrt. An der Baustelle ist Feierabend – niemand mehr da.*

Wie geht es Ihnen?

Sie sind immer noch, dem Vogelgesang lauschend, offen und präsent?

Es sind doch Spannungen aufgetreten, und die Schotten sind eher geschlossen?

Sie haben zugemacht, um sich vor dem Lärm zu schützen?

Wenn Sie auf dem Herweg entspannt an der Baustelle vorbei sind, dann gibt es keinen Grund, jetzt die Präsenz zu reduzieren und die »inneren Schutzräume« aufzusuchen. Sie werden entspannt bleiben und die Stelle so passieren, als hätte es dort nie Lärm gegeben.

Wenn Sie den Lärm des Hinwegs als »traumatisch«, ja belastend erlebt haben, dann gibt es jetzt im Wesentlichen zwei Varianten.

A) Sie gehen, obwohl die ursprüngliche Bedrohung nicht mehr vorhanden ist, in die Vermeidung, machen die Schotten dicht und verlieren an Präsenz.

B) Sie bleiben präsent im Moment und lassen während des Passierens alles in sich hochkommen, was hochkommt und kommen möchte. Sie tun nichts, Sie gehen nur und sind einfach da.

Hier haben wir den Unterschied und die einfache Klarheit im Verhalten:

Schützen Sie sich, wenn Sie sich real vor etwas schützen müssen.

Bleiben Sie präsent, wenn die »Bedrohung« von innen durch aufsteigende Emotionen ausgelöst wird.

»Schützen« Sie sich auch dann, wenn es keine reale, sondern »nur« eine innere Bedrohung durch aufsteigende Emotionen gibt, dann halten Sie Ihre abgespaltenen, verletzten Kinder weiter im Keller, sich selbst im Unheilen, Sie bleiben Minenfeldtänzer und enthalten sich Ihre eigene Lebensenergie vor.

Wann haben wir diese Wahl? Wann? Im ewigen Jetzt! Immer! Nicht gestern und nicht morgen – nur einzig und allein im Jetzt! Wo sind Sie gerade? Checken Sie Ihren Beckenboden. Wenn der angespannt ist, dann sollten Sie entweder geschwind das WC aufsuchen, oder Sie sind im Festhaltemodus. Ist er locker und entspannt, dann sind Sie höchstwahrscheinlich hier.

KURZE ÜBUNG ZUR BECKENBODENLOCKERUNG

- Spannen Sie Ihren Beckenboden so fest an, wie es gerade geht. (Das ist der gleiche Vorgang, als würden Sie versuchen, Ihren Urinstrahl zu unterbrechen.) Jetzt versuchen Sie, mit angespanntem Beckenboden entspannt zu sein. Denken Sie an etwas Schönes, an etwas, das Ihnen Heiterkeit und Freude bereitet. Wie gut können Sie die Freude und Leichtigkeit empfinden, wenn der Beckenboden angespannt ist?
- Spannen Sie den Beckenboden dreimal fest an, um ihn gleich wieder ganz loszulassen. Jetzt ist der Beckenboden gerade so locker, wie er nur sein kann. Versuchen Sie jetzt, sich mit entspanntem Beckenboden in eine stressige, eine emotional belastende Situation hineinzufühlen. Kann der Beckenboden entspannt sein, während Sie emotional angespannt sind?

Mein Vorschlag für uns alle: Leben wir stets mit entspanntem Beckenboden. Ist der Beckenboden angespannt, dann ist die Kellertür geschlossen.

SCHENKE DICH!

Da unser Inneres und unser Leben stets nach Ganzheit und Heilung streben, werden wir unbewusst immer wieder Situationen aufsuchen und kreieren, welche uns die Gelegenheit geben, die im Keller verborgenen Emotions-Kinder in unsere fühlende Wahrnehmbarkeit zu bekommen. Erst wenn sie sich dort bemerkbar machen, haben wir die heilige heilende Gelegenheit, sie anzunehmen und willkommen zu heißen. Vor diesen Geschenken sträuben wir uns nur allzu gern. Aber jetzt, da wir uns dieser Dimension unseres Seins bewusst geworden sind, können wir beginnen, uns zu stellen – uns jedem Moment immer wieder und wieder einfach nur hingebungsvoll zu stellen. Schenken Sie sich dem Moment – schenken Sie den Moment sich selbst.

Je mehr wir aber dieses schlichte Wahrnehmen des So-Seins bewusst oder unbewusst verdrängen, desto mächtiger drängen die verdrängten Emotionen und die durch sie ausgelösten belastenden Lebensereignisse in unser Leben. Das Leben lässt sich seine Heilung nicht verbieten.

Fühlen Sie den Moment! Zwingen Sie Ihr Leben nicht, liebevoll-grob mit Ihnen zu werden! Ich bin der festen Überzeugung, dass wir viele, wenn nicht gar die meisten »Katastrophen« unseres Lebens hätten vermeiden können, wenn es uns gelungen wäre, die mit ihnen verbundenen Emotionen vorher hingebungsvoll angenommen zu haben.

Wenn Sie etwas ändern wollen,
dann nehmen Sie es an.
Nehmen Sie genau das an,
vor dem es Ihnen am meisten graut.
Es drängt nur das massiv und belastend in Ihr Leben,
was Sie nicht annehmen.
Die Kellerkinder werden auferstehen.
Ob noch halbwegs handsam oder
als mächtige Emotions-Zombies,
das liegt allein bei Ihnen.

KAPITEL 5 – SELBSTVERGEBUNG

Vor der Erfahrung dieses Tages wusste ich nicht, dass es den Bedarf oder die Möglichkeit zur »Selbstvergabe« überhaupt geben kann. Nach den Erfahrungen dieser Tour änderte sich viel in meiner Wahrnehmung von mir selbst und meinem Leben. Tatsächlich waren dieser Tag für mich persönlich und die Arbeit mit LösUS bahnbrechend.

DIE ENTDECKUNG DER SELBSTVERGEBUNG – GROßE KLAMMSPITZE

Die Fahrt zu Schloss Linderhof ins Graswangtal war geisterhaft still. Nur die drei Polizeikontrollen unterbrachen die Menschenleere und riefen deren Grund wieder ins Gedächtnis: Es war der Sonntag des zweiten G7-Treffens in Elmau.

Um 6:30 Uhr brachen Flo, ein guter Freund, und ich in die Frische des Sommerbergmorgens auf. Wir sprachen zwei Sätze über dies und jenes, waren dann aber gleich bei dem für mich in diesen Wochen alles beherrschenden Thema angekommen: der Trennung von meiner Frau Paula. Gute fünf Wochen zuvor hatte sie sich für mich und unser komplettes Umfeld völlig überraschend an einem Freitagmittag in einem Fünf-Minuten-Gespräch getrennt. Drei Tage später war sie komplett ausgezogen.

Es war die zweite Tour mit Flo seit der Trennung. Er wollte wissen, wie es mir gehe. Ich erzählte von meinen Höhen und Tiefen, meinen Erkenntnissen, Zweifeln, Einsichten und Hoffnungen. Meinen Phasen von heller Klarheit und den dunklen Tagen, von der fast gänzlichen Schlaflosigkeit, aber auch von der unglaublichen Energie, die ich seitdem hatte.

Wir drei kannten uns gut, da wir in den letzten Jahren viel zusammen zu Fuß unterwegs gewesen waren. Wir waren zu jeder Jahreszeit oft viele Stunden durch die Wälder und Weiten des Voralpenlandes gewandert und hatten viele lustige, absurde, aber auch forschende, tiefsinnige, kritische, visionäre und auch sehr persönliche Gespräche geführt.

So war es nun auch auf dieser Tour, wenn wir auch nur zu zweit wanderten. Es war wohltuend, sich mit Flos wachem Geist, seiner klaren Auffassungsgabe, seiner tiefen Reflexion und ruhigen Besonnenheit respektvoll über Paulas angeführte und vermutliche Beweggründe für die Trennung Gedanken zu machen. Die erste Stunde, etwa bis zur Brunnenkopfhütte, schwankte meine Stimmung zwischen der Freude, mit Flo zusammen zu sein, und den Anflügen von Schmerz.

Bald nach der Hütte, als der Pfad länger leicht bergab verlief, Flo vor Lebensfreude und originellen Ideen sprudelte, wurde es in mir schwer und finster. Ich bat Flo, für eine Weile zu schweigen. Wir schwiegen. Die Berge waren an diesem strahlendblauen Sommersonntag nahezu leer. Vor uns öffnete sich der Blick auf die große Klammspitze. In mir tobte die quälende Frage: *Wie hatte sie nur, so ganz ohne sich mitzuteilen oder mir eine Chance zu geben, so ganz ohne einen gemeinsamen Prozess einfach gehen können? Wie hatte sie mich so verraten, mich so im Stich lassen können?* Das war mir einfach nicht begreiflich. Noch wenige Wochen vor der Trennung hatte sie mir erzählt, wie sie einer Freundin von uns, von mir, vorgeschwärmt hatte. Wie verbunden sie sich mit mir fühle und wie froh sie sei, mich in ihrem Leben, mich als ihren Mann zu haben.

Meine Gefühle waren wund, Gedanken jagten wie ein wildgewordenes Hunderudel in jede Richtung, um irgendeine erlösende Antwort, eine schmerzlindernde Erklärung zu finden.

Noch immer schweigend passierten wir die kleine Klammspitze. Jetzt begann es in meinem Kopf zu wirbeln. 13, 3, Freitag, 23, 12, 20, Montag, 5, Mai … So ging es hin und her. Ich eröffnete wieder das Gespräch mit Flo und erzählte ihm, dass mein Kopf sich gerade an diesen Zahlen aufhänge. Er fragte mich, was die Zahlen denn für mich bedeuten würden. Während ich versuchte, ihm zu antworten, besuchte die Antwort mich: Am Freitag, den 20. Mai, verließ sie mich, drei Tage später, am Montag, den 23. Mai, zog sie aus … also drei Tage später … Mein Vater starb an einem Montag, den 23. Mai; drei Tage vorher, also am Freitag, den 20. Mai, kam er in die Klinik, in der er dann starb. Am Freitag, den 20. Mai, sah ich ihn das letzte Mal. Damals war ich 13 Jahre alt, Paula und ich waren 12 Jahre zusammen. Das Zimmer, in dem Paula sich von mir trennte, war das Zimmer der Krankheit meines Vaters.

Flo und ich waren gleichermaßen verwundert über diese Parallelen. Er wunderte sich, wie es mir gelang, diese Daten so zusammenzufügen, und ich wunderte mich, dass sie sich selbst zusammengefügt hatten. Schweigend gingen wir weiter.

Der Weg führte uns über losen Schotter erst hangquerend, dann in steilen Serpentinen hinauf in den Klammspitz-Sattel. In mir war eine erschöpfte Ruhe, die Zahlengedanken verstummten. Das Toben machte Pause. Der über schroffe Felsen hinweg wirklich steile Anstieg machte richtig Freude. Wir scherzten. Die kurzen Kletterpassagen waren leichtfüßig überwunden, wir waren oben – was für ein fantastischer Ausblick! Wir genossen die Freude, die nur oben auf einem erklommenen Gipfel leuchtete.

In mir war es fast so, als wäre die Welt einfach so, wie sie ist, in Ordnung. Alles fühlte sich irgendwie richtig an, zumindest, solange ich nicht nachdachte.

Vom Gipfel der großen Klammspitze ging es westlich hinab über den Klammspitzgrat auf den Feigenkopf. Die Sonne brannte erbarmungslos. Selbst hier oben, auf fast 2000 Metern, war es heiß. Und doch hatten wir Spaß.

Als es wieder deutlich abwärts ging, hin zum Bäckenalmsattel, ging es auch mit meiner Stimmung abwärts. Was da in mir jetzt geschah, das kannte ich aus den letzten Wochen. In mir begann es, wild und blind zu brüten. Ich hatte keine Ahnung, worum es ging oder wohin es führte, in mir stand wohl wieder eine kleine Geburt an. Irgendeine Klarheit wollte sich ihren Weg durch das Dickicht von Gefühlswirrwarr und Gedankensalat brechen.

Flo schlug vor, weiter gen Westen auf die Hochplatte zu gehen, und fragte, ob es mir was ausmache, wenn er mich ab hier allein zurückgehen lassen würde. Ich stimmte zu und überließ ihm meine letzte halbe Flasche Wasser, die wir in seine umfüllten. Wir drückten uns, und er ging aufwärts in die Serpentinen der Kesselwand, während ich nach Osten in das Sägerbachtal abstieg.

Das Brüten in mir nahm mit dem Tosen des Baches zu. Für uns beide ging es bergab. In mir wurde es unerträglich. *Wie konnte sie nur so ganz ohne sich mitzuteilen, ohne mir eine Chance zu geben, so ohne einen gemeinsamen Prozess einfach gehen? Wie konnte sie mich so verraten, mich so im Stich lassen?* Es hämmerte in mir. Ich füllte meine Flasche am Bach. Auf einem Stein nahe vor mir löste sich ein Schmetterling und flog traumhaft leicht davon. Es rührte mich, ich weinte. *Schmetterling müsste man sein, sich lösen können.* Mir fiel wieder ein, dass alles in mir Geschehende meines war – und irgendwie ich war –, und dass alles da draußen einfach nur »die Welt« war. Die spielenden Dohlen der Friederspitz kamen mir wieder in den Sinn.

Tosend am Bach vor innerer Überladung hatte ich einen klaren Moment: *Einfach fühlen, was da ist. Die offensichtlich scheinende Ursache ausblenden. Den Fokus vom vermeintlichen Auslöser nehmen. Einfach fühlen. Wahrnehmen, was ist. Diese Wahl hast du immer: widerstandslose Annahme.* Das war die Lehre von Friederspitz und Frieder.

Den Weg fortsetzend fing ich gleich an. Ich grub mich nochmals in die Qual ein. *Wie konnte sie nur einfach gehen, ohne sich mitzuteilen, ohne mir eine Chance zu geben, ohne einen gemeinsamen Prozess? Wie konnte sie mich so verraten, mich so im Stich lassen?* Alles in mir verstärkte sich. Dann tat ich so, als hätte es Paula und die Trennung von ihr nie gegeben. Ich nahm meinen Fokus von dieser Erfahrung komplett weg. Jetzt war ich nur hier: Fühlen, Wahrnehmen, Fühlen – nur das.

Dann brach die Hölle in mir aus. Unendliche Gefühle von Scham, Schuld, Verlassenheit, Angst und mehr überrollten mich. Das Bild in mir war so klar, dass ich innehalten musste, da ich den Weg vor mir nicht mehr sah: Ich war vielleicht gerade Ende zwölf, es war vielleicht drei Monate vor dem Tod meines Vaters. Ich wollte ihn in seinem Krankenzimmer besuchen. Da ich nicht wusste, ob er schlief, drückte ich die Klinke ganz leise, öffnete die Tür gerade so, dass ich ihn in seinem Bett vor dem Fenster liegen sehen konnte (genau an dieser Stelle schreibe ich gerade diese Zeilen). Ich sah ihn dort elend liegen, schlafend, die geschwollenen Hände auf der Bettdecke, überströmt von Schweiß, das Gesicht eingefallen, blass und von einem ungepflegten Bart gesäumt. Das Zimmer war erfüllt von schwerem, saurem Schweiß. Schlagartig war mir klar: Mein Vater würde sterben. Regungslos stand ich in der Tür ... Sekunden, Minuten? Ich sah meinen geliebten Vater dort liegen und sah ihn schon tot. Ich sah ihn tot. Mir war selbst zum Sterben.

Leise, feige, völlig geräuschlos – überfordert – schloss ich die Tür, als wäre ich nie da gewesen, als wäre dieser Moment nie geschehen, als hätte ich es nicht gesehen, verstanden, gefühlt und gespürt. Ich sprach mit niemandem über diesen Moment, nicht mal mit mir selbst, vergaß ihn. Wenige Zeit später starb mein Vater für mich völlig überraschend.

Da stand ich jetzt mitten in den Bergen mit der nackten Wahrheit, der Wahrheit des Selbstverrates, der Selbstverleugnung und Selbsttäuschung, in Scham, Schuld, Verlassenheit, Angst und Trauer erstickt.

Die Zeit stand still – bis sich Sätze aus der Tiefe meldeten.

Ich nehme die Schuld von mir …? Der Satz wurde nicht fertig. Was um alles in der Welt soll ich denn hier von mir nehmen können? *Ich nehme die Schuld von mir …?*

Leere, Totenstille, schwarze Nacht.

Ich nehme die Schuld von mir … und ich vergebe mir, dass ich die Wahrheit nicht ertragen habe, dass mir die Wahrheit viel zu groß und schwer war. Ich nehme die Schuld von mir und vergebe mir, dass ich mich, meinen Vater und die Wahrheit verraten habe. Ich vergebe mir, dass ich die Wahrheit vor mir selbst verborgen habe. Ich vergebe mir, dass ich mich verraten habe. Ich vergebe mir, dass ich mich im Stich gelassen habe.

Es kamen noch ein paar mehr Sätze, an die ich mich nicht erinnere.

Der Schmerz floss ab wie das Wasser des Baches. Ich hörte sein Rauschen wieder. Einen Vogel hörte ich auch. Ich öffnete die Augen, und der Schmetterling flog dicht an mir vorbei. Es war still, gespenstisch still in mir. Es war vorbei. In mir war etwas heil geworden, größer, klarer … Es war Frieden in mir.

Ich sah auf mich, damals vor der Tür. Ich hatte so ein unendliches Mitgefühl mit mir. In diesen Momenten gab es nur noch Mitgefühl. Mitgefühl mit allem. Das Mitgefühl mit mir brachte die Vergebung, und die Vergebung brachte das Mitgefühl. In mir kehrte etwas heim zu mir, ein Teil von mir floss zu mir zurück – anders kann ich es nicht beschreiben.

Der Vorwurf an Paula hatte jede Kraft verloren. Er war leer wie ein leeres Blatt Papier. Es war nur noch eine Erinnerung an Schmerz bei diesen Gedanken, der Schmerz selbst war gänzlich weg: Ich selbst hatte mich im Stich gelassen. Ich selbst hatte die nahende Trennung von meinem Vater vor mir geheim gehalten. Ich selbst hatte mich über die Wahrheit getäuscht und sie vor mir verborgen. Ich selbst hatte mich verraten. Ich selbst hatte mich von mir getrennt.

In diesen Momenten verstand ich, dass mein ganzer Vorwurf, meine ganze Not, meine ganze Qual, die scheinbar offensichtlich durch sie verursacht worden war, einzig und allein ein äußerer Reflex eines tief in mir verborgenen Vorgangs gewesen war. Der unbewusste Selbstverrat hatte sich in ein Erleben von Verratenwerden gewandelt.

Ebenso verstand ich, dass ich an diese Tiefen meines Seins vermutlich nie gelangt wäre, wenn Paula mir dazu nicht diese Gelegenheit geschenkt hätte. In diesem Moment empfand ich es als einen puren Akt der Liebe. Tiefer Dank erfüllte mich – für sie, für ihr Handeln, für die Berge und den Himmel – und auch für mich.

Mir wuchsen im freien Fall Flügel. Wie sonst hätte ich in diese Tiefen gelangen können?

Der Weg wurde flacher, der Sägertalbach hatte an Größe deutlich zugenommen, sein Tosen war in ein volles Gurgeln übergegangen. Wir verloren uns aus den Augen, er ging in den kleinen Fluss Linder über, der mich bald wieder rechter Hand begleitete, bevor ein stiller Wald entlang des Weges zu Schloss Linderhof führte.

Von Flo erfuhr ich am selben Abend noch, dass er nach etwa dreizehn Stunden wieder wohlbehalten, aber durchaus abgenutzt, am Parkplatz angekommen sei.

Am Montag drauf begann ich, in der Praxis sogleich diesen neuen Einblick in das Mensch-Sein in die Arbeit zu integrieren. An diesem Nachmittag bot sich eine sehr passende Gelegenheit, den ersten LösUS-Plus-Selbstvergebungs-Satz für einen Mitmenschen zu sprechen. Das Ergebnis war überzeugend. Selbstvergebung ist längst fester Bestandteil meiner täglichen Arbeit geworden.

GRUNDSÄTZLICHES ZUR SELBSTVERLETZUNG UND SELBSTVERGEBUNG

Selbstverletzung kann …

- … überall dort geschehen, wo es nicht gelingt, sich selbst die Treue zu halten, bei sich und seiner Wahrheit zu bleiben, sich zu schützen, seine Autonomie, seine Bedürfnisse, Wünsche oder Lebensziele zu wahren.

- … völlig unabhängig davon entstehen, ob wir eine Chance hatten, den verletzenden Vorgang zu verhindern, oder ob wir tatsächlich etwas falsch gemacht haben.
- … in diesem Leben erworben oder mitgebracht sein.
- … besonders häufig, unbemerkt und leicht dann entstehen, wenn wir aus Mitgefühl mit dem Leid eines anderen gegen unsere eigenen Wünsche, Bedürfnisse und Ziele handeln.

Selbstvergebung kann …
- … dann erfolgen, wenn Selbstverletzung stattgefunden hat.
- … (analog zur Unbewussten Schuld) einzig und allein durch uns selbst geschehen. Jeder hat hier für sich das absolute Monopol und damit die absolute Verantwortung. Weder Gott noch ein Richter und auch keine Eltern etc. können diesen Prozess für uns vollziehen.

Mitgefühl ist der Dreh- und Angelpunkt – ob bewusst oder unbewusst.

Zum einen kann uns bei der unbewussten Aufnahme von Unbewusster Schuld das Mitgefühl mit dem Leidenden bewusst oder unbewusst sein.

Zum anderen kann uns bei der Selbstvergebung das Mitgefühl mit uns selbst ebenso bewusst oder unbewusst sein. Mitgefühl mit uns selbst schafft erst die Grundlage für tiefes Verständnis für uns und unser Handeln oder Nichthandeln von einst. Durch das Mitgefühl mit uns selbst wird die Selbstverletzung aufhebbar.

JESUS MEETS BUDDHA

Ich halte diese für unsere seelische und körperliche Gesundung zentralen Aussagen bewusst kurz und prägnant. Jesus mit *Liebe deinen Nächsten wie dich selbst* und Buddha mit *Unsere Sorgen und Wunden werden nur geheilt, wenn wir sie mit Mitgefühl berühren* haben darüber in vielfältiger Weise gelehrt.

Auf der Tour von Eschenlohe durch das wunderschöne Pustertal auf den Krottenkopf wurde es für mich so greifbar, so einfach und klar:

Nur durch die Liebe zu sich selbst genauso wie zu seinem Nächsten werden wir unsere Sorgen und Wunden heilen, wenn wir uns selbst mit unserem Mitgefühl berühren.

Vergebung, Gnade, Liebe usw. finden ihre wahre, tiefe Wirkung erst in uns selbst. Sind wir dort in uns, mit uns angekommen, lässt es sich, selbst wenn wir wollten, gar nicht verhindern, dass wir der Welt und allem, was in ihr ist und lebt, mit offenem Herzen entgegengehen. Der Beginn ist einzig und allein in uns – alles Tun da draußen ist ein Teil des Weges, aber niemals der Ort der Lösung, der Heilung.

HEILE DEINE WELT DURCH SELBSTHEILUNG

In diesem Sinne schafft uns das Leid der Welt da draußen stetig die wunderbare Gelegenheit, unser eigenes Verletzt-Sein wahrzunehmen. Tatsächlich bin ich nicht der Ansicht, dass wir von der Welt getrennt sind oder nur getrennt denkbar sind. Wenn es eine Welt gibt, dann wohl nur die eine. Daher sind »die Welt da draußen« und »die Welt da drinnen« nicht getrennt. Für die Betrachtung ist es hier und da sinnvoll, solche künstlichen Unterscheidungen aufzugreifen, dennoch gilt es, nicht den Fehler zu machen und die Ansichten unseres wunderbaren Verstandes (dem Werkzeug des Verstehens) für einzig und allein »wahr« zu halten. Es sind seine »Wahrnehmungen« und als solche selbstverständlich »wahr« – aber was das mit den »Dingen an sich« zu tun hat, ist eine völlig andere Sache.

Heilen wir dieses nach und nach, wie in diesem Buch beschrieben, haben wir uns selbst in tiefem Mitgefühl vergeben, vergeben und nochmals vergeben, haben all die Unbewusste Schuld von uns genommen, unsere abgespaltenen aufgestiegenen Emotionen willkommen geheißen und sie wie leidende Kinder liebevoll zu uns genommen, so entzieht sich uns fortschreitend die Möglichkeit zu leiden und uns durch ungeheiltes Leid in Unbewusste Schuld zu verstricken.

Die Überlebensmechanismen der Wiedergutmachung verblassen aufgrund ihrer Überflüssigkeit. Wir erleben den Moment immer mehr aus dem Moment selbst heraus, ohne mehr oder weniger in ständiger Resonanz mit all dem ungeheilten Leid, der Schuld, der Scham etc. von einst und damals zu sein, welche wir selbst in diesem Leben erlebt oder auf irgendeine Weise aus Vorzeiten übernommen haben.

Da die Welt, wie sie jeder von uns für sich selbst wahrnimmt, ohnehin eben genau das, nämlich die eigene Wahrnehmung der Welt ist, wird diese eigene Welt für jeden, der in sich heiler und heiler wird, ebenso heiler und heiler werden.

Das mag erst mal theoretisch klingen. Ich kann von diesem Weg Zeugnis ablegen.

Die Heilung unserer Welt
folgt der Heilung von uns selbst durch uns selbst.

Mir ist klar, dass es hier Tausende verschiedene Ansichten gibt. Sie lesen gerade meine. Es gibt keinen Anspruch darauf, jemanden davon überzeugen zu können.

Wäre etwas schlimm daran, wenn Ihre Welt immer heiler werden würde, weil Sie sich selbst immer mehr heilten? Wäre es schlimm, wenn Sie den Generalschlüssel dazu schon immer in den Händen hielten? Wenn Sie keine externe Autorität bräuchten, um diesen Weg zu gehen? Wer sollte uns heilen, wenn nicht wir selbst? Alles Warten und Hoffen auf das andere da oben und da draußen ist nur ein Warten und Hoffen, ist ein Warten und Hoffen, ist ein Warten und Hoffen.

Ach ja, der Verstand hat Einwände – das ist in Ordnung, das ist sein Job. Lassen Sie uns neben dem Verstand vorbeiarbeiten. Warum nicht?

SELBSTVERGEBUNG – UM MEHR GEHT ES NICHT

An einem Sonntagnachmittag half ich einer guten Freundin, drei ausgediente Schränke zu ihr nach Hause zu bringen. Monika wusste von meiner derzeitigen Situation, schließlich sind sie und ihr Mann Jean-Marie sehr gute Freunde von Paula und mir.

Den ganzen Vormittag hatten sich in mir emotionale Gewitterwolken aufgebaut, deren Ladung sich durch unser Gespräch erhöhte und wohl bald vor ihrem Zusammenbruch standen. Das vor sich hin wabernde quälende Frage-Vorwurfs-Karussell dieses Tages lautete etwa: *Wie konnte Paula unsere über viele Jahre gewachsene Vertrautheit einfach so verraten? Wie konnte sie sich ihrer, meiner, unserer seelischen Heimat so radikal berauben?*

Ich erzählte Monika, wie es sich anfühlte, wie es mir damit ging, brachte meine Fassungslosigkeit immer wieder zum Ausdruck. Natürlich hatte sie keine Lösung für mich, was ich auch nicht erwartete. Es war heiß, es war anstrengend, in mir waren Qualen. Als wir die letzte Fuhre verladen hatten, wartete ich, halb auf dem Gehsteig parkend, im Auto, während Monika durch das Gebäude ging, um die Türen wieder zu verschließen.

Diese paar Minuten des Wartens, des Sitzens im Dunst der hochdrängenden Emotionen, leiteten in meinem Trennungsdrama die letztendliche Wende ein.

Mir fiel wieder ein, dass ich von dem gegenwärtigen emotionalen Jetzt-Zustand den Auslöser hinwegnehmen könnte. Den Fokus allein auf meinen Zustand im Jetzt gerichtet, blendete ich zugleich den vermeintlichen Auslöser aus. In dem Moment, in dem ich fühlend und nach innen lauschend im Jetzt bei mir und dem Schmerz war, begannen sich spontan Sätze in mir zu bilden:

Ich nehme die Schuld von mir, dass unsere tiefe Vertrautheit so plötzlich verloren ging. Trauer lief wie eine Flutwelle durch mich hindurch. *Ich nehme die Schuld von mir, dass ich meine vertraute Heimat so schlagartig verloren habe.* Die Welle wurde wuchtiger. *Ich nehme die Schuld von mir, dass sich Paula selbst so brutal entwurzelt hat, sich selbst ihr letztes bisschen Heimat im Leben genommen hat.* Ein Tränenschwall von Schmerz und Mitgefühl überströmte mich.

Mir kam wieder in den Sinn, dass es letztendlich doch immer um Selbstvergebung ging. Aber wie? Aber was? Aber wofür? Frei jeder Idee begann ich horchend, einen Satz ins Blaue zu formulieren.

Ich nehme die Schuld von mir und ich vergebe mir, dass ... dass ... dass ich mir selbst meine Heimat, meine Vertrautheit, meine Familie, meine Kinder weggenommen habe.

Da war wieder eines: ein nie wahrgenommenes und längst vergessenes Bild voller Schmerz und Verzweiflung.

Ich nehme die Schuld von mir und vergebe mir, dass ich damals von meinen beiden Kindern, meinen kleinen lieben Töchtern, gegangen bin. Ich nehme die Schuld von mir und bitte meine beiden Töchter um Verzeihung, dass ich sie so früh in ihrem Leben allein gelassen habe.

Dieser Satz war wahr, aber zugleich schwach an Reaktion, wenn es auch eine Erleichterungsreaktion war.

ERKENNE, SPÜRE UND HEILE DEN WIDERSPRUCH

Dann geschah das, was auf solchen Wegen meist geschieht und zugleich Ursprung als auch Lösung der Verstrickung ist: Der Widerspruch wurde wahrnehmbar.

Obwohl es damals das einzig Richtige war, mich von meiner ersten Frau Sylvia zu trennen, vergebe ich mir, dass ich nicht nur meine Kinder im Stich gelassen habe, sondern auch, dass ich mich selbst meiner Kinder beraubt, mich meiner Familie beraubt und mich völlig entwurzelt habe. Obwohl es damals das einzig Richtige war, vergebe ich mir, dass ich mich aus meiner Familie gerissen habe.

Der Sturm der Emotionen wurde noch mal heftiger. Ich tat nichts – einzig bedankte ich mich bei jedem Schmerz, der auftauchte. Ich gab keinen Widerstand. Ich surfte auf der Schmerzwelle. Ich saß, es geschah, ich war da, ich war Zeuge – nicht mehr. Es mag seltsam klingen. Aber die Hingabe an den Schmerz war ein Genuss. Endlich kämpfte nichts mehr – alles sagte und meinte »Ja«. »Ja« zum Schmerz. »Ja« zu allem, was gerade war.

Ich vergebe mir, dass ich mich selbst entwurzelt habe.

Das Heilwerden in mir war direkt spürbar, als würde etwas schon immer Ausgerenktes wieder eingerenkt. Stille zog ein. Die Ampel sprang auf Grün, Monika stieg ein. Ich war ruhig und voller Freude. Während ich Monika von meiner weiten Reise der ungefähr letzten drei Minuten erzählte, konnten wir es beide nicht glauben, wie anders es mir jetzt ging.

In mir drängte es unbedingt, heute noch mit meiner damaligen Frau Sylvia und meinen Töchtern zu sprechen.

Um acht Uhr abends war ich bei Sylvia. Ich erzählte ihr von meinen Erfahrungen, meiner Selbstentwurzelung und dem Schmerz damit – und dass es mir unendlich leid tat, dass ich damals so und nicht anders handeln konnte und wollte. Denn schließlich hatte ich auch sie verletzt. Ihr ging es mit dem Geschehenen damals gar nicht gut. Sie hatte Verständnis, war gerührt, und Tränen stiegen bei uns beiden auf. Wir hielten uns im Arm, waren im Frieden; das erste Mal seit achtzehn Jahren. Seitdem ist unser Verhältnis ganz deutlich besser. Ich würde schon sagen, es ist gut.

Mit meinen Töchtern führte ich ein unaufgeregtes, für alle befreiendes Gespräch am nächsten Tag.

Diese Selbstvergebung war die große Lösung vom Trennungsschmerz von Paula. Seitdem ist in mir damit Frieden.

War es zuvor ein *Wie konnte sie? Warum hat sie? Was habe ich alles falsch gemacht? Was hätte ich besser machen können, sollen, müssen? Wie gingen wir uns wo verloren?*, wurde es in diesen Minuten zu einem: *Jeder macht es, so gut er es gerade kann.* Auch wenn es nicht perfekt sein mag, ist es das Beste in diesem Moment. Es ist richtig, wie es ist. Es ist perfekt.

Der entscheidende Punkt war die Selbstvergebung bezüglich der eigenen Entwurzelung. Dieser unbewusste, private »Judasmoment« suchte nach Heilung.

Da ich nun mal so bin, wie ich bin, kam die Frage auf: Wo und an welcher Stelle könnte ich mich vielleicht selbst entwurzelt haben?

Zum Glück musste mein Verstand keine Antwort finden – und ich musste diese dann auch nicht glauben oder anzweifeln. Es reichte wahrzunehmen, was war, anzunehmen, was geschah.

VERLASSEN WIR DAS SELBSTVERURTEILUNGSGEFÄNGNIS

Es gibt keinen Türhüter – die Tür ist immer angelehnt. Was haben wir für unendliches Glück, diesen tieferen Zugang zu uns selbst zu Verfügung zu haben? Nehmen wir uns ein paar Augenblicke aus dem Alltagsstrudel heraus. Schließen wir die Augen, lassen unsere Schultern hängen und unseren Atem ohne unser Zutun geduldig ein paar Mal aus uns herausfließen. Warten wir, bis sich der Einatem selbst holt, nehmen wahr, wie es uns jetzt im Moment geht, und sprechen einfache, rein vermutete, intuitive Sätze wie diesen (der für mich an dieser Stelle auftauchte, als ich auf der Suche nach einer möglichen anderen Selbstentwurzelung in meinem Leben war): *Ich nehme die Schuld von mir und vergebe mir, dass der Tod meines Vaters mich entwurzelt hat.*

Damit wir unserem Verstand auch Raum geben, ihn als das anerkennen, was er ist – ein wunderbares Werkzeug, aber niemals unser Sein selbst –, schenken wir uns selbst die Möglichkeit, scheinbare Widersprüche fallen zu lassen: *Obwohl ich natürlich weiß, dass ich nichts falsch gemacht habe, nichts hätte besser machen können und mir auch niemand, nicht mal ich selbst, einen Vorwurf machen kann, nehme ich die Schuld von mir und vergebe mir, dass der Tod meines Vaters mich so tief entwurzelt hat.*

Die stille Selbstverletzung, der stille Selbstvorwurf, was letztendlich der Ursprung für die dann nötige Selbstvergebung ist, schwindet, wenn wir von heute mit uns selbst von damals in vollem Mitgefühl sind.

Würden Sie an Ihr eigenes Kind oder ein Kind aus der Nachbarschaft einen Vorwurf richten, wenn es sich durch den Tod eines Elternteils entwurzelt fühlt? Würden Sie? Nein? Gut! Dann haben Sie dieses Mitgefühl, wenn auch erst mal ungesehen, unbewusst, dennoch automatisch auch mit sich selbst: *Obwohl ich von heute mich als Junge von damals so gut verstehen kann, dass der Tod meines Vaters ein solches Drama, eine solche Angst auslöste und ein so furchtbarer Schock war, nehme ich trotzdem die Schuld dafür von mir und vergebe ich mir, dass sein Tod mich tief entwurzelt hat.*

SELBSTVERGEBUNG – UM MEHR GEHT ES WIRKLICH NICHT

Nach über sechzehn Praxisjahren mit LösUS und Tausenden LösUS-Sitzungen, inzwischen weit über einhundert Sitzungen mit Tausenden von LösUS-Plus-Selbstvergebungs-Sätzen traue ich mich aus tiefster Überzeugung zu behaupten:

Letztendlich geht es in unserem ganzen Leben im tiefsten Grund einzig und allein um Selbstvergebung. Es geht darum, uns zu finden und anzunehmen.

Von dieser Erkenntnis ausgehend habe ich natürlich versucht, Abkürzungen zu finden. Ich habe die verschiedensten Formulierungen für universelle, globale und »allumfassende« Selbstvergebungssätze an mir und meinen lieben Mitmenschen in der Praxis ausprobiert. Die Ergebnisse sind äußerst unbefriedigend. Dieser Ansatz entspricht dem Zeitgeist, klingt einfach, ist verlockend, aber eine nutzlose Kopfgeburt.

Klar, es mag den Verstand beruhigen, es mag eine großartige Vorstellung sein, dass ab hier und jetzt jede Selbstverletzung auf einen Schlag geheilt ist. Allerdings ließen sich die schwachen Reaktionen auf solche Sätze als leere Hoffnung des Verstandes erkennen. Alles, was ich hier probiert, was ich von oben und von unten, von rechts auf links und wieder zurück auf rechts gedreht habe, entpuppte sich durch die Bank als Luftnummer.

Ja, der liebe Verstand würde auch gern hier, in diesem Lebensfeld, alles unter Kontrolle behalten, das ist schließlich seine eigentliche Aufgabe – und dafür danke ich ihm. Er findet es gut, wenn hier und jetzt alle Probleme gelöst und alles selbst vergeben ist. Das mag er. Das schafft ihm »dort oben zwischen den Ohren« Erleichterung. Aber diese Art von Erleichterung hat nichts mit den Prozessen zu tun, um die es hier in diesem Buch geht.

Ich kenne Menschen, die behaupteten, globale Selbstvergebung würde funktionieren. Allerdings haben diejenigen, welche dann in einer LösUS-Sitzung die machtvolle Kraft einer wahrhaftigen Selbstvergebung an sich selbst erlebt haben, diese Idee relativiert.

Natürlich ließ ich es mir auch nicht nehmen, mich mit ausführlichen Selbstversuchen während einer langen Bergtour auf frühmorgendlichen, einsamen Wegen intensiv zu konfrontieren. Der lange Aufstieg auf die Ammergauer Kreuzspitze musste dafür herhalten.

Kurz gesagt:
Jede wirksame Selbstvergebung muss spezifisch und emotional geführt sein.

Damit meine ich, dass Selbstvergebung nur dann wirksam ist, wenn wir die passenden LösUS-Plus-Selbstvergebungs-Sätze für genau die Situation sprechen, durch welche die Selbstverletzung, die Unbewusste Schuld und die emotionale Konserve einst entstanden ist.

Auch wenn sich das für unseren Verstand eventuell absurd anhört: Wir können auch vollwirksame Selbstvergebung mit wunderbaren Lösungen erfahren, wenn wir spezifische Selbstvergebung auf Ereignisse, auf »Identifikationen« anwenden, die weit vor unserer eigenen persönlichen Lebensspanne liegen. Wie zuvor in diesem Buch schon erwähnt, spielt es dabei keine Rolle, ob wir an eine Weitergabe in der Ahnenreihe (z. B. via Epigenetik) oder eigene seelische Erfahrungen aus einem Vorleben glauben. Wer auch immer dieses Selbst von damals dort gewesen sein mag, wenn ich mit diesem auf unbewusste Weise identifiziert bin, dann bin ich es hier und heute.

FALLBEISPIEL – VLADIMIR

Der gefühlsechte Mann mit viel Energie und Impuls, um die 50 Jahre alt, stellte sich mit dem Anliegen vor, dass er sich bei seiner Arbeit als Selbstständiger immer wieder selbst sabotiere. Die einfachsten Tätigkeiten, welche er eigentlich voll im Griff habe, würden hier und da misslingen, und es entstünden immer wieder völlig überflüssige Schäden.

Wir wählen eine hierfür typische Situation, erfassen das Körper-emotionale-Muster (unter Körper-emotionalem-Muster verstehe ich das sich für eine bestimmte vorgestellte Situation einstellende Muster von körperlichen und emotionalen Empfindungen) und lassen uns von ihm tief in die Vergangenheit führen. Dort, an einer Stelle weit vor seiner Zeugung dieses Lebens, finden wir ihn inmitten einer Schlacht wieder. Als Krieger kämpft er loyal und aufopferungsvoll für seinen König, der in Not war.

Der Satz *Ich nehme die Schuld von mir, dass es meinem König schlecht geht* überschwemmt ihn komplett mit belastenden Emotionen. Vladimir kann nicht sprechen und ist erst wie gelähmt. Ich wiederhole den Satz für ihn, bis es aus ihm herausbricht. Durch weitere Schuld-Entnahme-Sätze lässt es sich so weit gut verarbeiten. Dann erweitere ich die Strategie und nehme die Selbstvergebung hinzu: *Ich nehme die Schuld von mir und vergebe mir selbst, dass das Leben des Königs für mich wichtiger als mein eigenes war.* Erst kann er wieder nicht sprechen, dann bricht die Erleichterung aus ihm heraus. Wir wiederholen diesen Satz in verschiedenen Abwandlungen, bis wir schließlich bei folgendem Satz landen: *Ich nehme die Schuld von mir und vergebe mir, dass ich mich aus lauter Mitgefühl mit dem König selbst aus dem Zentrum meines Lebens genommen habe.*

Es lässt sich nie so genau sagen, schließlich arbeiten wir mit dem Unbewussten. Für mich war dieser Satz der bedeutendste der Sitzung. Fast ebenso gewichtig war die sinngemäße, gesprochene Kurzfassung: *Ich nehme die Schuld von mir und vergebe mir, dass ich mich nicht mehr als Mittelpunkt meines Lebens gesehen und erlebt habe.* Und schließlich über Zwischenstationen notwendigerweise fühlend, intuitiv, versuchend hingetastet, schnörkellos formuliert: *Ich vergebe mir, dass ich nicht mehr der Mittelpunkt meines eigenen Lebens war.*

Was soll ich sagen? Stimmt, aus der üblichen Warte unseres Alltagsverstandes ist das mal wieder eine bizarre Geschichte. Fakt ist: Seine Selbstsabotage endete mit diesem Tag, und die Arbeit geht ihm flüssig von der Hand.

Was dieses Beispiel vor Augen führt: Vladimir vergibt sich selbst für ein Ereignis, dass in (s)einem Vorleben stattgefunden hat – und es reagiert in ihm und wirkt in seinem heutigen Leben.

Inzwischen ist es für mich völlig klar und geläufig, weil hundertfach erlebt, dass sich Selbstvergebungssätze, ebenso wie Schuld-Entnahme-Sätze, auf jede Zeit beziehen können, wenn nur die entsprechende seelische Verknüpfung besteht.

FREMDVERGEBUNG? WAS GENAU SOLL DAS SEIN?

Ohne dass ich mich darum tiefer gekümmert oder mich damit ausführlich beschäftigt habe, habe ich doch am Rande mitbekommen, dass es in den letzten Jahren, besonders in der esoterischen und der Ratgeber-Literaturlandschaft, in Seminaren, in den sozialen Medien etc., eine regelrechte Vergebungswelle gab. Das sehe ich grundsätzlich als gute Entwicklung.

Nach meiner ersten Erfahrung mit Selbstvergebung, bei der Tour mit Flo auf die große Klammspitze, habe ich in der Praxis auch damit begonnen, mit Selbst- und Fremdvergebung zu experimentieren.

Obwohl ich mir bewusst bin, dass ich mich auch hier aus dem Fenster lehne, lehne ich mich aus dem Fenster und fasse meine Sicht zusammen:

- Jemand anderem zu vergeben kann in kleinerem Rahmen erleichtern (besonders das Ego, das sich etwas größer und großzügiger vorkommen kann).
- Während die Verletzung durch den anderen meist viel bewusster ist, ist die unbewusst begangene Selbstverletzung tief im Unbewussten vergraben.

- Das Leid, das der andere mir angetan hat, ist letztendlich die nach außen reflektierte Verletzung, die ich mir (unbewusst und in anderem Kontext) selbst zugefügt habe: Die durch das Außen erlebte Verletzung macht sichtbar, dass ich in diesem Aspekt verletzlich bin, weil ich mich in ihm zuvor selbst verletzt habe.
- In diesem Sinne lässt sich die Formulierung auf diese Spitze treiben: Die »Fremdverletzung« erfüllt die Aufgabe, mich zum Ursprung meiner Selbstverletzung hinzuführen. (Die Aussage ist starker Tobak. Wer schon ein paar wirkende Selbstvergebungen durchlaufen hat, wird dem wohl zustimmen.)
- Haben wir die Selbstverletzung durch Schuld-Entnahme-Sätze, Selbstvergebungssätze und die Annahme der aufsteigenden Emotionen und körperlichen Ausdrücke geheilt, besteht kein Bedürfnis mehr nach Vergebung im Außen. Wird sie dennoch ausgeführt, bleibt sie ohne nennenswerte Reaktion.

ICH BIN VERLETZLICH, WENN ICH MICH SELBST VERLETZT HABE

Wie sollte mich jemand verletzen – nicht körperlich gemeint, aber vielleicht ist es auch hier gültig? –, wenn ich mich nicht schon selbst in einer bestimmten Hinsicht verletzt habe? Wie sollte ich anfällig für eine Verletzung durch einen anderen sein, wenn ich in diesem Aspekt gesund und heil bin und ich mich auf mich selbst verlassen kann?

Bisher hat die Praxis für mich gezeigt, dass sich für jede durch das Außen erlebte Verletzung eine zuvor stattgefundene Selbstverletzung finden lässt. Ist diese durch Selbstvergebung geheilt, spielt die erlebte Fremdverletzung nur noch eine sehr geringe, eher »formale« Rolle. Auf jeden Fall ist sie in ihrer Wirkung leicht durch Schuld-Entnahme-Sätze zu beheben.

Ein inzwischen beständiges Motto meiner Arbeit in der Praxis lautet:

Finde die Selbstverletzung!
Fliege mit den Geiern!

Wie wir mit den Geiern fliegen können, erfahren Sie weiter hinten ab Seite 279. Allerdings ist es an dieser Stelle sinnvoller, hier weiterzulesen und nicht dorthin zu springen, denn »der Weise kennt keine Hast und Eile«.

KARMA UND SELBSTVERGEBUNG?

Ich möchte diese Gedanken, diese Fragen ins Spiel bringen: Wer wären wir, in welchem Zustand würden wir uns befinden, wenn wir alle in unserem eigenen Leben und alle in unser Leben hineinwirkenden Selbstverletzungen durch Selbstvergabe geheilt, alle Unbewusste Schuld von uns genommen und alle Emotionen wieder in uns aufgenommen und damit erlöst hätten? Wären wir dann noch den Gesetzen der Wiederholung – der Wiederholung, um zu lernen und zu heilen – unterworfen?

Wäre unser Glaube an uns selbst so groß wie ein Senfkorn, könnten wir dann Berge versetzen?

DIE INTEGRATION DER SELBSTVERGEBUNG IN LösUS

Die Integration der Selbstvergebung in LösUS hat ihre Tiefe, Breite und Wirkung auf ein neues Niveau gehoben.

Auch ohne weitere Experimente in der Praxis hätte ich diese Aussage so getroffen. Aber warum nicht experimentieren, wenn sich immer wieder die Gelegenheit bietet und sich damit Annahmen in ein helleres Licht stellen lassen?

Die Experimente sahen so aus: In der Praxis habe ich viele LösUS-Sitzungen genau so durchgeführt, wie ich sie vor der »Zeit meiner verzweifelten Wege in den Bergen« durchgeführt habe. Allerdings ging ich hier besonders sorgfältig, umsichtig und gründlich vor. War eine Sitzung fertig, war alles getan, was zu tun war, dann habe ich die entsprechenden Inhalte der Sitzung in LösUS-Plus-Selbstvergebungs-Sätze gepackt und diese zum Einsatz gebracht. Und siehe da, nicht immer, aber meistens kam es erneut zu großen Erleichterungen und/oder umfangreichem Abfließen von Schmerz.

Die üblichen Befragungen in den Tagen oder Wochen nach den LösUS-Sitzungen zeigten die geschilderten Ergebnisse eindeutig: Die Fesseln waren noch besser gelöst, der Wiederholungscharakter bestimmter Verhaltensweisen oder Ereignisse war noch häufiger und deutlicher aufgehoben.

Inzwischen lässt sich für mich erkennen, dass diese noch umfassendere Wirkung ganz besonders für Belastungen gilt, welche in dieses Leben mitgebracht wurden.

Wie lässt sich mit den Erkenntnissen rund um die Selbstverletzung und die Selbstvergebung konstruktiv umgehen?

- Wir sind uns nun bewusst, dass es diese Gefahr der Selbstverletzung mit all ihren Folgen gibt. Also sind wir achtsam und besonnen, um möglichen Selbstverletzungen aus dem Wege zu gehen.
- Es wird uns kaum gelingen, uns vor jeder Selbstverletzung zu schützen. Deshalb sind wir wachsam, wenn wir den Eindruck oder die Vermutung haben, dass eine Selbstverletzung vorliegen könnte. Dann schreiten wir zur Tat und arbeiten mit den entsprechenden Sätzen (siehe Kapitel »Die Anwendung der Selbstvergebung« auf Seite 308).

KAPITEL 6 – SYMBIOSE UND LösUS

Symbiose ist wohl der tiefste Kerker, in dem unsere persönliche Freiheit, unsere Bedürfnisse und unser selbstbestimmtes Leben gefangen sein können.

DAS GLITZERN DES WALCHENSEES

Am Fuß des Heimgartens lag der Walchensee in Farbschattierungen von Karibikblau bis Smaragdgrün vor mir.

Wie konnte Paula mir nur vorenthalten, dass sie eigentlich ein ganz anderes Leben wollte? Selbstverständlich ist es ihr gutes Recht, aber wie konnte sie mir diesen inneren Prozess so völlig entziehen? Ich dachte, wir hätten eine tiefe, vertrauensvolle Beziehung geführt. Aus dem Fünf-Minuten-Gespräch der Trennung blieb mir ein Satz über Tage wie ein Klirren in den Ohren: *Ich will ein anderes Leben.* Diese Worte machten klar: Sie geht. Die Szene des Gesprächs, dieser Satz und die durch ihn aufgeweckten bohrenden Fragen zogen sich seit gestern Abend und die ganze Tour hier hinauf in Endlosschleife durch mein Innenleben.

Hier oben auf dem Gipfel wohnte die noch einsame Stille, die mich ansteckte und sich als Friede in mir ausbreitete. Später lockte das Brotzeitrascheln Dohlen an. Während sie ein paar Körner vom Brot bekamen, heftete mein Blick immer wieder hypnotisch am millionenfachen Glitzern des Sees, in dem sich funkelnd die Sonne spiegelte. Paula liebte genau dieses Glitzern. Sahen wir es irgendwo, war sie einfach entzückt. Diese Erinnerung beendete den Frieden, und all die Qual war wieder da.

Die neugierig-aufdringlichen Dohlen deuteten mir schon, was jetzt zu tun war – und ich war dafür bereit. Kaum hatte ich mich in die quälenden Fragen *Wie konnte sie mir so vorenthalten, dass sie eigentlich ein ganz anderes Leben wollte? Wie konnte sie mir diesen inneren Prozess so völlig entziehen?* vertieft, hatte das malträtierende Gefühlskonzert zugelassen und die Aufmerksamkeit weg von den Fragen und Paula gelenkt, schon zog ein inneres Bild auf. Erst dachte ich, ich sei im falschen Film, dieses Mal funktioniert es wohl nicht. Es war anders, es war ruhig, nicht so heftig wie sonst.

Ich sah meinen älteren Bruder vor mir, er war vielleicht sechzehn, siebzehn oder achtzehn Jahre alt. Erst sah ich nur sein Gesicht mit gleichgültigem Ausdruck und dem langen, krausen Haar von damals. Dumpf meldete sich dann doch etwas: Wut und Abneigung. Dann stieg das Gefühl von Allein-und-im-Stich-gelassen-Sein auf.

Jetzt war es da, jetzt war ich drin: Damals, in den Jahren nach dem Tod meines Vaters, war meine Mutter völlig überfordert und für uns Kinder nicht erreichbar. (Es gibt in mir längst keinen Vorwurf mehr an sie. Es ist ohnehin erstaunlich, dass sie es überlebt und gemeistert hat. Ein Haus mit vielen Schulden, drei Söhne, nach dem Tod meines Vaters eine Arztpraxis in Vollzeit.) Wir als Familie hatten nie zusammen getrauert. Alles musste irgendwie weitergehen. Alles ging irgendwie weiter. Vater starb, war einfach weg. Wir waren wie Gestrandete – jeder an seinem eigenen Strand.

Von uns drei erschütterten, schwachen Söhnen war ich als der mittlere noch der scheinbar stärkste. Mein Mitgefühl mit Mutter und meine Angst, auch sie könnte sterben, setzten mich massiv unter Stress. Ich hatte große Ängste und war sehr verunsichert. In den Monaten nach dem Tod meines Vaters begann ich, mich um das riesige Haus und den Garten zu kümmern. Überladen von übertragenen und selbst übernommenen Aufgaben und Pflichten, im Spannungsfeld, sich helfend aufzuopfern und in dem tiefen Wunsch nach Selbstbestimmung in der anbrechenden Pubertät, war ich und hielt ich mich gefangen.

Der Stärkste unter den Schwachen neigt gern dazu, zu viel zu tragen.

Mein älterer Bruder zog sich zurück, mein jüngerer Bruder war der »kleine Bruder«. (Ob der ältere nicht anders konnte oder wollte oder beides, sei dahingestellt. Es geht mir hier nicht darum, ihm einen Vorwurf zu machen oder ihn in schlechtem Licht darzustellen; ganz sicher ging es auch ihm damals schrecklich.) Er überließ alles mir, er kümmerte sich einfach um nichts. Er machte weiter Musik, spielte in mehreren Bands, traf seine Freunde, war ein erfolgreicher Schwimmer. Ich war gefangen in dem stets drohenden totalen Zusammenbruch meiner Mutter und der Aufgabe meiner Wünsche, Bedürfnisse, Ziele und Hoffnungen. Die Wut gegen meinen älteren Bruder, die Ohnmacht, die Hilf- und

Hoffnungslosigkeit von damals schwappten hoch und nahmen mich in Besitz. Der ganze Körper kribbelte und zitterte, die Stirn schmerzte, Schweiß lief an mir hinunter, während ich überall zugleich Gänsehaut hatte.

Sätze kamen auf: *Ich nehme die Schuld von mir, dass ich damals so überfordert war. Ich nehme die Schuld von mir, dass ich damals so hilflos und so ohnmächtig war.*

Es kam zur Erleichterung.

Ich nehme die Schuld von mir, dass ich so allein gelassen wurde. Ich nehme die Schuld von mir, dass ich von meinem eigenen älteren Bruder so allein und im Stich gelassen wurde.

Mit dem Satz stimmte etwas nicht. Das war ein Gefühl, als würde ich lügen, als würde ich mich selbst bereitwillig zum Opfer machen. Ich lauschte wieder in mich hinein. Da stieg ein unerhörter Satz auf, den ich mich erst weigerte zu sprechen – aber wenn er da war, dann war er eben da: *Obwohl mein Bruder so recht damit hatte, auf sich selbst zu schauen und sein eigenes Leben weiterzuleben, nehme ich die Schuld dafür von mir, dass ich mein eigenes Leben aufgegeben habe.*

Lösung und Empörung setzten zugleich ein.

Obwohl er das einzig Richtige getan hat, ich mich aber selbst so sehr dafür verstehen kann, dass ich Mutter nicht im Stich lassen konnte, nehme ich die Schuld dafür von mir, dass ich mich und mein Leben so furchtbar im Stich gelassen habe.

Tiefes Durchatmen!

Jetzt fühle ich mich schuldig, weil ich ihm dafür über viele Jahre Vorwürfe gemacht hatte. Letztendlich ging das so bis zum Tod unserer Mutter Anfang 2021, denn auch bei ihrer Pflege hielt er sich sehr zurück.

Obwohl du mich so im Stich gelassen hast, vergebe ich mir, dass ich dir dafür Vorwürfe gemacht habe, dass du deinem Leben so viel treuer geblieben bist wie ich meinem.

Es kam erneut zur Erleichterung.

Ich nehme die Schuld von mir und vergebe mir, dass ich mich an so vielen Stellen so oft verraten habe.

Erleichterung!

Obwohl du mich aus für dich gutem Grund im Stich gelassen hast, vergebe ich mir, dass ich mich selbst im Stich gelassen habe.

Große Erleichterung.

Obwohl ich mich von damals so gut verstehen kann, dass ich genauso gefühlt und gehandelt habe, nehme ich die Schuld von mir und vergebe mir, dass ich mein eigenes Leben, meine Bedürfnisse und Ziele verraten habe.

Es folgten noch ein paar ähnliche Sätze, dann war es friedlich in mir.

Ein Fels im Schatten lud zur Pause ein. Ich trank etwas Wasser und blickte über das schöne Voralpenland hinüber zum Staffelsee und die Wiesen und Wälder – und fand alles unglaublich richtig. Es war richtig, dass Paula von mir gegangen war, um ihr Leben zu finden. Was könnte daran falsch sein? Wie könnte ich, wer könnte ihr dafür böse sein? Es war ihre Pflicht ihrem Leben gegenüber. Ohne dass ich das wollte – es hat mich sogar nicht nur gewundert, sondern auch genervt –, schämte ich mich jetzt dafür, dass ich ihr nach der Trennung indirekt Vorwürfe gemacht hatte –, genau, wie ich sie auch meinem Bruder gegenüber gemacht hatte.

Ich nehme die Schuld von mir und bitte dich, Paula, und dich, meinen Bruder, um Verzeihung, dass ich mein Versagen meinem Leben gegenüber euch zum Vorwurf gemacht habe.

Der Satz saß. Über meine Haut lief eine Welle von Hitze, Kälte und Gänsehaut. In mir krampfte sich alles massiv zusammen, und ich erbrach mich – jetzt fühlte ich mich unglaublich frei. Der Körper war voller Ruhe. Alles in mir war Ruhe.

Damals hätte ich auch gern ein anders Leben gehabt. Es wäre schön gewesen, nach der Heilpraktikerausbildung in die USA zu gehen, um dort zu lernen. Gern wäre ich nach Indien gereist, um dort vertieft die Homöopathie zu studieren. Ich hätte gute Kontakte gehabt. Aber ich blieb da, ich konnte meine Mutter nicht allein lassen, ebenso wie meinen jüngeren Bruder. Auf dem Abstieg zurück nach Ohlstadt wurde mir immer klarer, dass ich symbiotisch verstrickt war.

Hier soll es nicht um eine wissenschaftliche Abhandlung bezüglich Symbiose gehen. Das überlasse ich anderen, die das besser wissen und können. Mit Symbiose war ich vor dem Heimgarten-Ereignis nicht explizit befasst, auch wenn deren grundsätzliche Prozesse im psychischen Aspekt meiner Praxis ständig aufschienen und mitschwangen.

Durch die dann folgende Auseinandersetzung mit Symbiose wurden mir einige Zusammenhänge klar, welche halfen, Vorgänge innerhalb der Arbeit mit LösUS besser zu verstehen. Umgekehrt wurde durch das Wissen um LösUS und die dahinterliegenden Mechanismen für mich greifbar, wie es zu pathologischer Symbiose kommen kann, und wie sie sich lösen lässt (siehe »Fallbeispiel 2 – Frau May, LösUS-Sitzung 1« auf Seite 213).

Die Integration dieses Wissens in die Praxisarbeit hat einige Klarheit und einen deutlichen Fortschritt in der Arbeitsweise mit LösUS gebracht. Inzwischen laufen bei mir in LösUS-Sitzungen diese Fragen im Hinterkopf stets mit:

- Lässt sich eine Symbiose erkennen oder vermuten?
- Wenn ja, wie und mit wem und wo lässt sich deren Ursprung finden?

Wie im Vorwort erwähnt, bleibe ich auch hier bei der Beschreibung der Symbiose bei meiner möglichst einfachen und klaren Sprache und verzichte auf ausufernde Vollständigkeit und die konventionellen Begrifflichkeiten der Psychologie.

SYMBIOSE IN DER NATUR

In der Natur ist Symbiose eine grundlegende, eine wichtige, sinnvolle und wunderbare Sache. Ohne Symbiose wäre in der gesamten Natur und unter uns Menschen nichts so, wie es heute ist. Das Wort Symbiose stammt aus dem Griechischen. Die erste Silbe »sym« (syn/sym) bedeutet »zusammen«, während die zweite Silbe »biose« (bios) »Leben« bedeutet. Das Wort Symbiose bedeutet also nichts anders als »Zusammenleben« – wie grundlegend, wie wunderbar! Wie grundlegend, insbesondere im Kontext mit LösUS, denn die tiefste Basis für die Entstehung der Unbewussten Schuld ist die Bedrohung der Zugehörigkeit zur Überlebensgemeinschaft. Die Gefährdung unseres Überlebens führt zu all den Mechanismen der Wiedergutmachung, die unser Leben zeitübergreifend so massiv formen, prägen und belasten können.

Schon allein aus dieser grundlegenden Überschneidung von Zusammenleben und Dazugehören lässt sich instinktiv wahrnehmen, dass »Symbiose« eine gewichtige Rolle im Kontext von LösUS spielen kann und muss.

Kommen wir noch mal zurück auf Symbiosen in der Natur. Hier gilt diese allgemeine Definition: Symbiose bedeutet das Zusammenleben von Individuen verschiedener Arten zum gegenseitigen Nutzen in gegenseitiger Abhängigkeit.

Diese funktionalen Verhältnisse haben sich im Laufe der Evolution entwickelt. Die meisten von uns kennen vielleicht noch die stickstofffixierenden Knöllchenbakterien an den Wurzeln bestimmter Pflanzen aus dem Biologieunterricht. Die Pflanze bekommt von den Bakterien verwertbare Stickstoffverbindungen, die Bakterien bekommen von der Pflanze verschiedene Kohlenstoffverbindungen zur Deckung ihres Energiebedarfes. Beiden ist geholfen, sie leben gut und voneinander abhängig zusammen.

Es gibt wohl viele Millionen Symbiosen in der Natur. Denn stets ergeben sich für alle Partner aus diesen Kooperationen grundlegende Vorteile. Hier einige Beispiele für Symbiosepartner: Insekten und Pflanzen (Bestäubung), verschiedene Putztiere und ihre dazugehörigen Großtiere (Wale bzw. Haie und Putzerfische, Nashörner, Krokodile etc. und ihre jeweiligen Putzervögel), Wiederkäuer und Magenbakterien, der Mensch und seine vielen verschiedenen Bakterien und viele mehr.

SYMBIOSE BEIM MENSCHEN

Wird von Symbiose beim Menschen gesprochen, so ist primär nicht die körperlich-biologische Symbiose mit der Natur, z. B. mit den Darmbakterien, gemeint. Hier geht es um die psychologische Dimension der Symbiose in Bezug auf andere Menschen, nicht in Bezug auf Individuen einer anderen Art. (Wobei es durchaus Symbiosen mit Haustieren gibt.)

In diesem Kontext wird der Begriff Symbiose meist negativ assoziiert. Denn als ein psychisch gesundes und gelingendes Leben eines Erwachsenen wird ein Leben mit einem guten Maß an entwickelter Selbstständigkeit und persönlicher Individuation betrachtet.

SYMBIOSE BEIM KIND

Zu Beginn unseres Lebens sind wir in maximaler Symbiose mit unserer Mutter. Vom Embryo beginnend über den Fötus, das Neugeborene, den Säugling, das Kleinkind, das ältere Kind und schließlich, in der Phase der Pubertät geschlechtsreif geworden, sollten wir als Jugendliche die weite Entwicklung weg von der Symbiose mit der Mutter hin zur Autonomie des Erwachsenen durchlaufen haben.

Dieser Prozess läuft in sehr vielen Schritten, ist nicht linear und äußerst störanfällig.

SYMBIOSE BEIM ERWACHSENEN

In den ersten Jahren des Erwachsenseins sollten sich noch eventuell verbliebene symbiotische Bindungen vollständig abbauen und die Autonomie weiter festigen. Nach meiner Einschätzung gelingt dieser Prozess den wenigsten Menschen wirklich gut, geschweige denn vollständig, bei der überwiegenden Zahl wohl eher nicht ausreichend und deutlich mangelhaft.

Ganz allgemein gelten symbiotische Beziehungen bei Erwachsenen als schädlich, entwicklungsgehemmt und entwicklungshemmend und daher als durchaus minderwertig. Den Partnern symbiotischer Beziehung fehlt es an erwachsener Unabhängigkeit, an emotionaler Autonomie, an direktem Zugang zu ihren eigenen Bedürfnissen und an seelischer Reife. An deren Stelle tritt der oft erst mal nicht leicht erkennbare Wunsch nach Befriedigung kindlicher Bedürfnisse. Symbiotische Beziehungen unter Erwachsenen sind immer durch ein hohes, bis viel zu hohes Maß an Abhängigkeit geprägt.

Bis hierher bin ich recht allgemein und in der üblichen Betrachtungsweise geblieben. Ab hier komme ich zu meinen eigenen Überzeugungen und Erfahrungen.

SCHÖN, WENN ES SO GEWESEN WÄRE

Stellen Sie sich vor, Sie erblicken als Neugeborenes das Licht der Welt. Die Zeit der Schwangerschaft war wunderbar, denn Ihrer Mutter ging es die ganz Zeit gut; es gab weder körperliche noch emotionale oder sonstige nennenswerte Schwierigkeiten; keine Überforderung, keine Unsicherheit, keinerlei Not, keine Hiobsbotschaften oder Angstmache, keine Geldsorgen etc. Auch ihrem Vater und den beiden Eltern miteinander ging es gut ... harmonisch.

Das Gleiche trifft auf das gesamte beeinflussende Umfeld zu, also auf die vielleicht vorhandenen Geschwister, auf alle Großelternteile, Tanten und Onkel, Freunde der Eltern usw. Zudem haben alle näher in ihrem sozial-emotionalen Umfeld vorkommenden Personen ab dem Beginn Ihres biologischen Lebens, also dem Moment Ihrer Zeugung, keinerlei »seelische Altlasten« mit sich getragen. Entweder weil es diese nie gab oder weil sie alle restlos verarbeitet wurden. Die emotionale Landschaft um Sie war also porentief rein von seelischen Altlasten, sowohl hinsichtlich der mindestens sieben Generationen vor Ihnen und/oder der vielen vielleicht gewesenen Leben Ihrer Seele vor diesem, Ihrem, jetzigen Leben.

Es herrschte also diese porentiefe Reinheit von den möglichen Folgen von Krieg, Vertreibung, Heimatverlust, Fremdheits- und Ausschlusserfahrung, Hunger, Elend, Kältebedrohung, Verlust geliebter Menschen, Trauer um sie, Verlust eines (ungeborenen) Kindes, jedem Abtreibungsgeschehen, von Verdingkinder- oder Kinderlandverschickungserfahrungen, Gebrechen und Krankheit, unerfüllter Liebe, elterlicher oder anderer Ungerechtigkeit, von Gewalt, Missbrauch, Hilflosigkeiten und Ohnmachtsgefühlen aller Art und Ausprägung usw.

Wer diese Unbelastetheit meint für sich beanspruchen zu können, hebe bitte kurz die Hand ...

Gut ... Danke! Meine blieb auch unten.

Wären das Ihr Weg, Ihre Erfahrung und Ihr »Erbe« gewesen, so wären Sie emotional ganz ungestört und bei sich geblieben, würden mit all Ihren ureigenen Bedürfnissen, Wünschen und Zielen in tiefem Kontakt stehen, könnten das Leben spielerisch meistern, in vollen Zügen genießen und wären in der Lage, mit anderen Menschen wirklich in tiefen Kontakt zu kommen und darin zu bleiben. Denn dann wären sie frei von Symbiose, würden aus Ihrem inneren Raum der Autonomie mit selbstbestimmten, gesunden, unverletzten und nicht verletzenden Grenzen leben und in sich ruhen. Sie könnten sich auf jeden Moment, auch die wirklich herausfordernden, einlassen und einfach mit ihm sein. Ihr Wesen würde stets gesund wachsen. Sie wären ganz nah an Ihrem Partner, den Eltern, Kindern und allen anderen nahen Mitmenschen, ohne sich in irgendeiner Weise zurückhalten oder sonst wie verstellen zu müssen. Sie wären in Ihrer Kraft.

Bitte noch mal die Hand heben, wenn ... Danke!

Glücklicherweise sind wir Menschen nicht auf solche fast schon langweiligen, aber auf jeden Fall niemals vorhandenen perfekten Bedingungen angewiesen. Wir sind in der Lage, eine Menge zu verarbeiten. Letztendlich sind wir hochresilient, wenn auch das Voraussetzungen und Grenzen hat. Nicht nur die Leber, auch wir und unsere seelischen Verarbeitungsprozesse wachsen mit unseren Aufgaben. Kämen wir aus dieser »porentiefen Reinheit«, so wären wir ganz sicher nicht so fähig, wie wir es sind.

LösUS UND DIE SYMBIOSE

Wenden wir uns wieder der Realität zu. Wenn Sie die zentralen Elemente der Unbewussten Schuld griffbereit haben, dann lässt sich die Entstehung von Symbiose leicht nachvollziehen.

Nochmals kurz die zentralen Elemente: Da ist ein fühlbares Leid. Wir können es nicht heilen, retten, lindern oder trösten. Wir fühlen uns unbewusst schuldig. Tief in uns verankert ist diese Urerfahrung: Wer Schuld hat, läuft Gefahr, verstoßen zu werden. Verstoßen werden ist der sichere Tod. Wiedergutmachung gewährleistet die Zugehörigkeit. Unbewusstes Wiedergutmachen bedeutet, unbewusst an Schmerz festzuhalten, sich unbewusst zu verpflichten oder viel zu leisten, sich unbewusst vorzuenthalten und/oder unbewusst zu bestrafen.

Da sind wir nun also durch die Mutter in der Welt angekommen – wir unschuldigen, verletzlichen, unbeholfenen, abhängigen und so offenen, fühlenden Wesen.

So enorm abhängig kann alles als überlebensrelevant wahrgenommen werden: jede Zuneigung und wahrnehmende Zugewandtheit, aber auch jede Spannung und Ablehnung, jedes Leid, jede Not usw. Wir sind im Moment, wir nehmen fühlend alles im Jetzt wahr. Da wir mit der Mutter in tiefer Symbiose leben, nehmen wir zudem auch noch ganz besonders die Mutter selbst und ebenso alles wahr, was die Mutter wahrnimmt: ihre Liebe, ihre Freude, ihren Stolz auf uns, ihr Mutterglück, ihre Verletzungen, ihre Nöte, ihre Traumata (und durch die Mutter hindurch die ihrer Ahnen oder Vorleben), ihre verborgenen Emotionen, aber auch ihre ureigenen Bedürfnisse, Wünsche und Ziele oder was von ihnen übrig geblieben ist oder auch von ihr selbst verboten wurde.

Zudem prasseln bewusste und unbewusste, aus Not geborene Erwartungen auf das heranreifende Leben ein, die endlich auf Erlösung hoffen: Vielleicht die Einsamkeit der Mutter, die ihre eigene unnahbare Mutter kaum kannte und sich eine lebendige Mutter-Kind-Beziehung sehnlichst wünschte? Vielleicht die des Vaters, der selbst ein Mädchen hätte sein sollen und so die sehnsüchtige Erlösung dieser Last in der Geburt der Tochter zu finden meint? Vielleicht die entzweiende Trauer der Eltern, die vor diesem Kind Zwillinge verloren haben und unbewusst hoffen, das neue Kind würde den tiefen Riss des Schweigens zwischen ihnen kitten? Vielleicht die Langeweile des neun Jahre älteren Geschwisterkindes, dessen Unzufriedenheit und reizbare Zurückgezogenheit seinen Ursprung im Tod des eigenen Zwillings bei der Geburt finden? Vielleicht die der Großmutter, die den frühen Tod ihres Mannes nicht überwunden hat und unbewusst in dem Kind den Weg aus ihrer tiefen Depression zu finden meint? Vielleicht die Sehnsucht der einst zu jung Mutter gewordenen Frau, die sich erhofft, das Aufwachsen des neuen Sprösslings in Ruhe und harmonischeren Verhältnissen erleben zu dürfen? Vielleicht der drängende Wunsch nach einem Sohn, der nach fünf »Töchter-Fehlversuchen« endlich der ersehnte Stammhalter für den Hof und den Familienbetrieb werden soll? (Das alles sind reale Beispiele aus der Praxis.)

Mehr oder weniger – wohl zum Glück nicht auf alles, vielleicht nur auf das Massive, Heftige, Schlimme oder Spezifische – reagiert unser zartes Herz mit Mitgefühl. Kaum in der Welt angekommen, nimmt es all dieses Leid mehr oder weniger direkt und ungefiltert wahr. Und was will es dann nur allzu gern? Ja, es will heilen, retten, lindern oder trösten. Kann es das? Gelingt ihm das immer und zuverlässig? Nein, wohl eher nicht. Was geschieht dann? Ohne es zu bemerken, erlegt es sich ein tiefes, ein subtiles Gefühl von Schuld selbst auf. Die Schuld, nicht geheilt, gerettet, gelindert oder getröstet zu haben.

Damit startet der über Generationen eingeübte und sozial wohl mit am stärksten ausgeprägte Überlebensmechanismus, über den wir verfügen: die heilige Wiedergutmachung.

Völlig unbewusst, völlig ungesehen und subtil beginnt das kleine Herz, das kleine Wesen, an schmerzhaften Gefühlen festzuhalten, sich zur Leistung zu verpflichten, sich vorzuenthalten und/oder sich zu bestrafen.

Den Mechanismus, den wir hier für »über die Mutter erlebt« verstanden haben, müssen wir natürlich auf das komplette emotional-soziale Umfeld ausgedehnt betrachten. Die Linie der Mutter ist hier ganz sicher die stärkste, auch wenn die Praxis zeigt, dass die väterliche Linie ebenso massive Durchschlagskraft hat. Alles, was für das zarte Herz in Wahrnehmungs- und Fühlweite ist, gehört zum emotional-sozialen Umfeld; also auch das, was primär in Mutters und auch Vaters Wahrnehmungs- und Fühlweite ist.

Schon allein der mächtige Impuls der unbewussten Wiedergutmachung rückt den Fokus von den eigenen Bedürfnissen, Wünschen und Zielen hinweg zu denen des leidenden Gegenübers. Ohne es zu bemerken, sind dann die Interessen meines kranken, sterbenden Vaters, meiner leidenden, überforderten Mutter und meiner beiden Brüder, ebenso unbewusst, in den Fokus gerückt. Der innere Zugang zu den eigenen Interessen wird von denen der anderen graduell überlagert, verwischt, blockiert und verdrängt.

AUTONOMIE VERSUS SYMBIOSE

Unsere Wesensautonomie, unsere Gefühlsautonomie, ist massiv gestört. Die gesunde Abgrenzung ist beschädigt. Wir sind nicht mehr in unserem eigenen Raum, denn bildlich gesprochen haben wir uns weit aus ihm herausgelehnt, um zu heilen, zu retten, zu lindern oder zu trösten – oder haben ihn sogar ganz verlassen.

Wir sind jetzt im wahrsten Sinne des Wortes nicht mehr bei uns. Ohne es zu wollen und zu bemerken, aus lauter Mitgefühl, guten Absichten und besonders, um weiter dazuzugehören, haben wir uns, unsere Bedürfnisse, Wünsche und Ziele, unsere Autonomie, das »Spielen mit dem Leben«, unsere Kraft und den heiligen Moment graduell nicht mehr im Zentrum unseres Seins und unseres Lebens. Wir haben sie und uns selbst mehr oder weniger verlassen. Wir haben uns unbemerkt verraten.

Jetzt sind wir allein, da wir nicht mehr bei uns sind. All unser Denken, Tun, Handeln, Fühlen und Wahrnehmen ist ohnehin schon mehr oder weniger subtil durchdrungen von all den (teils unbewusst) wahrgenommenen Gefühlsschmerzen und den 24/7-Anstrengungen der Wiedergutmachung. Aber jetzt haben wir uns auch noch selbst verlassen und geraten damit umso mehr in eine Art von seelischer Abhängigkeit, wir brauchen den anderen jetzt umso mehr. Wir sind jetzt graduell kontakt-, zuneigungs-, anerkennungs- und/oder sexabhängig oder süchtig. Im Gegenzug, um uns nicht immer wieder sehnsüchtig-schmerzhaft im anderen zu verlieren, kann in uns ein starker Wunsch nach Autonomie, Selbstbestimmtheit und Unabhängigkeit erwachsen. Um diese Schwäche nicht ertragen zu müssen, wollen wir uns, beginnend von subtil bis hin zu auf »Teufel komm raus«, verwirklichen und auf nichts und niemanden Rücksicht nehmen. Jetzt sind wir im Mittelpunkt unseres Lebens, ohne wirklich bei uns zu sein. Darin sind wir letztendlich wieder allein; auch ohne uns selbst.

Ich behaupte, dass sich die meisten Menschen noch nie in ihrem Leben wirklich *bei sich* erlebt haben. Kein Wunder, dass so viel betäubender Konsum in jeder Hinsicht gebraucht wird. Ich habe mich, es ist noch gar nicht lange her, auch erst in den Bergen wiedergefunden.

DIE BEZIEHUNGSINSEL

Nicht bei uns seiend, in der Not der Selbstverlassenheit, neigen wir stark dazu, gerade aus diesem Grund Beziehungen einzugehen. Weil jede Beziehung immer die genau richtige für uns im Jetzt ist und immer einen Spiegel der Beziehung zu uns selbst darstellt, werden wir niemals eine wirklich voll wachstumsfähige, vertrauensvolle, angstfreie, tragende und innige Beziehung mit einem Gegenüber erleben können, wenn wir uns nicht selbst wiedergefunden haben. Wenn wir nicht bei uns und all unseren Bedürfnissen, Wünschen und Zielen, in unserem eigenen Raum in voller Autonomie und unserer Kraft angekommen sind. Ja, das ist ein hoher Anspruch. Jeder Schritt in diese Richtung, auch der kleinste, ist ein heiliger.

Bis dahin kann eine Beziehung für uns wie eine Droge sein, welche uns vorübergehend davor bewahrt, das unglaubliche Gefühl von Verlassenheit fühlen zu müssen. Das durch das Verlassen des eigenen Raums gerissene tiefe Loch will immer mit einem Partner gestopft werden. Um vom Partner ja nicht verlassen zu werden, nehmen wir einiges hin, was uns gar nicht gefällt. Zugleich halten wir viel von uns zurück, von dem wir erfahren haben oder auch nur vermuten, dass es bei ihm nicht willkommen ist. Wir leben und etablieren ganz freiwillig, ohne Druck von außen und ohne dann eigentlich einen gerechtfertigten Vorwurf machen zu können, eine Vermeidungs-Gefälligkeitsbeziehung.

Dieser völlig unbewusst-masochistische Prozess der Erduldung und Selbstverstümmelung wird zu Beginn gern mit »unzertrennlicher Liebe« verwechselt. Das sind häufig solche Beziehungen, bei welchen es den Anschein hat, als wären beide mit doppelseitigem Klebeband aneinandergeklebt. Sie lassen sich kaum aus den Augen, fühlen sich nicht wohl, wenn der andere nicht da ist, die jeweiligen Freunde und auch die Eltern und Geschwister werden mehr oder weniger vernachlässigt, und alles wird zusammen unternommen. Diese »Über- und Aufeinanderbezogenheit«, diese zunehmende Distanzierung vom Rest der Welt, führt zu dem, was ich eine Beziehungsinsel nenne: Da sind nur wir in einem Meer von Nichts.

Willkommen in der Symbiose! All unsere damals nicht durch erlebte Erfüllung und eigene Wesensreife befriedigten kindlichen Bedürfnisse nach Geborgenheit, Halt, Heimat, Schutz, bedingungsloser Liebe usw. sind nun graduell in unausgesprochener gegenseitiger Übereinkunft auf den jeweiligen Partner übertragen. Er bzw. sie ist jetzt, graduell ganz verschieden, mehr oder weniger Mutter und/oder Vater. Darin kann der Partner nur versagen und mich enttäuschen. Darin kann *ich* nur versagen und meinen Partner enttäuschen.

DIE LÖSUNG DER SYMBIOSE

Wenn der Ursprung der Symbiose eine Unbewusste Schuld ist, in deren Folge wir den Fokus für uns selbst verloren, uns verlassen haben und dadurch nochmals abhängiger wurden, dann gilt es, die ursprüngliche Unbewusste Schuld zu finden und zu heilen.

Um es kurz zu sagen, denn an anderen Stellen des Buches werden diese Vorgänge schon erwähnt: Es gilt, einen guten Einstieg für leidvolle Situationen mit symbiotischen Zügen herauszugreifen, das Körper-emotionale-Muster sorgfältig zu erfassen, den eigentlichen Ursprung zurück in der Zeit zu finden und an dieser Stelle, wo auch immer das in Raum und Zeit für und mit wem sein mag, entspannt und aufmerksam LösUS in Verbindung mit Selbstvergebung durchzuführen.

Häufig, besonders wenn ein ausgeprägtes symbiotisches Muster bei einem Menschen vorliegt, gibt es mehrere symbiotische Ursprünge. Damit ist gemeint, dass die Person nicht nur eine symbiosebildende Erfahrung in sich trägt, sondern mehrere Erfahrungen selbst gemacht, oder deren Folgen mitgebracht hat, welche zu mehreren symbiotischen Verstrickungen mit verschiedenen Personen führen. Dann gilt es, diese verschiedenen symbiotischen Beschädigungen Sitzung für Sitzung durch LösUS aufzulösen. Der ausgebildete LösUS-Practitioner weiß damit zu arbeiten. Es ist für mich schwer vorstellbar, dass dieser massive, grundlegende und komplexe Prozess im Format der Selbstanwendung möglich ist.

Nicht jeder hat das Glück, wie ich es hatte, die passenden bitteren Pillen vom Leben geschenkt zu bekommen und deren Kur in der Klarheit der Berge erleben zu dürfen. Es war ein Grenzgang. Und wirkliche Grenzgänge lassen sich nicht planen.

SYMBIOSE LÄSST SICH NICHT OHNE SELBSTVERGEBUNG HEILEN

Auch hier lehne ich mich aus dem Fenster. Dennoch sehe ich diese Behauptung, nach intensiver Beobachtung und zahlreichen Experimenten in der Praxis und besonders durch die hervorgebrachten sehr stabilen Ergebnisse, als sehr belastbar.

Aus meiner Sicht entsteht Symbiose dann, wenn wir ein Leid nicht heilen können, wodurch Unbewusste Schuld entsteht und wir dann, im Rahmen der vier unbewussten Wiedergutmachungsmechanismen …

1. uns selbst beschädigen, weil wir am Schmerz festhalten.
2. uns überlasten und selbst verleugnen, weil wir wesensfremde Angelegenheiten zu unserer eigenen Aufgabe machen.
3. uns unsere Bedürfnisse, Wünsche und/oder Ziele nicht erfüllen, weil wir uns selbst etwas vorenthalten.
4. unsere Integrität verletzten, weil wir uns etwas, besonders körperliche Beschwerden, zur Strafe machen.

Auch in dieser Facette des ganzen Prozesses beziehen wir den Widerspruch des Verstands mit ein und verwenden konfliktlösende Sowohl-als-auch-Selbstvergebungs-Schuld-Entnahme-Sätze.

Obwohl ich mich von damals so gut verstehen kann, dass ich bei all dem Leid meiner Mutter meine eigenen Bedürfnisse, Wünsche und Ziele aus dem Blick verloren, einfach ignoriert habe, nehme ich die Schuld von mir und vergebe ich mir, dass ich mein eigenes Leben, meine ureigensten Interessen weder wahrgenommen noch verwirklicht habe.

DER UNGEWOLLTE »MISSBRAUCH« IN SYMBIOTISCHEN BEZIEHUNGEN

In der selbstverlassenen symbiotischen Einsamkeit schwelt ein subtil-gigantisches Gefühl von Alleinsein. Was wie ein Liebesmärchen aussieht, wird unterschwellig genährt von einem tiefen Gefühl von Verlorenheit und Not. Und wie es mit allen unangenehmen Gefühlen und Emotionen ist, wollen wir diesen entrinnen. Dabei geschieht es, graduell sehr verschieden, dass wir den anderen weniger als die Person, als den Menschen, als den Charakter wahrnehmen und lieben, welcher er ist, sondern ihn unbewusst mehr als Flickzeug für unser Seelenloch der Einsamkeit missbrauchen. Plakativ und etwas böse könnte es vielleicht auch so gesehen werden: Vor lauter Hunger sind wir nicht wählerisch und essen fast alles, Hauptsache, es stopft das Loch im Bauch. Bitte verstehen Sie mich richtig: Hier steckt keinerlei Vorwurf an niemanden drin. Keiner ist freiwillig in einer solchen Not. Jeder würde gern herzlich lieben, anstatt vom Leid durch (unbewusste) Einsamkeitsängste getrieben zu sein.

Im Nachhinein musste ich schmerzlich erkennen, dass die Beziehung zu Paula sehr von symbiotischen Zügen geprägt war und wir uns wohl auch im gerade beschriebenen Sinn teilweise unabsichtlich missbraucht haben.

AUTONOMIE UND ABGRENZUNG

Nähern sich eine deutlich symbiotisch geprägte Person und eine autonomere Person im Sinne einer werdenden Liebesbeziehung an, so lässt sich häufig dieser Mechanismus beobachten:

- Der symbiotischeren Person ist es nicht genug. Sie will, sie braucht mehr. Sie hat das Gefühl, dass der andere sich entzieht und gar nicht richtig auf sie einlässt.
- Der autonomeren Person wird es zu eng, sie fühlt sich »erdrückt« oder »eingesperrt«. Sie hat häufig das Gefühl, kontrolliert zu werden, übermäßig in Beschlag genommen und für den anderen *zu* wichtig zu sein.

In der Folge löst sich die autonomere Person. Es gelingt ihr, eine gesündere Grenze zu ziehen, sich für den anderen nicht zu opfern und – sich treu bleibend – den eigenen Weg zu gehen. Die autonomere Person löst sich, um sich zu wahren.

Eine andere Situation ist es, wenn sich die in einer deutlich symbiotisch geprägten Beziehung symbiotischere Person schlagartig löst.

Die pathologische übertriebene Verschmelzung verwischt die Grenzen und lässt die Empfindung für die eigenen Bedürfnisse, Wünsche und Ziele fast gänzlich schwinden. Völliges Sichselbst-Verlorengehen droht. Obwohl die Vermeidungs-Gefälligkeitsbeziehung gerade von dem stärker symbiotischen Partner mehr gewollt, betrieben und gebraucht wurde, kann der Punkt erreicht werden, an dem der Zugang zum eigenen ursprünglichen Inneren so bedroht ist, dass eine Art Notbremsung – die berühmte Reißleine – als der einzige Ausweg bleibt. Diese sogenannte Überabgrenzung, eine wohl durchaus sinnvolle Überlebensmaßnahme, schlägt dann gern wie ein Blitz aus blauem Himmel ein.

Auf beiden Seiten, eben auch auf der Seite des Verlassenden, wird dann häufig ein Gefühl empfunden wie *aus dem Herz geschnitten, wie aus der Seele gerissen* oder *als sei ein Teil amputiert worden*. Allerdings erlebt das der weggehende Partner meist deutlich schwächer, da er häufig schon vor der Trennung, bewusst oder unbewusst, für ein *Ersatzpflaster für das Seelenloch der Einsamkeit* gesorgt hat. Hätte er das nicht, hätte er sich wohl nicht getrennt. Anders gesagt: Jetzt, da ein Seelenpflaster zur Verfügung steht, kann er sich trennen.

DU MUSST DICH BESSER ABGRENZEN!

Dieser immer wieder gern gegebene wohlgemeinte Rat, ob an andere oder sich selbst, ist eher ein frommer Wunsch. Denn wenn ausreichend »gesunde« Autonomie vorhanden ist, dann gelingt angemessene Abgrenzung von allein. Durch dieses »Bei-sich-Sein« ist dann auch tatsächliche Beziehung möglich. Denn beziehen kann sich nur der, der genug von diesem »Sich« hat, um es gewissermaßen als Substanz mit dem anderen in Beziehung zu setzen.

Ist aber nicht genug Autonomie vorhanden, so ist eine gesunde, angemessene Abgrenzung einfach nicht möglich, da der andere schlicht gebraucht wird. Fällt dann der Schalter auf Überabgrenzung, mag dieser Befreiungsschlag durchaus als richtig und erleichternd erlebt werden. Tatsächlich findet durch diese Aktion der Verzweiflung keine Veränderung auf der symbiotischen Ebene statt.

Das liegt insbesondere bei Paar- oder Freundschaftsbeziehungen überwiegend daran, dass die in dieser Beziehung vorherrschende Symbiose nahezu immer eine sozusagen »sekundäre Symbiose« ist. Die zugrunde liegende »primäre pathologische Symbiose« entstand meist in der (frühen) Kindheit mit den Eltern oder ist mitgebracht. Dass sich diese zugrunde liegende, ursprüngliche Symbiose nicht mit dem Partner lösen lässt, liegt auf der Hand. Wer hat es nicht schon an sich selbst erlebt oder an anderen beobachtet, dass die nächste Beziehung nach anfänglichem »Ganz-anders-Sein« dann doch wieder im Wesentlichen auf genau diese Füße fällt?

In der Praxis zeigt sich immer wieder und wieder, dass sich die gegenwärtigen symbiotischen Gegebenheiten schlagartig ändern, wenn an ganz anderer, viel früherer ursprünglicher Stelle symbiotisch lösend mit LösUS plus Selbstvergebung gearbeitet wird.

VERLETZUNG DER SELBSTTREUE, SELBSTENTFREMDUNG UND HASS

In bestimmten Situationen ist es einfacher, uns selbst zu übergehen, als unseren eigenen Bedürfnissen und Wünschen zu folgen. Im tief symbiotischen Kontext fürchten wir allzu leicht, den anderen zu enttäuschen. In stärkerer symbiotischer Verstrickung kann allein schon die Vorstellung, den Erwartungen nicht zu entsprechen, (unbewusste) Schuldgefühle auslösen. In uns schwelt mehr oder weniger bewusst die Angst, für die Erfüllung unserer Bedürfnisse verlassen zu werden.

Es entsteht eine graduelle Ambivalenz zwischen dem nur noch schemenhaft geahnten eigenen Wollen und dem latent schwelend empfundenen, vermuteten Sollen. *Was ist mein Wollen, was ist vermeintliches Sollen?* Dieses (erst mal meist unbewusste) Spannungsfeld zwischen der eigenen Bedürfniserfüllung und der Verlassenheitsangst wird häufig als Ambivalenz, Unentschlossenheit oder Zweifel erlebt. Spätestens jetzt beginnt die von ewiger (subtiler) Unzufriedenheit getriebene Suche.

Ohne das Empfinden des eigenen Wollens und das Erfüllen desselben verliert sich die Treue zu uns selbst. Dieser Treueverlust kann, erst subtil, zu unbewusster Selbstablehnung führen. In diesen stummen Sog der Selbstablehnung gerät häufig auch der hinein, für den wir uns unaufgefordert und unbewusst opfern.

Unter dem Mantel der symbiotischen Zugeneigtheit wächst die Verachtung in beide Richtungen. Die einst hoffnungsvoll mit unzertrennlicher Liebe verwechselte symbiotische Abhängigkeit kann über den Weg der Abneigung hin zu Hass gedeihen. Material für Vorwürfe findet sich dann in jeder Beziehung ganz von allein.

Diese Vorzeichenumkehrung kann bisweilen in wenigen Momenten geschehen. Groß ist dann die Enttäuschung darüber, dass es für all die unbewusst bereitwillige Opferung des Eigenen nicht zur liebenden Einheit von Zweien, sondern nur zur beidseitigen Selbstverlassenheit im scheinbar Einen kam.

Jeder gibt allmählich mehr oder weniger alles von sich selbst für den anderen auf, um ihn nicht zu verlieren, um dann in der Folge vom anderen enttäuscht ganz allein auch noch ohne sich selbst dazustehen.

Ohne es zu bemerken, geschah Selbstentfremdung, und die Selbsttreue wurde verletzt. Pathologische Symbiose ist grausam.

In einer Textnachricht Monate nach der Trennung (wir sind längst im Frieden miteinander) schrieb Paula: *Aber sobald eine andere Person im Raum ist, besteht – egal, wie die Verbindung ist – sowieso die Gefahr, sich zu verlieren.*

SYMBIOSE UND ACHTUNG

Die Heilung von Symbiose ist für ein gesundes und gelingendes Leben so unglaublich wichtig. Der hinter dem symbiotischen Zustand liegende Prozess der Selbstverletzung führt durch den unbewusst geschehenen Selbstverrat letztendlich zu einer Art von Selbstverachtung. Diese subtil-unterschwellige bis massiv auftretende Verachtung breitet sich häufig mehr oder weniger auf die Umgebung und das Leben aus. Wird die symbiotische Störung geheilt, so verändert sich auch dieser Aspekt: **Die natürliche Achtung für jedes Lebewesen geschieht von allein, wenn wir mit uns selbst in Achtung sind.**

DER VERFALL DER SELBSTWIRKSAMKEIT

Albert Bandura (1925–2021) war ein kanadischer Psychologe. Er gilt als Entwickler der sozial-kognitiven Lerntheorie und prägte die Begrifflichkeit der Selbstwirksamkeit (1977): »Unter Selbstwirksamkeit wird die Überzeugung einer Person verstanden, auch schwierige Situationen und Herausforderungen aus eigener Kraft erfolgreich bewältigen zu können.«[3]

Nach meiner persönlichen Beobachtung kann der schleichende Verfall der Selbstwirksamkeit eine Folge von unangemessener Symbiose sein.

Es wird zwar getan und gemacht, durchdrungen und errungen, bewältigt und geschafft. Mit mehr oder weniger Kampf und Mühe wird Erfolg hervorgebracht. Nur einzig und allein nährt dieser nicht. Er kostet Kraft, stärkt aber nicht, da er nicht aus der tiefen Quelle des eigenen Wunsches gehoben, sondern das Kind unbewusst angenommenen, fremden Bedürfnisses ist.

Wahre Selbstwirksamkeit können wir nur erfahren, wenn wir für unser wahres Selbst eintreten; wenn wir also für unsere originären Bedürfnisse, Wünsche und Ziele wirkend sind. Die unbewusste »Fremd-Selbstwirksamkeit« (oder »Schein-Selbstwirksamkeit«), also das Kämpfen für und das Erfüllen von Bedürfnissen, die nur scheinbar unsere eigenen sind – tatsächlich sind es die des symbiotischen Gegenübers –, ist gleich einem Strohfeuer, das zwar vorübergehend wärmt, aber keine nachhaltig-tragende, nährende Glut erzeugt.

Es ist, als würden wir unsere Lebens- und Tatkraft unbemerkt und unaufgefordert auf ein fremdes Konto einzahlen, während unsere Kräfte allmählich schmelzen. Dem Mangel an seelisch nährendem Ergebnis Rechnung tragend, wird dann die Anstrengung erhöht, was im äußeren besten Fall vorübergehend zu noch mehr leerem Fremdvermögen führt, im inneren letztendlichen besten Fall aber erst mal einen schmerzhaften Zusammenbruch bewirkt. Nach diesem Sturz, der häufig einem Burn-out entspricht, besteht die mühsam-wunderbare Möglichkeit, die tatsächlich eigenen Bedürfnisse zu finden und zu leben.

Um wieder in Selbstwirksamkeit gelangen zu können, bedarf es der Lösung aus der Symbiose. In der Folge ist jeder erst mal noch so kleine Erfolg ein echter eigener, der, stets verzinst durch Selbstbestärkung, allmählich und unweigerlich ein tiefes Gefühl von Wirksamkeit, Wesenssubstanz und Selbstvermögen schafft.

Der noch so großartige durch Scheinselbstwirksamkeit hervorgebrachte Erfolg vermag nicht wirklich aufbauend zu wirken, während das dem Anschein nach viel kleinere, aber wahrlich aus dem Selbst erwirkte Werk wachsen lässt und nährt.

Die Erfolge der Schein-Selbstwirksamkeit verhalten sich zu den Erfolgen der wahren Selbstwirksamkeit etwa so wie leere Kalorien zu lebendigen Vitalstoffen.

So lässt sich immer wieder scheinbar paradox bemerken, dass das hart erkämpfte Große den Schaffenden erschöpft hat, während das vielleicht sogar härter hervorgebrachte erst mal Kleinere befriedet, stärkt, nährt und klärt. Die gesellschaftlich anerkannte Quantität des Unpassenden kann die persönlich tatsächlich gesuchte Qualität des Richtigen nicht ersetzen.

In der Praxis habe ich es oft genug gesehen: Auf fremden Bedürfnissen und Wünschen fußende Scheinselbstverwirklichung führt durch die seelisch fruchtlose Anstrengung letztendlich – häufig nach (und gerade durch) vermeintlich großem Erfolg – zu tiefen Gefühlen von Ohnmacht, Hilflosigkeit, Resignation und Ausweglosigkeit.

Ein eigener Burn-out mit 31 Jahren hat mich in der Wahrnehmung für die zugrunde liegenden Prozesse sensibilisiert, auch wenn ich die tieferen Zusammenhänge erst später verstanden habe. Wiederholen möchte ich den Burn-out nicht, missen möchte ich ihn noch weniger.

TEIL 2

BEISPIELE AUS DER PRAXIS

KAPITEL 7 – FALLBEISPIELE ZUR LösUS-TECHNIK

Auf Ihrem Weg hin zur Anwendung der LösUS-Technik für sich selbst ist es mir wichtig, Sie mit dem Vorgang möglichst vertraut zu machen. Eine gute Vorbereitung auf solch unabsehbare und potenziell herausfordernde Prozesse ist wirklich sinnvoll. Letztendlich bleibt der Sprung ins kalte Wasser doch der Sprung ins kalte Wasser. Dennoch macht es einen Unterschied, ob Sie durch das Lesen, das Verstehen – und vielleicht auch das Mitfühlen – anhand der Beispiele anderer auf etwas zurückgreifen können, schon eine gewisse Vertrautheit erlangt haben oder eben völlig blank in den Wogen schwimmen.

Aus diesem Grund findet sich die LösUS-Technik erst in Teil 3 dieses Buches (ab Seite 253) und auch dort eher gegen Ende. Denn bevor Sie möglicherweise die Dose der Pandora öffnen, sollten Sie in der Lage sein, sich im Strudel der eventuell massiven aufsteigenden Emotionen selbst helfen zu können. Wollen wir dem Kind erst das Messer in die Hand geben und ihm dann, wenn der Schnitt möglicherweise passiert ist, den Gebrauch eines Pflasters erklären? Oder wäre es vielleicht sinnvoller, es umgekehrt zu machen?

Dieses Buch ist mehr als ein »Ratgeber«. Es ist eine umfassende Anleitung zur tiefgreifenden Selbstbefreiung. Zumindest lässt es sich so nutzen, wenn Sie wirklich eintauchen wollen.

In diesem Abschnitt werden reale Fallbeispiele wiedergegeben. Obwohl diese Ereignisse aus meiner Praxis stammen, wäre es den Mitmenschen gut möglich gewesen, die jeweilige Unbewusste Schuld selbst von sich zu nehmen, wenn sie mit der Arbeitsweise der LösUS-Technik für die Selbstanwendung vertraut gewesen wären. Einige Gespräche zu den Fallbeispielen fanden sogar am Telefon statt.

FALLBEISPIEL 1 – ALINA

Maria ruft aus dem Urlaub in Italien an, weil es ihrer sechs Jahre alten Tochter Alina nicht gut geht. Alina hat geringes Fieber, fühlt sich nicht wohl, döst viel in der Hängematte, ist antriebslos, klagt hin und wieder etwas über Bauchschmerzen und ist eindeutig zurückgezogener. Die Familie ist mit dem Wohnwagen unterwegs. Vor vier Tagen sind sie auf dem Campingplatz am Gargano angekommen. Schon bei der Ankunft war Alina etwas verändert, was aber erst auf die lange Fahrt zurückgeführt wurde. Nachdem sie sich aber nicht erholte, sondern ihr Zustand noch deutlicher wurde, meldet sich nun ihre Mutter.

Natürlich gehen meine ersten Fragen in die Richtung, ob sie vielleicht etwas schwer Verträgliches, zu viel oder zu ganz falschen Zeiten gegessen haben könnte. Diese Spur scheint sich nicht zu bestätigen, zudem fehlen weitere Magen-Darm-Symptome. Da sich der Zustand schon bei der Fahrt und nicht erst vor Ort einstellte, kommt ein Sonnenstich nicht infrage. Da ihr Auto klimatisiert ist, kann es auch keine Überhitzung sein. Auch fehlen für diesen Verdacht die typischen Symptome. Generell kommt Alina sehr gut mit langen Autofahrten zurecht. Die Stimmung in der Familie ist gut und entspannt, und auch mit ihrem zwei Jahre älteren Bruder kommt sie schon eine ganze Weile gut aus.

Nun bitte ich darum, mit Alina selbst sprechen zu können, da wir so nicht weiterkommen. Alina kennt mich gut von Terminen in der Praxis, und wir haben schon einige Male miteinander telefoniert. Nachdem ich mich nochmals bei ihr persönlich nach ihrem Befinden erkundigt habe, frage ich sie, woran sie denn in der Hängematte denkt. Ihre Antwort kommt prompt: *An die armen Schweine.* Ich lasse mir von ihr erklären, was sie damit meint: Auf der Fahrt zum Gargano überholten sie einen Lkw, der Schweine transportierte. Alina wird nun stumm und bekommt kein Wort mehr heraus, weshalb ich sie bitte, mir wieder ihre Mama zu geben. Von Maria erfahre ich, dass sie tatsächlich durch die Region Parma gefahren wären und einen Tiertransporter überholt hätten. Als ich mich nach dem ganzen Vorgang genauer erkundige, erfahre ich, dass Alina sich für die Tiere erst gefreut hat, weil sie dachte, dass die Schweine auch in den Urlaub fahren würden. Ihr Bruder wollte es genauer wissen, und so erklärten die Eltern ihren Kindern, dass die Schweine nicht in den Urlaub, sondern in die »Schinkenfabrik« fahren. Alina wollte wissen, ob Schweine wirklich gern Schinken essen würden. Letztendlich wurde ihr erklärt, dass sie dort geschlachtet und zu Schinken verarbeitet werden. Rückblickend kann sich Maria nun auch daran erinnern, dass es an der nächsten Raststätte, etwa eine Stunde später, mit Alinas Unwohlsein begann.

Egal, ob dieses Ereignis die Ursache für Alinas Erkrankung ist oder nicht – wir haben hier ein gegenwärtiges ungeheiltes Leid. Wir sollten uns also erst um diese Belastung kümmern, bevor wir uns Gedanken um weitere Schritte machen.

Maria kennt das Thema der Unbewussten Schuld aus der Praxis, da ich mit ihr schon Sitzungen mit der LösUS-Therapie hatte. Deshalb versteht sie auch recht schnell mein weiteres Vorgehen. Ich bitte sie, mit Alina in den Wohnwagen zu gehen und die Tür zu schließen. Alina soll bei der Arbeit nicht gestört werden, und es soll ihr leichtfallen, ihren Gefühlen freien Lauf zu lassen. Die Mama soll das Handy auf Mithören stellen und beiseitelegen und Alina auf den Schoß nehmen. Während sie ihrem Kind nun gleich bestimmte Sätze vorsprechen wird, soll sie bitte mit ihrer flachen Hand Alinas oberen Brustkorb sanft beklopfen.

Als wir wenige Augenblicke später in Startposition sind, bitte ich Maria, diesen Satz zu sprechen:

Ich nehme die Schuld dafür von mir, dass die Schweine nicht in den Urlaub fahren.

Im Hintergrund höre ich Alina erleichtert seufzen. Maria soll den Satz bitte wiederholen.

So arbeiten wir für ein paar Minuten weiter und setzen dabei folgende Sätze ein, welche je nach Reaktion wiederholt werden:

Ich nehme die Schuld dafür von mir, dass die Schweine in die Schinkenfabrik fahren.

Ich nehme die Schuld dafür von mir, dass die Schweine dort zu Schinken gemacht werden.

Ich nehme die Schuld dafür von mir, dass wir in den Urlaub fahren und die Schweine zu Schinken werden.

Ich nehme die Schuld dafür von mir, dass wir in den Urlaub fahren und die Schweine sterben.

Ich nehme die Schuld dafür von mir, dass wir im Urlaub sind und es uns gut geht.

Nach ein paar Tränen folgen weitere Erleichterungsseufzer. Maria teilt mit, dass Alinas zuvor betrübte Augen wieder zu strahlen beginnen. Ungewöhnlich für LösUS in diesem Fall ist es, dass ich darauf verzichte, Alina aufzufordern, die Sätze zu sprechen. Da der Prozess offensichtlich auch so gut läuft, belasse ich es dabei.

Mit Maria verabrede ich, dass wir erneut in einer halben Stunde telefonieren.

Beim zweiten Telefonat erfahre ich, dass Alina vorher unmittelbar nach unserem Gespräch nach Weintrauben gefragt hat und reichlich davon gegessen hat. Dann suchte sie ihren Bruder und fing an, mit ihm im Sand zu spielen. Inzwischen ist eine Sandburg gebaut, und während meines Telefonats mit Maria wollen die Kinder jetzt im Meer baden gehen.

Am folgenden Tag habe ich die knappe Meldung auf dem AB, dass Alina wieder ganz die Alte ist.

Dieses Ereignis ist typisch für die LösUS-Technik: Das ungeheilte Leid ist aktuell, die Belastungsreaktionen sind gering, und die Lösung von der Unbewussten Schuld bringt unmittelbare Erleichterung.

Durch Alina können wir gut erkennen, dass körperliche Beschwerden leicht von Unbewusster Schuld bedingt sein können. Bei Kindern ist das noch mehr der Fall als bei uns Erwachsenen.

Was meinen Sie, hätten Sie nicht auch Alinas Leid erkennen können, wenn Sie vor Ort gewesen wären? Es hätte vielleicht einige Zeit gedauert, um die Situation zu erfassen und das Ungeheilte zu sehen. Und dann? Hätten nicht auch Sie diese einfachen Sätze, die sich ganz von selbst aus dem Vorgang ergeben und schon wie in den Mund gelegt sind, finden und sprechen können? Sicher hätten Sie das! Jetzt, da Sie wissen, was es mit der Unbewussten Schuld auf sich hat und wie die LösUS-Technik funktioniert, sind Ihr Herz, Ihre Augen und Ihre Ohren dafür geöffnet – und obwohl Ihr Verstand die Unbewusste Schuld nicht fühlen kann, kann er ihr Vorhandensein nun doch recht zielsicher vermuten. Der Rest ist Tun – mehr nicht. Sprechen Sie die Sätze, und Sie werden erfahren, ob hier eine Unbewusste Schuld vorliegt. Anders kann ich es auch nicht erkennen; wir sitzen im gleichen Boot.

FALLBEISPIEL 2 – MARIO

Mario ist 35 Jahre alt. Er kommt zu mir in die Praxis, weil er hexenschussartige Beschwerden im Lendenwirbelbereich hat. Obwohl er als Schreiner täglich anpackt und immer wieder schwer heben muss, hatte er diese Beschwerden noch nie. Zudem erzählt er mir, dass er gerade die letzten Tage nichts Nennenswertes gehoben habe und auch in keiner belastenden Körperhaltung arbeiten musste. Schleichend begann der Rücken schon vor ein paar Tagen, sich anders anzufühlen. Hin und wieder trat eine gewisse schmerzlose Steifigkeit auf, dann gab es hin und wieder mal einen leichten lähmenden Schmerz, wenn er vom Sitzen aufstand. Generell fühlte sich der Bereich die letzten Tage kühler, irgendwie ungelenk und schwach an. Jetzt ist es ihm richtig hineingefahren, und er kann sich kaum mehr rühren.

Als ich mir seinen Rücken genauer ansehe, das Bewegungsmuster erfrage, bei welchem sich die Beschwerden verschlechtern und verbessern, und den Zustand der Muskulatur in der Region untersuche, bekomme ich den Verdacht, dass es für seine Schmerzen keine erkennbare körperliche Ursache gibt. Er ist ein gesunder Mann im besten Alter, von guter Statur und voller Tatkraft und Elan.

Daher möchte ich nun von ihm wissen, ob es in den letzten Tagen, vielleicht Wochen, irgendwelche anderen Belastungen gab: Passt daheim alles mit Frau und Söhnen? Geht es den Eltern gut? Gibt es finanziellen Druck? Geht er gern in die Arbeit? Bei der letzten Frage sagt er erst »Ja«, dann hält er kurz inne, sieht mich dann etwas traurig an und beginnt zaghaft zu erzählen.

Seit drei Wochen haben sie einen Praktikanten namens Tobias in der Firma, der vielleicht eine Schreinerlehre in ihrem Betrieb machen möchte. Der Junge ist 16 Jahre alt und hat eine leichte geistige Behinderung: Er tut sich schwer, Aufträge zu erfüllen, die mehr als zwei Anweisungen auf einmal enthalten, und wenn er dann recht schnell, der Überforderung nahe, nervös wird, beginnt er leicht zu stottern. Mario selbst hat damit gar kein Problem. Er hatte ihn schon ein paarmal auf Montage dabei, und auch in der Halle hat er mit ihm zusammengearbeitet. Mario kann gut mit den Eigenheiten von Tobias umgehen, weil er selbst Kinder hat. Sie haben ein menschlich gutes und betrieblich produktives Miteinander.

Besonders freut ihn, dass sich Tobias bei ihm wohlfühlt und gern mit ihm arbeitet. Mario sagt, dass er sich schon ein wenig wie der große Bruder von Tobias fühle.

So weit, so gut. Die zwei Lehrlinge des Betriebes, die sich beide im dritten Lehrjahr befinden und noch junge Burschen sind, lassen Marios menschliche Reife und Herzlichkeit allerdings missen. Gern schicken sie Tobias im lächerlich aufgesetzten Befehlston herum, freuen sich dann an seinem Stottern, äffen ihn nach und kichern albern.

Tobias ist darüber zusehends irritiert und gerät in eine generelle Verunsicherung und Kränkung hinein. Mario fühlt sich wie gelähmt. Er möchte Tobias gern helfen, ihn verteidigen, hatte aber vor einiger Zeit schon einmal eine heftige Auseinandersetzung mit dem Chef, da sich der eine Lehrling, Martin, auch ihm gegenüber viel rausgenommen und versucht hat, ihn regelrecht zu mobben. Die Schwierigkeit ist, dass der Firmeninhaber der Onkel dieses Lehrlings ist. Er als Onkel ist mächtig stolz auf seinen Neffen und hält ohne Wenn und Aber zu ihm. In Martins Fahrwasser der Narrenfreiheit fährt der zweite Lehrling, Gernot, gern mit.

Hier sind wir nun vermutlich in den Bereich der Ursache für seine sonst nicht gekannten körperlichen Beschwerden vorgedrungen. Ich kenne den herzensguten Mario schon seit Jahren. Ich selbst schätze seine Ruhe, seine menschliche Art und seine schnörkellose Aufrichtigkeit sehr – kurz: Mir fällt es leicht anzunehmen, dass er unter dem (ungeheilten) Leid von Tobias selbst leidet. Daher schlage ich ihm vor, ein paar Sätze mit mir zu sprechen, um zu sehen, wie er und sein Rücken darauf reagieren.

Mario ist etwas irritiert, da er diese Facette meines Behandlungsspektrums noch nicht kennengelernt hat. Ohne zu zögern, ist er bereit, gleich zu beginnen. So spreche ich ihm den Satz vor:

Ich nehme die Schuld dafür von mir, dass Tobias von Martin und Gernot gehänselt wird.

Noch bevor ich mit dem Satz fertig bin, hat er Tränen in den Augen und atmet zugleich erleichtert auf. Dazu aufgefordert wiederholt er den Satz, was dazu führt, dass sich sein Gesicht aufhellt und er eine ganz aufrechte und klare Sitzhaltung einnimmt; seine Schultern sind entspannt, sein Rücken aufgerichtet und sein Kopf erhoben. Zwei, drei Wiederholungen des Satzes vervollständigen die Erleichterung.

Ich nehme die Schuld dafür von mir, dass Tobias diese Behinderung hat, ist mein zweiter Satz. Mario nimmt spontan einen tiefen Atemzug, wiederholt den Satz ohne Aufforderung und spricht sich auch hier in die Erleichterung hinein.

Ich nehme die Schuld dafür von mir, dass ich Tobias nicht helfen kann.

Das war der tiefste Satz! Hier wird sein Gesicht rosig, und es lässt sich an seiner Körpersprache erkennen, dass er bereit zur Tat wird. Die für die Unbewusste Schuld immer wieder auftauchende Lähmung scheint von ihm abzufallen. Er sieht mich an und wiederholte den Satz mit leichter Abänderung:

Ich nehme die Schuld dafür von mir, dass ich Tobias bis jetzt nicht helfen konnte.

Er muss meinen leicht fragenden Blick sofort wahrgenommen haben, denn schon nach seinem Hemd greifend teilt er mir mit, dass er jetzt in die Schreinerei fahren und mit dem Chef sprechen werde. So könne das nicht stehen bleiben, er werde schon die richtigen Worte finden, um auch dem stolzesten Onkel beibringen zu können, dass sein geschätzter Neffe zwar Sonderrechte in Sachen Arbeit, aber nicht in Sachen Menschlichkeit haben kann.

Etwas verwundert über diese rasche Klärung seiner Befangenheit und über diese entschlossene Tatbereitschaft frage ich ihn noch nach seinem Rückenschmerz. Mario dreht sich nach links nach rechts, beugt sich nach hinten und nach vorn, setzt sich hin und steht wieder auf, um dann mit den Schultern zu zucken und zu fragen: *Welche Rückenschmerzen?* Er fügt hinzu, dass er sich die letzten Tage schon mit dem Gedanken gequält habe, klare Worte mit dem Chef zu sprechen. Aber da war dann immer gleich dieses Gefühl von Lähmung, nicht wissend, wie er anfangen und es ausdrücken soll – und Schwäche. Jetzt aber fühle er sich dem gewachsen.

Solche wunderbaren und kraftvollen Lösungen von Unbewusster Schuld erlebe auch ich nicht alle Tage. Aber besonders bei so gesunden Menschen wie Mario, klar im Geist, körperlich fit und rechtschaffen im Herzen, kann es genau so geschehen. Es war schön zu sehen, wie die Lähmung der Unbewussten Schuld wich und Kraft zur Handlung wieder das Ruder übernahm.

Nun wieder meine Frage an Sie: Wäre Mario zu Ihnen gekommen und hätte Ihnen die Situation von Tobias in der Firma erzählt, an welcher Stelle hätten Sie *nicht* erkannt, was hier läuft und was zu tun ist? Hätten Sie Tobias' Leid nicht verstanden? Hätten Sie Marios Leid mit Tobias' Leid nicht gesehen? Wären Ihnen die passenden Schuld-Entnahme-Sätze nicht eingefallen? Das Prinzip der LösUS-Technik ist einfach – also lassen wir es so einfach, wie es ist, und gehen zum Tun über. *Es ist nur Software!*

FALLBEISPIEL 3 – TABEA

Tabea ging es gar nicht gut, was schon auf dem Anrufbeantworter zu hören war, auf dem sie mich um einen möglichst baldigen Rückruf bat. Tabea hatte Kopf- und Bauchschmerzen, litt unter Übelkeit, hatte miserabel geschlafen, und ihre Hüfte fühlte sich wie ausgerenkt an. Da ich Tabea schon lange kenne, frage ich direkt nach, was ihr auf dem Herzen liegt, was sie denn Ungutes erlebt hat. Ihr größtes Leid ist, dass ihre Tochter gestern am späten Nachmittag die Mitteilung bekommen hat, dass sie ihr Abitur nicht geschafft hat. Eine kurze Frage macht mir klar, dass es nicht Tabeas Leid ist, dass ihre Tochter das Abi nicht geschafft hat (O-Ton: *Man kann auch gut ohne Abitur leben*), sondern sie massiv davon belastet ist, wie es der Tochter selbst damit geht. Schließlich hat Julia das Abi letztes Jahr auch nicht geschafft – nun ist sie am Boden zerstört, und Tabea kommt nicht an sie ran und kann ihr nicht helfen. Julia ist hoch deprimiert und schwankt zwischen reizbarstem Zorn, stumpfer Apathie und völligem Rückzug.

Julias Vater ist nicht gerade eine große Hilfe. Ihre Eltern sind geschieden, der Vater wohnt im selben Ort, aber er kann mit Druck und emotionalen Belastungen nicht gut umgehen. Er stellt sich dann »tot«, ist nicht ansprechbar und macht sich aus dem Staub. Für seine Kinder ist er in solchen Situationen nicht greifbar. So muss Tabea also erleben, dass sie nicht an Julia rankommt, ihr Ex-Mann ihr auch keine Hilfe ist und Julia wie schockiert Opfer ihrer Gefühle ist.

Gleich vorweg: Kein Schuld-Entnahme-Satz zeigte bei Tabea eine Belastungsreaktion. Wie es häufig bei akuten und massiven Belastungen mit Unbewusster Schuld ist, zeigen sich bei ihrer Lösung meist überwiegend deutliche Erleichterungsreaktionen. Es ist gerade so, als hätten sich die belastenden Emotionen noch nicht verdichtet und kondensiert, als wären sie noch frei schwebend und gelöst, und so können sie wie die Luft aus einem Luftballon direkt entweichen und damit den Druck rausnehmen.

Da wir uns schon gut kennen und ihr die Lösung von Unbewusster Schuld bestens vertraut ist, rede ich nicht lange darum herum, sondern lege gleich mit dem ersten Schuld-Entnahme-Satz los:

Ich nehme die Schuld dafür von mir, dass meine Tochter Julia das Abitur nicht geschafft hat.

Spontane Erleichterung! Es folgen ein paar Wiederholungen.

Ich nehme die Schuld dafür von mir, dass Julia am Boden zerstört ist.

Erneute Erleichterung! Es folgen ein paar Wiederholungen.

Ich nehme die Schuld dafür von mir, dass es Julia mit diesem Fehlschlag so furchtbar schlecht geht.

Große Erleichterung. Auch hier folgen ein paar Wiederholungen.

Ich nehme die Schuld dafür von mir, dass ich ihr nicht helfen kann. Dieser Satz wirkt wie Balsam. Ich höre es an Tabeas Atmung, die nun wieder deutlich ruhiger, tiefer und fließender wird.

Ich nehme die Schuld dafür von mir, dass Julia diese Niederlage zum zweiten Mal erfährt.

Mit dieser Erleichterung beginnt Tabea, wieder konstruktiv zu werden. Zudem gibt sie an, dass all ihre Beschwerden nun schon deutlich besser sind. Besonders die zuvor erdrückende Übelkeit ist verflogen. Da ich gern versuchen möchte, ihren Zustand noch besser werden zu lassen, bevor wir uns Gedanken darüber machen, was wir für ihre Tochter Julia tun können, gehen wir die oben genannten Schuld-Entnahme-Sätze nochmals ruhig und fühlend durch. Danach sind ihre Beschwerden (Kopf- und Bauchschmerzen, Übelkeit, Übernächtigung und Hüftschmerzen wie ausgerenkt) so gut wie weg. Sie ist zwar geschafft von den Umständen, aber wieder handlungsfähig, mit deutlich konstruktiven Zügen. Schnell kommt sie wieder in die Spur, und es fallen ihr dann doch Möglichkeiten ein, wie sie vielleicht wieder an Julia rankommen und ihr eine Hilfe in der schweren Zeit sein kann.

An dieser Stelle möchte ich anmerken, dass wir uns nicht von körperlichen Beschwerden in die Irre führen lassen dürfen. Wir sollten nicht auf die Vorstellung hereinfallen, dass körperliche Beschwerden nicht von emotionalen Anlässen verursacht sein können. Natürlich können sie das sein, und häufig sind sie es auch. Gerade dann, wenn der Mensch unter dem Einfluss von massiven Emotionen, ungeheiltem Leid und damit Unbewusster Schuld steht, können auch die scheinbar rein körperlichen Beschwerden allein durch diese veranlasst sein und folglich auch durch ihre Lösung Heilung erfahren.

Fragen Sie sich selbst, wo Sie hier hätten scheitern sollen. Falls Sie selbst eine solche Situation erleben, so möchte ich Sie darauf aufmerksam machen, die Sätze für sich selbst nicht zu übersehen: *Ich nehme die Schuld dafür von mir, dass ich Julia ihre Last nicht nehmen kann. Ich nehme die Schuld dafür von mir, dass ich Tabea ihre Last nicht nehmen kann*. Jedenfalls habe ich für mich nach diesem Telefonat diese Sätze gesprochen. Sie haben mir gutgetan.

FALLBEISPIEL 4 – GÜNTER

Günter ist ein sehr freundlicher, gut situierter Mann mit hoher Bildung und besten Umgangsformen. Er ist sehr hilfsbereit und oft von ansteckender Heiterkeit. Sein feiner Humor scheint ihn nie im Stich zu lassen. Er ist etwas über 50 Jahre alt, arbeitet in einem großen Finanzunternehmen und hat eine liebe Frau und zwei gesunde Kinder. Er neigt nicht dazu, seine Schwierigkeiten in den Vordergrund zu stellen und zum Mittelpunkt seines Lebens zu machen. Dennoch bat er mich telefonisch mit ernstem Unterton um einen persönlichen Termin in der Praxis.

Seit einigen Wochen gehe es ihm nicht gut. Körperlich fehle ihm nichts, bis auf eine gewisse Müdigkeit. Er schlafe zwar gut ein, aber später erwache er und finde nicht mehr zur Ruhe. Er liege meist einige Stunden wach, um dann kurz vor dem Wecker in einen tiefen, schweren Schlaf zu fallen.

Natürlich frage ich ihn, wie es ihm in diesen Nachtstunden gehe und woran er denke. Er macht sich Gedanken um die Zukunft, wie es weitergeht, was seine Kinder später für Berufe finden werden etc. Dabei schwingt eine Zukunftsangst mit, und sein sonst unschlagbarer Optimismus lässt ihn im Stich. Er gerät zusehends in eine pessimistische Stimmung, die sich nun auch auf den Tag ausgeweitet hat. Er ertappt sich auch dabei, wie er sich die Vorstellung macht, dass er eines Tages nicht mehr genug Geld für sein Leben haben könnte. Er findet das absurd, da er sich um Geld nicht die geringsten Sorgen machen muss und sonst auch nicht macht. Selbst wenn er heute aufhören würde zu arbeiten, so sagt er, könnte er aufgrund seiner sicheren Geldanlagen, Besitztümer und Ersparnisse genauso weiterleben wie jetzt. *Nur halt mit mehr Freizeit*, scherzt er. Aber wenn er mit der U-Bahn von der Arbeit nach Hause fährt und dort die vielen Menschen sieht, *die ausgelassen zum Oktoberfest fahren und vollgelaufen von dort zurückkommen*, dann beschleicht ihn die Angst, nicht mehr lange im Kreise dieses Wohlstands zu sein. Es ist wie eine vage Ahnung, dass ihm der soziale Abstieg droht. Er kann sich darauf keinen Reim machen, denn sowohl er als auch seine Frau kommen aus wohlhabenden Familien. Selbst wenn etwas ganz schieflaufen würde, wären sie nicht allein und hätten herzliche und finanzkräftige Hilfe. Das ist in ihrem Umfeld so üblich. Den Schalk in den Augen blitzend fügt er hinzu, dass für ihn das Schlimmste von allem sei, dass ihn seine gute Laune zusehends verlasse. Er könne immer wieder wahrnehmen, wie er von einer *subtilen Übellaunigkeit angefressen* werde, die seine wohlwollende, offene und heitere Art untergräbt. Noch hat er das im Griff, aber er möchte es auf keinen Fall so weit kommen lassen, dass sich dieses *schlimmste Übel, die schlechte Laune* weiter ausbreitet.

Natürlich versäume ich es nicht, ihn zu fragen, ob es ihm körperlich so weit gut gehe. Er beruhigt mich auf seine charmante Art mit dem Hinweis, dass sein Arzt ihn letzte Woche gesundschreiben wollte, falls er sich krank fühlen sollte, und sich von ihm eine dicke Scheibe seiner guten Konstitution wünsche. Nein, körperlich fühle er sich wohl und der Arzt habe *keine Mängel* an ihm feststellen können.

Im weiteren Gespräch stellt sich heraus, dass seine Welt vor dem Sommerurlaub noch völlig in Ordnung war. Wenn er sich an die Tage vor der sommerlichen Auszeit mit seiner Familie zurückerinnert, so kann er direkt spüren, dass da seine Welt noch rund lief und alles bestens war. Nun frage ich ihn, ob das denn am ersten Arbeitstag auch so war. Kurz in sich gegangen antwortet er mit einem klaren: *Ja, das war es.* Also nehme ich mal an, dass der Urlaub schön und problemfrei und das Nachhausekommen ohne Zwischenfälle verlaufen ist? Genau so sei es gewesen.

Nun stellt sich für mich die Frage, ob es im Privaten oder im Beruf zu einer unguten Situation oder einer schlechten Nachricht gekommen sei. Nach kurzer Pause ist er sich sicher, dass es privat nicht sein könne, aber ... Hier hält er inne. Beruflich hätte es schon schlechte Nachrichten gegeben. Diese haben ihn selbst aber nicht betroffen, und alles sei inzwischen bestens gelöst und zur Zufriedenheit aller geregelt. Daher ist er sich sicher, dass dies nicht die Ursache seiner Situation sein kann.

Dennoch möchte ich von ihm genauer wissen, was denn die schlechten Nachrichten gewesen seien.

Ungefähr eine Woche nach dem Urlaub wurde bei ihm in der Arbeit bekannt gegeben, dass einige Arbeitsstellen in seiner Abteilung abgebaut werden. Obwohl er nicht davon betroffen war und auch zu keiner Sekunde damit gerechnet habe, dass es für ihn irgendwelche Nachteile haben könne, war es doch ein Schlag. Denn es hat einen lieben Kollegen und eine geschätzte Kollegin erwischt. Der Kollege war schon seit vielen Jahren in dem Unternehmen und zu einem Freund geworden. Die geschätzte Kollegin kannte er ebenfalls schon lange. Beide gehörten zu einer Gruppe von Mitarbeitern, die sich gern zum Mittagessen und auch sonst hin und wieder privat mit ihren Familien verabredeten.

Für beide waren es turbulente Tage. Zum einen gingen nun zähe Verhandlungen um eine Abfindung los, und dort wurde ihnen dadurch arg zugesetzt, dass man sie deutlich spüren ließ, dass sie nun nicht mehr dazugehörten und für das Unternehmen uninteressant geworden wären. Zum anderen bangten sie darum, ob sie wieder eine gute Arbeitsstelle finden würden. So saßen sie einige Male in den Pausen und beim Mittagstisch zusammen und teilten ihre Nöte und Sorgen. Günter kann sich gut erinnern, wie es ihn selbst mitgenommen hat. Auch seine Frau, die beide Kollegen ebenso gut kennt und mag, fühlte mit und war voller Sorge.

Glücklicherweise erwiesen sich Günters Kontakte als sehr hilfreich, und er landete zwei Volltreffer. Binnen weniger Tage waren die von ihm hergestellten Kontakte sehr fruchtbar, und sowohl die Kollegin als auch der Kollege fanden ganz in der Nähe neue Arbeitsstellen, die ihnen gefallen – mit gutem Gehalt.

Hier unterstrich Günter nochmals seine Überzeugung, dass es an diesem Zwischenfall nicht liegen könne, da sich schließlich alles zum Guten gewendet habe. Ich frage ihn nun, wie er sich hier und jetzt fühle, wenn er sich genau an den Moment zurückerinnert, als er die Nachricht bekommen habe. Er geht einen Augenblick in sich und spricht entschlossen: *Schrecklich, mir blieb die Forelle im Hals stecken!* Sie saßen zu dritt beim Mittagessen in der Kantine zusammen, als er von den beiden eingeweiht wurde. *Da war alles Schwarz in Schwarz. Johannes hatte gerade den Bauvertag für sein Haus unterschrieben, und Yvonne musste ein zuverlässiges Einkommen haben, da ihr Mann einen Burn-out hatte und ein Jahr Pause von der Arbeit macht.*

Da Günter ein intelligenter und fühlender Mann ist, hat ihm die kurze Erklärung gereicht, dass die Situation real zwar nun bestens gelöst war, aber schon allein die Erinnerung daran sofort eine emotionale Belastung in ihm hervorruft. Folglich gibt es da noch eine aktuelle emotionale Belastung um ein damals ungelöstes Leid, obwohl dies inzwischen gelöst wurde. Also hängt da noch etwas fest.

Wir sollten also für ein Update sorgen? fragt er scherzend.

Ich bat ihn, sich aufrecht hinzusetzen, die Augen zu schließen und ruhig zu atmen, bevor ich mit dem ersten Satz begann.

Ich nehme die Schuld dafür von mir, dass Johannes und Yvonne gekündigt wurde.

Sein vorher unmerklich angespanntes Gesicht wurde deutlich gelöster. Die Wiederholungen taten ihm sichtlich gut.

Ich nehme die Schuld dafür von mir, dass sich die beiden in schwierigen Lagen befunden haben.

Seine Entspannung setzte sich bei der Wiederholung dieses Satzes deutlich fort.

Ich nehme die Schuld dafür von mir, dass beide Angst um ihre Zukunft hatten.

(Warum diesen Satz? Weil diese Angst einer seiner Gründe war, zu mir zu kommen.) Wieder deutliche Erleichterung.

Ich nehme die Schuld dafür von mir, dass ich nicht in Gefahr war. Während der erleichterten Einatmung öffnet er die Augen und sieht mich fragend an. Dann nickt er kurz, schließt sie wieder und wiederholt den Satz.

Ich lasse ihn machen und warte, was passiert. Dann scheint er fertig zu sein, blickt mich froh an und sagt: *Das ist mein Lieblingssatz – der hat mich jetzt erlöst.* Zur Kontrolle frage ich ihn noch, wie es ihm jetzt geht, wenn er an den Moment der Verkündung des Unheils zurückdenkt. *Die Forelle war eigentlich sehr lecker, schade, dass sie das durchmachen musste.*

Ich entlasse ihn und lege ihm nahe, diese oder ähnliche Sätze auch mit seiner Frau zu sprechen, denn schließlich hat sie auch gelitten.

Drei Stunden später hatte ich ihn auf dem AB, mit der Nachricht, dass es jetzt auch seiner Frau wieder gut gehe, die gar nicht wusste, dass es ihr schlecht ging. Zudem solle ich meine *segensreichen Worte* eventuell etwas besser dosieren, weil er vor lauter guter Laune auf der Heimfahrt fast zwei Beulen in sein Auto gefahren habe.

Gut, hier wären Ihnen die passenden Schuld-Entnahme-Sätze vielleicht nicht ganz so leicht eingefallen, weil Sie eventuell die zugrunde liegende Situation nicht gleich erkannt hätten. Vielleicht hätten Sie den gleichen Fehler gemacht, dem auch ich zu Beginn dieser Arbeit hin und wieder unterlag: *Wenn die Situation gelöst ist, dann haben wir doch gar kein ungeheiltes, ungerettetes, ungelindertes und ungetröstetes Leid mehr.* Jein. Sie, Ihr Verstand und mein Verstand haben recht, aber »weiß« das auch unser mitfühlendes Herz? Ist es dort schon wirklich angekommen? Manchmal ist die Erleichterung noch nicht (ganz) angekommen, obwohl die Kuh schon vom Eis, der Stachel aus dem Fleisch und der Kopf aus der Schlinge gezogen ist.

Dieser Fall war etwas tückisch, denn wir haben ein aktuelles Leid zu einer nicht mehr aktuellen Situation. (Das Leid war aktuell, denn wenn Günter daran dachte, blieb ihm *die Forelle im Hals stecken*.) Halten wir uns bei dieser Arbeit also weiterhin an das aktuelle Leid und nicht allein an die aktuelle Situation.

Aber, bevor wir uns unnötig den Kopf zerbrechen, probieren wir solch fragliche Sätze doch einfach aus – die Antwort kommt ohnehin nicht aus dem Kopf, sondern vom ... Aber das wissen Sie sowieso schon längst.

FALLBEISPIEL 5 – SOPHIA

Sophia ist 15 Jahre alt. Ich kenne sie schon länger, allerdings nur im Kontext von Haut- und Darmgeschichten. Ihre Mutter hatte mit den Worten *Sie ist gerade schrecklich, und ihr geht es auch schrecklich* angerufen. Und wir haben einen Termin ausgemacht. Nun sitzt sie vor mir, und schon der erste Eindruck verrät, dass sie irgendetwas gehörig aus dem Gleichgewicht gebracht hat.

Als ich sie frage, weshalb wir hier zusammensitzen, lautet ihre Antwort etwa so: *Ach, ich weiß auch nicht, auf jeden Fall nervt es. Alles nervt. Ich habe überhaupt keine Lust dazu.* Ich frage sie, worüber sie traurig sei, worauf sie mich leicht anfaucht, dass sie nicht traurig, sondern genervt sei. In einer solchen Verfassung habe ich Sophia noch nicht erlebt, ich kenne sie als freundliche junge Frau. Also frage ich noch mal anders. *Wenn du traurig wärest, worüber würdest du dann traurig sein?* Ihr Gesicht verrät mir, dass sie nun etwas milder gestimmt ist und ich mit meiner Frage bei ihr angekommen bin. Sie sagt, dass sie traurig sei, weil sie sich mit ihren Eltern gerade gar nicht gut verstehe. Ich sage ihr, dass ich darüber schon im Bilde sei. Ich frage sie, worüber sie denn noch traurig sei. *Ist alles in Ordnung in der Schule? Mit den Freundinnen auch alles gut?* Das Wasser steigt in ihre Augen, sie legt das Gesicht in die Hände, beugt sich vor und weint schluchzend los. Mir scheint, als wäre sie mit irgendetwas hoffnungslos überfordert. Als wären ihre Reizbarkeit, ihr Genervt-Sein und ihre Unleidlichkeit, wie es ihre Mutter am Telefon beschrieben hat, ein Ausdruck von Überforderung. Daher frage ich sie: *Wobei könntest du oder jemand anders Hilfe gebrauchen?* Sie schluchzt und schluchzt, ich setze mich zu ihr und klopfe sanft an ihr die Punkte des EFT-Schemas, an die ich gerade gut herankomme. Sie antwortet mir nicht, aber vermutlich kann sie gerade vor lauter Schluchzen auch nicht sprechen. Also beginne ich, ins Blaue hinein zu fragen: *Braucht dein Bruder Hilfe?* Da ich keine Antwort bekomme und auch keine Veränderung an ihr erkennen kann, frage ich weiter. *Braucht deine Mama Hilfe?* Wieder keine Antwort oder Veränderung. *Braucht dein Vater Hilfe?* Wieder nichts. *Brauchen Oma oder Opa Hilfe?* Keine Veränderung. *Braucht eine Freundin von dir Hilfe?*

Sie richtet sich zu mir auf, schaut mich aus verweinten Augen an und sagt verzweifelt: *Helena geht es so sch...! Ihr geht es so besch...! Könnte ich ihr doch nur helfen!*

Was ist los bei ihr?

Ihre Eltern streiten sich nur noch, ihr Bruder ist ausgezogen, und sie ist jetzt damit allein – und ihr Pferd ist auch noch krank.

Okay, nun verstehe ich ihre Verzweiflung, ihre Reizbarkeit, ihre Traurigkeit und ihre Überforderung. Ich frage sie, ob sie Helena häufig sehe, ob sie oft bei ihr sei, ob sie versuche, sich um sie zu kümmern. (Mit dieser Frage möchte ich einen Eindruck davon bekommen, wie sehr sie involviert ist und wie verantwortlich sie sich für Helena fühlt.) Sie antwortet, dass sie fast nur noch bei ihr sei und da auch den Streit ihrer Eltern mitbekomme. (Sie ist also sehr involviert und fühlt sich sehr verantwortlich. Aber wie soll es auch sonst sein: Unser Herz unterscheidet nicht zwischen eigenem und fremdem Leid und fragt nicht nach der Ursache.) Sie könne bald auch nicht mehr.

Da ich weiß, dass die beiden schon seit dem Kindergarten befreundet sind und sich ihre Eltern und die von Helena gut kennen, frage ich, ob Helena nicht mal eine Zeit bei ihr wohnen könne. Das scheint ihr ein Hoffnungsschimmer zu sein. Sie hört auf zu weinen, sie scheint darüber nachzudenken. Dann schaut sie mich zweifelnd an und meint, dass ihre Eltern es wohl nicht erlauben werden, weil sie mit ihnen zurzeit so viel streitet. Ich erkläre ihr, dass es sein könnte, dass sie deshalb so viel mit ihnen streite, da sie durch die Überforderung mit der Situation von Helena so unter Spannung stehe, dass sie einfach anders, vielleicht manchmal unfreundlicher und reizbarer reagiere als sonst. Sie räumt ein, dass sie an dem Streiten oft Schuld sei, weil es sich genau so verhalte.

Nun erläutere ich ihr meine Sicht der Dinge. Im Wesentlichen gibt es für mich drei mehr oder weniger getrennt voneinander zu betrachtende Punkte:

1. Es gilt, ein Gespräch mit ihren Eltern zu führen, um ihnen die Situation von Sophia näher zu bringen.
2. Ferner wäre es ratsam für Sophia, möglichst viel emotionale Erleichterung zu schaffen, was wohl überwiegend durch die Lösung von Unbewusster Schuld zu bewältigen ist.
3. Letztendlich ist zu akzeptieren, dass sie Helena ihre Last nicht abnehmen kann. Helena wäre wohl am meisten geholfen, wenn Sophia für sie da ist, sich aber möglichst wenig involviert fühlt. (Denn wenn es Sophia wegen Helena schlecht geht und sie leidet, dann wird Helena zu all ihrer bisherigen Last auch

noch die Unbewusste Schuld samt belastenden Emotionen unbewusst auf sich nehmen, dass es Sophia wegen ihr schlecht geht. Das habe ich Sophia natürlich nicht gesagt.)

Mein kleiner Vortrag scheint bei Sophia auf Zustimmung zu stoßen, denn sie fragt direkt nach, wie sie das alles machen könnte. Ich schlage vor, dass ich mit ihrer Mutter telefoniere, ihr die ganze Sache erkläre und ihr den Vorschlag mache, dass Helena vielleicht eine Zeit bei ihnen wohnen könnte. Damit ist sie einverstanden. Dann würden wir in den nächsten Minuten Sätze sprechen, um zu sehen, wie viel Erleichterung wir für sie erreichen können. Sie weiß nicht so recht, was da auf sie zukommt, aber sie zuckt zustimmend mit den Schultern. Wie gut sie dann für Helena da sein kann, ohne sich ihre Sache zu sehr zu Herzen zu nehmen, das müssen wir dann sehen. Sie stimmt zu und fragt, wann ich mit ihrer Mutter telefonieren werde. Ich schlage vor, sie jetzt gleich anzurufen.

Gesagt, getan – allerdings habe ich nicht die Mutter am Telefon, sondern den Vater, den ich recht gut kenne. Ich erläutere ihm die Situation, auch aus Sophias Sicht, und werbe ein wenig für Helenas vorübergehenden Einzug. Er schluckt ein paar Tränen, weil er froh ist, dass er seine Sophia jetzt wieder verstehen kann und dass bald vielleicht wieder bessere Zeiten in ihrem Zusammenleben anbrechen. Er stimmt dem Vorhaben zu und bietet von sich aus an, gleich mit den Eltern von Helena zu telefonieren, um sie zu fragen, ob es für sie in Ordnung wäre, wenn Helena eine Zeit bei ihnen wohnt.

Dann möchte er noch ein paar Worte mit seiner Tochter sprechen. Ich reiche den Hörer rüber, und an ihrem Gesicht lässt sich gut erkennen, dass er verständnisvoll mit ihr spricht. Es tut ihr sichtlich gut. Kaum ist das Gespräch beendet, beginnen wir nach kurzer Vorbereitung mit den Sätzen.

Ich nehme die Schuld dafür von mir, dass sich die Eltern von Helena ständig streiten.

Schon beim Vorsprechen ist Erleichterung sichtbar, und als sie den Satz selbst spricht, sieht es so aus, als würden ihr einige Steine vom Herzen fallen. Natürlich wiederholen wir den Satz, bis er so gut wie neutral ist.

Ich nehme die Schuld dafür von mir, dass Helena von ihrem Bruder mit dem Ärger daheim allein gelassen wurde.

Dieser Satz ist auch erleichternd, aber nicht ganz so gravierend wie der vorherige. Durch fühlende Wiederholung kommen wir auch hier der Neutralität sehr nahe.

Ich nehme die Schuld dafür von mir, dass das Pferd Prinz krank ist.

Der Satz zeigt wenig Wirkung. Nach einer Wiederholung lassen wir ihn fallen.

Ich nehme die Schuld dafür von mir, dass es Helena so furchtbar schlecht geht.

Sie bricht für ein paar Schluchzer in heftiges Weinen aus, was sich durch die Wiederholung in Erleichterung verwandelt. Bald ist dieser Satz ebenso so gut wie neutral.

Ich nehme die Schuld dafür von mir, dass ich und Mama und Papa zur Zeit so viel streiten.

Der nächste Stein fällt von ihrem Herzen. Sie scheint jetzt noch aufrechter und in sich ruhender dazusitzen.

Ich nehme die Schuld dafür von mir, dass es mir durch Helenas Leid so schlecht geht.

Jetzt holt sie spontan tief Luft, richtet sich auf, hebt ihre niedergedrückten Schultern und lächelt das erste Mal. Natürlich holen wir für sie alle Erleichterung ab, welche dieser wunderbar einfache Schuld-Entnahme-Satz für sie zu bieten hat. Jetzt sind wieder ihre ursprüngliche Kraft und Klarheit zu erkennen. Jetzt kommt sie wieder auf die Beine.

Ich nehme die Schuld dafür von mir, dass ich Helena nicht besser helfen kann.

Dieser Satz verläuft gänzlich unspektakulär, aber es ist zu erkennen, wie es sie auf eine stille Weise stärkt und festigt.

Um ein möglichst gutes Ergebnis zu erzielen, wiederholen wir, nochmals von vorn beginnend, jeden dieser Sätze langsam, fühlend und bedächtig. Wie es sich aber zeigt, haben wir zuvor gut gearbeitet, denn es ist kaum mehr eine Verbesserung zu erzielen.

Da ich gern wüsste, ob es mit dem Einzug von Helena bei Sophias Familie klappt, möchte ich ihren Vater nochmals anrufen. Der hat inzwischen aber auf den AB gesprochen, dass er schon mit Helenas Mutter telefoniert habe und diese das für eine gute Idee halte. Zur Sicherheit hat er sich noch grünes Licht von ihrem Vater geholt. Er freut sich auf den neuen Abschnitt und sitzt schon im Auto, um Sophia von mir abzuholen. Wir sollen uns nicht eilen, er setzt sich still ins Wartezimmer und liest ein Buch.

Sophia ist glücklich und sieht wieder zuversichtlich aus. Sie fragt, ob sie schon fertig ist, da sie ihrem Vater entgegengehen will. Sie will sich gleich für ihre Laune der letzten Zeit bei ihm entschuldigen. Ich lasse sie ziehen und verabrede mit ihr, dass wir uns die nächsten Tage hin und wieder sprechen und sie nicht zögern soll, sich zu melden, wenn sie das möchte. Und schon ist sie weg ...

Wie diese Schuld-Entnahme-Sätze zu bilden waren, wäre Ihnen möglicherweise genauso offensichtlich gewesen wie mir. Schließlich hat Sophia genau benannt, was ihr auf dem Herzen liegt.

Natürlich lässt sich mit der Lösung von Unbewusster Schuld nur das lösen, was damit eben zu lösen ist. In diesem Fall hatten wir das Glück, dass ihr Vater ein großes Vaterherz hat und ein Mann der Tat ist. Damit konnte vorerst ein neuer Rahmen geschaffen werden, der die ganze Sache deutlich erleichtert und vielleicht eine neue Entwicklung in der ganzen Angelegenheit ermöglicht.

Tatsächlich habe ich die kommenden Tage von ihr gehört. Mit kleinen Rückschlägen ging es weiter deutlich bergauf, und der Einsatz von einigen wenigen Gaben homöopathischer Arzneimittel hat ihr gute Dienste geleistet.

FALLBEISPIEL 6 – MEINE TOCHTER HANNAH

Dieses Beispiel halte ich kurz. Ich möchte mit ihm zeigen, wie auch dann Unbewusste Schuld entstehen kann, wenn wir ein aktuelles Leid nicht bewusst wahrnehmen.

Die beste Freundin meiner Tochter, 15 Jahre alt, hat ihr geliebtes Pony verkauft, weil sie zu groß für das Tier geworden ist. Die Freundin ist eine ambitionierte und durchaus erfolgreiche Reiterin, daher ist die Entscheidung, dass Pony herzugeben und sich um ein größeres Tier zu kümmern, rational völlig nachvollziehbar. Dennoch leidet sie sehr unter dem Abschied. Hannah, ebenso 15 Jahre alt, kümmert sich um sie und erlebt immer wieder, wie sich die Freundin (O-Ton) »die Augen aus dem Kopf heult«. Als meine Tochter mich von ihrem Handy aus wegen einer anderen Sache anruft und ich durch mein Nachfragen von der aktuellen Lage bezüglich der Freundin erfahre, bitte ich meine Tochter, diesen Satz zu sprechen:

Ich nehme die Schuld dafür von mir, dass es meiner Freundin so schlecht geht.
Aber Papa, mir geht es gar nicht schlecht.
Das ist schön, aber bitte sprich den Satz selbst und sage mir, wie er sich anfühlt.
Sie wiederholt: *Ich nehme die Schuld dafür von mir, dass es meiner Freundin so schlecht geht.*
Wie fühlt er sich an?
Gut!
Erleichtert er dich?
Ja, er erleichtert mich, er tut mir gut.
Sprich ihn bitte noch ein paar Mal ...

Das Gespräch fand statt, während Hannah zu Fuß unterwegs war, und dauerte keine zwei Minuten. Aus ihrer Sicht ging es ihr gut mit der Sache der Freundin, dennoch brachte der Schuld-Entnahme-Satz eine deutliche Erleichterung. Es muss also eine Unbewusste Schuld bestanden haben. Sie hat sie nicht bemerkt.

Das Beispiel zeigt auch, wie beiläufig, unkompliziert und alltäglich die Anwendung der LösUS-Technik erfolgen kann. Bei Hannah bedurfte es keiner Vorbereitung, weil sie gut im Fühlen ist und die Neutralreaktion schon kennt. (Mit »Neutralreaktion« ist gemeint, dass durch das Sprechen eines Satzes zur Entnahme von Unbewusster Schuld – also eines Schuld-Entnahme-Satzes – keine fühlbare Belastung im Körper oder in den Gefühlen auftritt. Die Reaktion auf den Schuld-Entnahme-Satz ist also gänzlich neutral – es tritt keinerlei Reaktion auf.)

FALLBEISPIEL 7 – KLAUS

Klaus ist 52 Jahre alt und durchlebt gerade eine schwere Phase. Ich kenne ihn schon seit Jahren und begleite ihn schon einige Wochen durch diese schwere Zeit.

Seine Frau Anja hat sich Knall auf Fall wegen eines anderen Mannes von ihm getrennt. Zum einen hat er persönlich mit diesem Schlag schwer zu kämpfen, zum anderen erlebt er das Leid ihrer Kinder, die Betroffenheit seiner Eltern und Geschwister, die sehr mit ihm leiden, und hat auch noch mit dem entstandenen finanziellen Druck umzugehen. Die Anwältin seiner Frau setzt ihm gehörig zu – aus meiner Sicht in überflüssiger Härte und auf durchaus unfaire Weise. Klaus ist also gut bedient.

Nun sitzen wir wieder beisammen, und er erzählt mir die neueste Wendung der Angelegenheit: Der Freund von Anja hat sich für ihn völlig überraschend von ihr getrennt. Klaus erzählt mir das mit Verwunderung und durchaus auch mit einem gewissen Gefühl von Schadenfreude und wohl auch ganz leichter Hoffnung. Als ich ihn frage, wie es Anja damit gehe, bekommt er ein seltsam verspanntes, leichtes Lächeln im Gesicht. Ihr gehe es damit gar nicht gut, sie sei wohl völlig überrumpelt, desillusioniert und am Boden zerstört. Da ich ein wirklich gutes Verhältnis zu ihm habe, gesteht er mir zögerlich, dass er sich darüber schon ein wenig freue und nicht umhinkönne, ihr diese furchtbaren Gefühle ein wenig zu gönnen. Ich versichere ihm, dass ich ihn gut verstehen könne, schlage ihm aber trotzdem vor, ein paar Schuld-Entnahme-Sätze in der Sache auszuprobieren. Etwas verwundert stimmt er zu, und ich beginne zu formulieren:

Ich nehme die Schuld dafür von mir, dass es Anja so schlecht geht. In seinem Gesicht treffen sich Überraschung und Erleichterung. Bevor er fragen kann, bitte ich ihn, den Satz selbst zu sprechen. Die verblassende Überraschung weicht der deutlichen Erleichterung, während sich über die Erleichterung wieder Überraschung einschleicht. Bevor er mich über das »Warum« löchern kann, halte ich ihn so lange in der Wiederholung des Satzes, bis alle Erleichterung eingetreten und der Satz ein Neutralsatz geworden ist. Unverzüglich formuliere ich meinen zweiten Satz:

Ich nehme die Schuld dafür von mir, dass meine Frau Anja völlig überraschend von ihrem Freund verlassen wurde.

Neben der massiven Erleichterung verrät sein Gesicht einen Anflug von Empörung. Aber noch bevor wir alle Erleichterung durch Wiederholung herbeiführen konnten, ist die Empörung ganz verschwunden. Er wirkt nun deutlich erleichtert und besteht auf einer Erklärung: *Empfindest du noch etwas für Anja?*

Ja!

Wie sollte es deinem Herz dann gut gehen, wenn es ihr schlecht geht?

Darauf schweigt er perplex, rappelt sich aber schnell auf und interveniert: *Aber siehst du nicht, was sie mir angetan hat? Wie schwer das alles für mich, die Kinder und alle anderen ist? Was für eine finanzielle Katastrophe auf uns zukommt?*

O ja, das sehe ich – und ich sehe auch dein mit ihr leidendes Herz. Die Tatsache, dass ihr durch ihr Handeln in diese Lage gekommen seid, heilt nicht deinen Schmerz über ihr Leid. Beides ist zugleich da. Er stimmt nachdenklich nickend zu, und ich schlage ihm diesen Satz vor:

Obwohl es mir, den Kindern und anderen Menschen mit Anjas Trennung von mir wirklich schlecht geht, nehme ich die Schuld dafür von mir, dass sie jetzt unter der plötzlichen Trennung von ihrem Freund leidet.

Dieser »Konfliktlösung-Schuld-Entnahme-Satz« erleichtert ihn deutlicher als die beiden vorigen Schuld-Entnahme-Sätze: Jetzt ist sein Gesicht erleichtert und friedlich – nicht verspannt, überrascht oder empört. Um die Wirkung abzurunden, drehen wir den Satz nach der Wiederholung um:

Ich nehme die Schuld dafür von mir, dass Anja unter der plötzlichen Trennung von ihrem Freund leidet, obwohl es mir, den Kindern und anderen Menschen mit ihrer Trennung von mir wirklich schlecht geht.

Auch »wenn Rache süß ist«, so kann sie unser Herz doch schmerzen, und letztendlich Unbewusste Schuld verursachen, da sie Leid nach sich zieht.

Dieses Fallbeispiel zeigt, dass wir auch unter Leid leiden können, dass uns unbewusst ist. Wir können auch dann leiden, wenn wir gar nichts davon fühlen oder wenn wir gar über die Sache, an der wir unmerklich leiden, Gefühle von Freude, befriedigter Rache oder Gerechtigkeit fühlen. Die Frage nach der Unbewussten Schuld wird wohl bis ans Ende aller Tage die gleiche bleiben: Ist da ungeheiltes, ungerettetes, ungelindertes und ungetröstetes Leid? Wenn ja, dann sollten wir uns immer bewusst sein, dass unser Herz darauf vermutlich reagieren wird. Es unterscheidet weder, ob es mein oder fremdes Leid ist, noch fragt es nach der Ursache.

Nachdem Klaus gegangen ist, spreche ich noch zwei Sätze für mich: *Ich nehme die Schuld dafür von mir, dass es Klaus so schlecht geht. Ich nehme die Schuld dafür von mir, dass es Anja so schlecht geht.* Beide tun mir gut.

KAPITEL 8 – FALLBEISPIELE ZUR LösUS-THERAPIE

Die Fallbeispiele für die LösUS-Therapie sind kommentierte Abschriften von Therapiesitzungen. Es ist gut zu erkennen, dass die LösUS-Therapie das passende Werkzeug ist. Mit der gegenwärtigen belastenden Situation beginnend ist nicht abzusehen, wohin uns die Aurafeld-Suchtechnik (kurz: AFST, siehe Seite 97) zum Ursprung der Beschwerde führen wird. Es gib keinen erkennbaren Bezug. Es ist aussichtslos, diese Frage mit dem Verstand klären zu wollen. (Die häufig gehörten solchen oder ähnlichen herbeigedachten Erklärungen bereiten mir inzwischen fast Ohrenschmerzen: *Meine pubertierende Tochter ist deshalb so ekelhaft zu mir, weil ich in einem vorigen Leben eine Prinzessin war und sie als damalige Dienerin gar nicht gut behandelt habe.*)

Ebenso wird an mehreren Stellen gut sichtbar, dass es durch Schuld-Entnahme-Sätze sowie durch LösUS-Plus-Selbstvergebungssätze zu erheblichen Belastungsreaktionen kommen kann. Auch zu Reaktionen von der Dimension, dass ein mit der LösUS-Therapie unvertrauter Anwender mit deren Verarbeitung hoffnungslos überfordert ist. Die LösUS-Therapie gehört, im Gegensatz zur LösUS-Technik für den Selbstanwender, unbedingt in die Hände eines LösUS-Practitioners.

Auch und gerade dann, wenn wir helfen wollen, haben wir eine erhebliche Verantwortung für das Wohlergehen unserer Mitmenschen und uns selbst. (Würden Sie Ihre Rettung in die Hände eines unerfahren-zittrigen Bergwachtlers, eines wackligen Rettungsschwimmers oder eines hinter den Ohren noch grünen Rettungssanitäters legen wollen?) Es hilft nichts, wenn wir mit großem Herzen und heroischen Vorsätzen für das Wohl anderer losziehen, um dann auf halbem Weg stecken zu bleiben, nicht mehr weiter zu wissen und bei sich selbst und dem anderen mehr Leid zu hinterlassen, als wir vorgefunden haben. Wir haben hier eine große Verantwortung – allen Beteiligten gegenüber. Denn wenn wir ein verborgenes, ungeheiltes Leid eines Mitmenschen an die Oberfläche holen und direkt fühlbar machen, wenn wir also die

NÖTIGE ENTLASTUNG FÜR HEIL- UND HILFSBERUFE

Ich habe schon mit einigen professionellen Helfern (Rettungsassistenten, Krankenschwestern, Intensivpflegern, Heilpraktikern, Ärzten, Familienaufstellern, Berg- und Wasserwachtlern, Polizisten, Schutztruppenangehörigen, GSG9-Beamten etc.) schwerste Sitzungen durchlebt, deren offensichtliche oder verborgene Last darin bestand, dass sie in verschiedenen Situationen ein Leid nicht lindern, retten, trösten oder heilen konnten. Natürlich kenne ich das selbst aus meinem beruflichen Leben als Heilpraktiker nur zu gut – und immer war und ist es ein Antrieb für mich, mich weiterzuentwickeln, Methoden zu finden und zu verknüpfen, Ansätze zu vertiefen und meine helfenden Fähigkeiten auszubauen.
Aber letztendlich hat auch der beste Therapeut und Helfer bei all den für seine Mitmenschen erreichten Erfolgen seine ganz private »Schwarze Liste« von ungeheiltem Leid. Egal, wie kurz sie ist – sie ist eine drückende, wenn auch oft nicht mehr direkt wahrnehmbare Last. Der hier und da demonstrativ vor sich hergetragene Galgenhumor kann mich über diese Not nicht hinwegtäuschen. Ganz im Gegenteil ist er für mich zu einem Sofortindikator für das Vorhandensein von Unbewusster Schuld geworden.
Hiermit lade ich ein und fordere die in diesen Berufen arbeitenden lieben Mitmenschen dazu auf, Selbsthilfegruppen zu bilden und die LösUS-Technik in ihr tägliches Werk einzubinden.

Büchse der Pandora suchen, finden und öffnen, so sind wir auch um unser selbst willen gut beraten, wenn wir diesem Leid dann auch tatsächlich mit ruhigem Mut, großem Herzen und vertrauten und passenden Werkzeugen begegnen können.

Auf die Aurafeld-Suchtechnik werde ich hier nicht weiter eingehen. Es sei nur gesagt, dass wir dabei mit Stiften auf Papier arbeiten. Ihre Anwendung ist im Rahmen der LösUS-Technik für den Selbstanwender nicht geeignet und nicht verantwortbar. Schon allein deshalb nicht, weil sich mit ihr in die Tiefen der seelischen Ozeane hinabgleiten lässt, in welchen sich die hochexplosiven Verwerfungen finden lassen, mit deren Eruptionen nur der selbsterfahrene, durch einige LösUS-Sitzungen schon geklärte und intensiv ausgebildete Anwender umgehen kann.

Auch wenn ich mit Ihnen schon so viel geteilt habe und ich ein Freund der offenen Worte auf Augenhöhe bin, bitte ich an dieser Stelle für meine Verschlossenheit um Ihr Vertrauen, um Verständnis und Nachsicht. Danke!

FALLBEISPIEL 1 – FLORIAN

Dieses Fallbeispiel stammt noch aus der Zeit vor der Integration der Selbstvergebung in LösUS. Dennoch habe ich es in dieses Buch übernommen, um den Unterschied, den Fortschritt greifbar zu machen.

Fühlen Sie sich gern so frei und formulieren Sie an dieser oder jener Stelle für Florian, sozusagen aus dessen Mund heraus, passende Selbstvergebungssätze.

Alter	10 Jahre
Beschwerde	Häufige Kopf- und Bauchschmerzen
Vorgeschichte	Florian hat immer wieder Kopf- und Bauchschmerzen. Es ist unklar, ob diese Schmerzen nach dem Verzehr von Gluten auftreten.
Ausgangssituation	Florian mit den Kopf- und Bauchschmerzen.

Ich:	Wie fühlt es sich an, wenn du diese Schmerzen hast? (Gerade jetzt, zum Zeitpunkt der Sitzung, hat er keine Beschwerden. Daher beginnen wir mit der Aurafeld-Suchtechnik in einer Situation der letzten Tage, bei welcher seine Beschwerden vorhanden waren.)
Florian:	Da ist Übelkeit im Hals.
Ich:	Gut, was kannst du noch fühlen?
Florian:	Ich habe Angst, dass ich spucken muss.
Ich:	Gut, ist da noch was zu fühlen?
Florian:	Ja, ich habe Angst, dass es schlimmer wird.
Ich:	Das kann ich verstehen.
Florian:	Mir ist es mal heiß und mal kalt.
Ich:	Gut. Gibt es da noch etwas zu fühlen?
Florian:	Ja, da ist Traurigkeit.

Ich:	Wo ist diese Traurigkeit?
Florian:	In meinem Herz.
Ich:	Ist da noch was zu fühlen?
Florian:	Nein, das ist alles.
	(Hier folgt nun eine einfache Technik, die mit Kindern meist gut funktioniert. Diese Technik hilft uns dabei, den Ursprung der Beschwerden zu finden.)
Ich:	Stell dir vor, du bist dort, du bist krank. Du bist vor einem großen Spiegel, in dem du dich ganz sehen kannst. Das ist ein Zauberspiegel. Wenn du dort mit deiner Traurigkeit hineinsiehst, dann zeigt dir der Zauberspiegel, wo und wann diese Traurigkeit entstanden ist. Lass dir Zeit, Zauberspiegel brauchen manchmal etwas, um das richtige Bild zu zeigen. Wenn du etwas sehen kannst, dann lass mich bitte wissen, was es ist. Kannst du dich im Spiegel sehen?
Florian:	(Er nickt.)
Ich:	Bist du jünger als heute?
Florian:	(Er nickt.)
Ich:	Was schätzt du, wie alt du dort bist?
Florian:	Ich habe eine kurze rote Hose an.
Ich:	Kannst du noch was erkennen?
Florian:	Ich habe eine blaue Fleecejacke an.
Ich:	Stell dir vor, dass du, der Florian von heute, nun in den Spiegel hineingehst. Du gehst zu dem Florian mit der roten Hose und der blauen Fleecejacke. (Ich warte ein wenig.) Kannst du dir das vorstellen?
Florian:	Ja, ich liege dort im Bett, in Mamas Bett, dort in der Wohnung, wo wir damals gewohnt haben.
Ich:	Was kannst du noch erkennen?
Florian:	Ich bin krank. Mama muss zum Einkaufen fahren. Als sie weg ist, muss ich noch mal spucken. Ich spucke in die Schüssel neben dem Bett. Ich bin ganz traurig, dass Mama nicht da ist.
Ich:	Schau bitte auf den kleinen Florian. Was meinst du, wie alt er ist?
Florian:	Er ist so vier.
Ich:	Gut, so vier Jahre alt.
Florian:	Er ist viereinhalb.

Ich:	Kannst du dich verstehen, dass du traurig bist, wenn du erbrechen musst und die Mama nicht da ist? Oder bist du da komisch, bist du da seltsam?
Florian:	Also jetzt ist es nicht mehr so schlimm. Aber damals, als ich kleiner war, da war es schon schlimm.
Ich:	Kannst du dich verstehen, dass du damals mit 4 ½ Jahren traurig warst, als Mama nicht da war und du traurig warst?
Florian:	(Er nickt mit traurigem Blick.) (Ich klopfe an ihm das EFT-Muster, aber sein Gesicht verändert sich nicht. Da sich die emotionale Belastung nicht verändert, habe ich den Verdacht, dass eine Unbewusste Schuld mit im Spiel ist. Siehe »Zwei Typen von emotionaler Belastung« auf Seite 52.)
Ich:	Du bist ja nicht schuld daran, aber spüre, wie sich diese Sätze anfühlen. *Ich nehme die Schuld dafür von mir, dass ich damals krank war.*
Florian:	*Ich nehme die Schuld dafür von mir, dass ich damals krank war.*
Ich:	Wie fühlt sich das an?
Florian:	Erleichternd. (Sein Gesicht bestätigt seine Aussage.)
Ich:	Dann sprechen wir den Satz jetzt noch mal. Sprich ihn ganz langsam und fühle, wie es dir dabei geht. (Er spricht den Satz noch viermal langsam und fühlend. Nach jeder Wiederholung hellt sich sein Gesicht auf, und er sitzt nach und nach aufrechter da.)
Florian:	Jetzt fühlt es sich wieder normal an.
Ich:	Du meinst, der Satz macht dich nicht mehr leichter?
Florian:	Ja. Es fühlt sich jetzt ganz normal an. (Das ist uns die liebste Reaktion. Der Schuld-Entnahme-Satz reicht aus, um die Unbewusste Schuld und zugleich die verbundenen, belastenden Emotionen zu lösen.)
Ich:	Nun schau mal, was passiert, wenn du als der große Florian zu dir als kleinen Florian sprichst: *Ich nehme die Schuld von dir, dass du krank bist.* (Hier geht es mir um die Vertiefung und Festigung der Schuld-Entnahme. Ich will mir ganz sicher sein, dass er wirklich frei ist. Denn wenn er das nicht ist, dann

ist das nicht gut für seine zukünftige Gesundheit. Wir können Unbewusste Schuld nur selbst von uns nehmen. Da er hier die Schuld von sich selbst als jüngeren Florian nimmt, kann das gut gemacht werden.)

Florian: *Ich nehme die Schuld von dir, dafür dass du krank bist.*

Ich: Wie ist das?

Florian: (Gerührt spricht er leise:) Gut.

Ich: Dann sprich es noch mal. Der Große hilft dem Kleinen.

Florian: *Ich nehme die Schuld von dir, dafür dass du krank bist.*
(Ohne Aufforderung wiederholt er den Satz noch dreimal.)

Ich: Geht es gut damit?

Florian: (Er nickt lächelnd. In der Angelegenheit bin ich mir jetzt sicher genug. Es kann also mit einem anderen Satz weitergehen.)

Ich: Gut, dann kommt hier der nächste Satz:
Ich nehme die Schuld dafür von mir, dass Mama gerade nicht da ist und ich allein bin.

Florian: *Ich nehme die Schuld dafür von mir, dass Mama gerade nicht da ist und ich allein bin.*

Ich: Wie fühlt sich das an?

Florian: Erleichternd.

Ich: *Ich nehme die Schuld dafür von mir, dass auch der Papa nicht da ist.*
(Die Eltern leben zu der Zeit schon getrennt. Florian war damals bei seiner Mutter, es war also nicht zu erwarten, dass Papa da ist. Aber das interessiert weder ein Kind noch ein Herz.)

Florian: *Ich nehme die Schuld dafür von mir, dass auch der Papa nicht da ist.*
(Er wiederholt wieder automatisch.)

Ich: Wie fühlt sich das an?

Florian: Auch erleichternd.

Ich: Welcher Satz ist der erleichterndere?

Florian: Beide sind gleich.

Ich: *Ich nehme die Schuld dafür von mir, dass meine Eltern gerade nicht da sind.*
(Nochmals kurz zurück zur Systematik: Klar, er ist nicht daran schuld, dass die Eltern nicht da sind. Die Frage

ist einzig und allein, ob es damit ein Leid geben kann. Kann es damit ein Leid geben? Na, sicher.)

Florian: *Ich nehme die Schuld dafür von mir, dass meine Eltern gerade nicht da sind.*

(Wir wiederholen den Satz dreimal. Nach anfänglicher Erleichterung kann ich sehen, dass die Erleichterung angekommen ist und nichts weiter passiert. Daher folgt der nächste Satz.)

Ich: *Ich nehme die Schuld dafür von mir, dass ich allein bin.*

(Flüsternd wiederholt er den Satz ganz ruhig und fühlend.)

Ich: Wie ist das?

Florian: Gut! (Er strahlt erleichtert.)

Ich: Du, großer Florian, bist bei dem kleinen Florian. Schau doch mal bitte, wie es dem kleinen Florian jetzt geht.

Florian: (Er fühlt genau hin.)

Ich: Wie geht es ihm dort?

Florian: Jetzt geht es ihm wieder gut.

Ich: Stell dir vor, du, großer Florian von heute, bleibst so lange bei ihm, bis die Mama wiederkommt. Was würdest du in der Zeit mit ihm machen?

Florian: Ich würde einfach bei ihm sein. Hauptsache, er ist nicht allein. Damals hätte ich gern jemand da gehabt.

Ich: Das verstehe ich. Fällt dir was ein, was du für den kleinen Florian jetzt Gutes tun könntest?

Florian: Ich würde ihm ein Buch vorlesen.

Ich: Stell dir vor, du legst dich zu ihm ins Bett und liest ihm ein Buch vor. Geht das?

Florian: Ja, wir liegen zusammen im Bett.

Ich: Was für eines würdest du ihm vorlesen?

Florian: Das Buch von der kleinen Tanne.

Ich: Du legst deinen Arm um ihn und liest ihm aus dem kleinen Tannenbüchlein vor. Wie geht es dem kleinen Florian dabei?

Florian: Gut.

Ich: Dann fühle dieses gute Gefühl. Das gute Gefühl, dass du da bist, dass er Wärme und Geborgenheit bei dir hat. Kannst du es fühlen?

Florian: Ja, ganz stark.

Ich: Dann stell dir vor, dieses Gefühl fließt ganz in dich ein. (Ich lasse ihm etwas Zeit.) Es fließt bis in dein Herz. (Ich lasse ihm wieder etwas Zeit.) Wo vorher der Bauchschmerz war, lässt du es auch hinfließen. Wenn der ganze Bauch voll von dem guten, geborgenen Gefühl ist, dann lässt du es an die Stelle des vorigen Schmerzes in den Kopf fließen. Lass dir Zeit, ich warte auf dich. (Es ist erkennbar, wie gut ihm das tut.)

Zur Verankerung klopfe ich dabei sanft wechselseitig auf seinen Handrücken. Wir haben eine positive Ressource gebildet.

Florian: (Nun öffnet er die Augen und blickt mich ruhig an.)

Ich: Nun habe ich noch einen Satz. Wollen wir ihn ausprobieren?

Florian: Ja.

Ich: *Ich nehme die Schuld dafür von mir, dass Mama und Papa sich getrennt haben.*

Florian: *Ich nehme die Schuld dafür von mir, dass Mama und Papa sich getrennt haben.*

Ich: Wie fühlt sich das an?

Florian: Gut.

Ich: Dann sprich den Satz bitte noch mal.

(Inzwischen hat er es verinnerlicht. Präsent und fühlend spricht er den Satz mehrmals. Dann bringe ich eine Variation ins Spiel.)

Ich: *Ich nehme die Schuld dafür von mir, dass Mama und Papa geschieden sind.* (Selbstständig spricht er den Satz noch dreimal.) Wie fühlt sich das an?

Florian: Das tut gut.

Ich: *Ich nehme die Schuld dafür von mir, dass ...*

Wie würdest du den Satz weitermachen?

Florian: *Ich nehme die Schuld dafür von mir, dass ...*

(Er schweigt und scheint zu überlegen.)

Ich: Hast du eine Idee?

Florian: Ich habe gedacht, dass Mama und Papa sich nicht mehr lieben.

Ich: Probiere es aus.

Florian: *Ich nehme die Schuld von mir, dass Mama und Papa sich nicht mehr lieben.*

Ich: Wie fühlt sich das an?
Florian: Gut.
Ich: Du weißt schon, dass du nicht schuld bist. Aber ein Teil von uns kann sich für so etwas trotzdem schuldig fühlen.
Florian: Ja.
Ich: Dann schau bitte noch mal zum kleinen Florian. Wie geht es ihm?
Florian: Es geht ihm gut.
Ich: Dann sage ihm doch, dass die Mama gleich wiederkommt. Er weiß es nicht, aber du, großer Florian, weißt, dass sie gleich wiedergekommen ist. Oder?
Florian: Ja, sie kam gleich wieder.
Ich: Gut, dann sag du Großer es dem Kleinen.
Florian: (Er schweigt und spricht in sich hinein.)
Ich: Wie geht es ihm?
Florian: (Er nickt strahlend.) Es geht ihm gut.
(Wir kehren noch mal zur Ausgangssituation zurück, um zu sehen, ob sich etwas verändert hat.)
Ich: Wie geht es dir von vorher, dir mit den Bauch- und den Kopfschmerzen?
Florian: Es geht mir gut.
Ich: Was macht die Übelkeit?
Florian: Sie ist weg.
Ich: Die Traurigkeit?
Florian: Die ist auch weg.
Ich: Wie fühlt sich das Herz jetzt an?
Florian: Es geht ihm gut.
Ich: Was macht der Bauchschmerz?
Florian: Nicht mehr da.
Ich: Und der Kopfschmerz?
Florian: Auch weg.
Ich: Dann sind wir fertig für heute. Du hast das wirklich gut gemacht. Du bist ein kluges Kind mit einem großen Herz.

Hier lassen wir es stehen. Jetzt muss sich zeigen, ob sich an seinen wiederkehrenden Bauch- und Kopfbeschwerden etwas verändert. Kinder reagieren sehr leicht mit Bauchschmerzen. Kopfschmerzen können ebenso stellvertretend für seelischen Schmerz auftreten. Es wird sich zeigen, ob es ihm besser geht.

Ganz gleich, ob Florians Bauch- und Kopfschmerzen eine Verbesserung oder Lösung erfahren, wir haben Unbewusste Schuld und seelische Belastung gelöst. Auf irgendeine Weise wird es ihm besser gehen.

Vielleicht hat er tatsächlich eine Glutenunverträglichkeit und die Beschwerden beruhen auf dieser und sind folglich nicht durch diese Arbeit lösbar? Vielleicht ist aber auch die Glutenunverträglichkeit durch Unbewusste Schuld bedingt?

Drei Wochen später erfahre ich von Florian, dass er seit unserem Termin frei von Bauch- und Kopfschmerz ist. Die Länge des schmerzfreien Intervalls ist für ihn ungewöhnlich. Auch sonst fühlt er sich recht wohl. Acht Wochen später berichtet er mir, dass er seit unserer Sitzung gar keine Bauch- und Kopfschmerzen mehr hatte.

FALLBEISPIEL 2 – FRAU MAY

Die beiden LösUS-Therapie-Sitzungen mit Frau May fanden im Abstand von vier Tagen statt.

ERSTE LösUS-SITZUNG MIT FRAU MAY

Alter	69 Jahre
Beschwerde	Aktuell und schon seit vielen, vielen Jahren hat sie immer wieder großen Stress durch Nachbarn. Da wird keine Rücksicht genommen. In verschiedenen Formen geht es immer wieder um massive Lärmbelästigung. Ebenso wurde sie immer wieder angepöbelt, beleidigt und auch angegriffen. Ihr ist eine gute Hausgemeinschaft wichtig. Aktuell läuft es mit den meisten wirklich gut. Aber ein Paar direkt neben ihr verhält sich teils absichtlich sehr laut, ist verbal übergriffig und lässt keine Gelegenheit aus, sie anzugehen und auch vor anderen zu beleidigen.

Ausgangssituation	Als Ausgangspunkt wählen wir eine Situation von neulich, als die derzeit besonders bissige Nachbarin nach Hause kommt und diese Spannung Frau May sofort unter Stress setzt. Die Nachbarin verhält sich extra laut, klappert heftig und spricht äußert laut unflätig.
Dauer der Sitzung	Ca. 50 Minuten

Bitte wundern Sie sich hier und da nicht über die Sprache. Gesprochenes ist nicht immer druckreif. Ich habe diesen Dialog nicht »geglättet«, sondern ihn nahezu 100 Prozent unverändert übernommen.

Ich:	Was macht dieses Verhalten der Nachbarin mit Ihrem Körper, mit Ihren Gefühlen?
Frau May:	Ich möchte wirklich am liebsten davonlaufen, einfach weglaufen. Da ist eine starke Aufregung – ich möchte einfach nur weg. Ich möchte nichts mehr hören und nichts mehr sehen.
Ich:	Wo ist dieses Gefühl der Aufregung mit dem Wunsch, nur wegzuwollen?
Frau May:	Das ist im ganzen Körper. Da vibrieren sogar meine Beine. Es steigt so richtig von den Füßen unten hoch. Als wenn es gar keine andere Möglichkeit gäbe. Ich weiß gar nicht, was ich tun soll. Ich kann mich ja nicht wehren.
Ich:	Was ist da noch für ein Gefühl?
Frau May:	Ich fühle mich allein und im Stich gelassen.
Ich:	Wo ist dieses Gefühl?
Frau May:	Es ist im Oberkörper und auch im Kopf. Ich habe keine Chance.
Ich:	Wie genau ist das?
Frau May:	Ich muss es erdulden, ich muss es ertragen, ich habe keine Chance, es zu ändern. Niemand hilft mir ... niemand hilft mir.
Ich:	Wo ist dieses Gefühl?
Frau May:	Da ist noch eine Verzweiflung dabei. (Stimme ist brüchig, zittrig.)

Ich:	Wo ist dieses Gefühl?
Frau May:	Es ist in der Kehle, es ist ganz eng.
Ich:	Was lässt sich, außer dieser Verzweiflung und dem Gefühl, im Stich gelassen zu sein, noch wahrnehmen?
Frau May:	Alles, was ich gemacht habe, ist umsonst gewesen. Ich wollte eine gute Hausgemeinschaft. Es fühlt sich wie Verrat an. Ich kann tun, was ich mag, es ist alles umsonst. Dieses Gefühl begleitet mich schon mein ganzes Leben lang. Ich kenne es nicht anders.
Ich:	Wo findet dieses Gefühl statt? Ist es wie eine Resignation?
Frau May:	Ja, es ist eine Resignation – es ist eh egal, was ich tue.
Ich:	Wo ist dieses Gefühl?
Frau May:	Es ist viel im Kopf ... aber auch in den Armen? Im Grunde kann ich nur noch weglaufen.
Ich:	Wo ist das Gefühl des Weglaufenwollens?
Frau May:	Mit dem Gefühl des Weglaufenwollens ... im Grunde kann ich nur noch weglaufen. Es ist verknüpft mit dem Wunsch, nichts mehr zu hören und nichts mehr zu sehen. In schwierigen Situationen meines Lebens hatte ich oft den Gedanken, mich entweder ins Auto zu setzen und einfach zu fahren – zu fahren, egal wohin. Oder ich habe mich gesehen, dass ich einfach nur laufe, wandere, laufe ... einfach immer mit dem Rucksack immer nur in eine Richtung, ohne je zurückzukommen. Ohne Ziel vor mir, einfach nur weg, weg, weg. Ich wusste gar nicht, wohin. (Sie ist hörbar mitgenommen. Die Augen sind feucht, und der Taschentuchverbrauch nimmt deutlich zu.) Ich wusste immer nie, wohin. (Wir haben das Körper-emotionale-Muster für die oben beschriebene Ausgangssituation mit der schwierigen Nachbarin jetzt so weit erfasst. Nun wenden wir eine Technik an, die uns hilft, den Ursprung für dieses Körper-emotionale-Muster aufzufinden. Wir folgen wie Hänsel und Gretel rückwärts der emotionalen Spur an den Ort ihres

Entstehens irgendwo in den unendlichen Tiefen des synaptischen Dschungels [Siehe unter »Schritt 1: Das Auffinden des Beschwerdeursprungs« auf Seite 95]. Diese Technik führt uns etwa in ihr fünftes Lebensjahr dieses Lebens.)

Ich: Was lässt sich hier wahrnehmen? Wie geht es Ihnen als Kind von damals? Was für Empfindungen können Sie in Ihrem Körper wahrnehmen? Welche Gefühle sind da?

Frau May: (Sie beginnt zu weinen.) Da ist so eine große Traurigkeit. Ich bin so ein kleines Mädchen … (Die Emotionen erreichen binnen Sekunden ein Niveau, das ihr das Sprechen nicht mehr ermöglicht.)

Ich: Sie erinnern sich an unser Gespräch neulich? (Sie nickt.) Alles, was an Emotion hochkommt, ist ein abgespaltener Teil von uns selbst. Ein Teil, der gut weggesperrt ist und jetzt unbedingt zu Ihnen zurück will; ein Teil Ihrer Lebensenergie. (Schluchzend nickt sie.) Das Gefühl ist eine Traurigkeit, sagen Sie?

Frau May: Ja, so eine Traurigkeit und eine totale Verlassenheit, im Stich gelassen, Einsamkeit …

Ich: Reagiert der Körper irgendwie mit?

Frau May: (Sie kann nicht sprechen, sie schluchzt nur noch wie erstickt.)

Ich: Gibt es irgendwo eine Enge, eine andere Reaktion im Körper?

Frau May: Ne, es ist emotional.

Ich: Okay, dann sprechen Sie bitte: *Danke, Traurigkeit, dass du zu mir zurückkommst.*

Frau May: (Sie wirft mir einen kurzen, ungläubigen Blick zu und lacht dabei überrascht auf.)

Ich: Ja, das ist hart.

Frau May: *Danke, Traurigkeit, dass du zu mir zurückkommst.*

Ich: Schauen Sie bitte, dass Ihre Atmung ruhig ist, dass Sie Ihren Bauch und Ihre Schultern locker lassen. *Danke, Gefühl von Einsamkeit, dass du dich traust, dich mir wieder zu zeigen.*

Frau May: *Danke, Gefühl von Einsamkeit, dass du dich traust, dich mir wieder zu zeigen.* (Sie weint nicht mehr.)

Ich: *Danke, dass du mir die Chance gibst, dich anzunehmen, dich wieder zu mir zurückzuholen.*

Frau May: *Danke, dass du mir die Chance gibst, dich anzunehmen, dich wieder zu mir zurückzuholen.*

Ich: *Ich nehme die Schuld von mir, dass du mich irgendwann einmal so überfordert hast, dass ich es nicht ertragen habe und dich, um zu überleben, weggesperrt habe.*

Frau May: *Ich nehme die Schuld von mir, dass du mich irgendwann einmal so überfordert hast, dass ich es nicht ertragen habe und dich, um zu überleben, weggesperrt habe.*

Ich: *Ich danke, dass du wiederkommst.* (Während dieses Vorgangs achte ich sehr auf jede Regung von ihr. Denn es macht keinen Sinn, leere Sätze schablonenhaft runterzubeten. Der Satz ist das eine, die Wirkung ist das andere. Ich befinde mich in einer ständigen Feedback-Schleife mit ihr, meinen Erfahrungen, Gedanken, Gefühlen, Beobachtungen und natürlich mit der Intuition. Das ist ein Aspekt, der die Arbeit mit LösUS so wunderbar für mich macht: diese ständige fließende Forderung auf so vielen Ebenen zugleich, die in die Präsenz einlädt und fordert.)

Frau May: *Ich danke, dass du wiederkommst.*

Ich: *Ich danke, dass du den Mut hast, mir dich zuzumuten.*

Frau May: *Ich danke, dass du den Mut hast, mir dich zuzumuten.*

Ich: Was macht die Traurigkeit jetzt? (Wir bewegen uns immer in einem Tempo, das nicht dem Kopf, sondern dem Fühlen entspricht.)

Frau May: Deutlich besser.

Ich: Welches Gefühl ist jetzt am stärksten? (Sie zögert ...) Da war vorher Einsamkeit, Verzweiflung ... Ist das noch da?

Frau May: Ne, ne ... Es ist nicht mehr da. Überhaupt ist es jetzt so, als wenn ich mich selber sehe, wie ich so da stehe ...

Ich:	Können Sie das kleine Kind verstehen, dass es das nicht gepackt hat?
Frau May:	... total ...
Ich:	... dass es das wegtun, wegpacken musste?
Frau May:	... total ...
Ich:	Haben Sie irgendein Urteil zu diesem Kind? (Ich suche mit ihr nach dem Mitgefühl mit sich selbst in der Situation von damals. Vielleicht wollen Sie an dieser Stelle einen kurzen Ausflug zu »Mitgefühl ist der Dreh- und Angelpunkt – ob bewusst oder unbewusst« auf Seite 146 unternehmen?)
Frau May:	Ich habe Verständnis. (Ihre Antwort ist klar und entschlossen.)
Ich:	*Obwohl ich von heute mich von damals so gut verstehen kann ...*
Frau May:	*Obwohl ich von heute mich von damals so gut verstehen kann ...*
Ich:	*... dass es mir einfach viel zu viel war und ich es nicht ertragen habe, diese Gefühle eins zu eins zu fühlen ...*
Frau May:	*... dass es mir einfach viel zu viel war und ich es nicht ertragen habe, diese Gefühle eins zu eins zu fühlen ...*
Ich:	*... nehme ich die Schuld dafür von mir, dass ich diese Gefühle, diese Teile von mir, diese Lebensenergie ...*
Frau May:	*... nehme ich die Schuld dafür von mir, dass ich diese Gefühle, diese Teile von mir, diese Lebensenergie ...*
Ich:	*... weggesperrt habe und mich dadurch unheil gemacht habe.*
Frau May:	*... weggesperrt habe und mich dadurch unheil gemacht habe.*
Ich:	*Obwohl ich mich so gut verstehen kann, nehme ich die Schuld dafür von mir, dass es so war und vergebe ich mir ...*
Frau May:	*Obwohl ich mich so gut verstehen kann, nehme ich die Schuld dafür von mir, dass es so war und vergebe ich mir ...*

Ich: *… dass ich mich in meiner Not geteilt habe.*

Frau May: *… dass ich mich in meiner Not geteilt habe.* (Verwundert sieht sie mich an.)

Ich: *Ich vergebe mir, dass das Beste, was ich tun konnte, das Wegsperren von Teilen von mir war.*

Frau May: *Ich vergebe mir, dass das Beste, was ich tun konnte, das Wegsperren von Teilen von mir war.*

Ich: Wie geht es gerade?

Frau May: Also mit den Teilen habe ich richtig ein Bild gehabt, als ob ich in der Mitte auseinandergebrochen wäre.

Ich: *Ich nehme die Schuld von mir, und ich vergebe mir, dass …*

Frau May: Der eine Teil hat resigniert und der andere Teil hat gekämpft … immer Kampf … das ganze Leben.

Ich: *Obwohl ich mich verstehen kann, dass ich resigniert war …*

Frau May: *Obwohl ich mich verstehen kann, dass ich resigniert war …*

Ich: *… und ich mich genauso gut verstehen kann, dass ich gekämpft habe, …*

Frau May: *… und ich mich genauso gut verstehen kann, dass ich gekämpft habe, …*

Ich: *… nehme ich die Schuld von mir und vergebe ich mir …*

Frau May: *… nehme ich die Schuld von mir und vergebe ich mir …*

Ich: *… dass ich mich damals in zwei Teile zerbrochen habe.*

Frau May: *… dass ich mich damals in zwei Teile zerbrochen habe.*

Ich: Wie geht es gerade? Was macht die Traurigkeit?

Frau May: Also ja … ich verstehe das jetzt auch … wie das war … sonst hätte ich nicht überlebt … (schluchzt wieder erstickt) … immer gekämpft.

Ich: Wenn ich die Chance habe …

Frau May: … ich musste kämpfen.

Ich: Wenn ich die Chance habe, durch das Mich-Teilen, dass Mich-Abspalten, aber dafür zu überleben …

Frau May: Ja, das ist mein Überlebensmodus …

Ich: … dann wähle ich dieses kleinere Übel. Die andere Option ist es, unter dem Gefühlsdruck einzugehen.

Frau May: Ja, das ganze Leben war ein Kampf. Ich habe um alles kämpfen müssen.

Ich: Wie geht es Ihnen jetzt bei dem Blick auf das kleine Mädchen?

Frau May: (Sie sammelt sich, fühlt nach, schaut in sich.) Der eine Teil bleibt zurück. Der andere Teil fängt an, einfach weiterzugehen. Er geht einfach weiter.

Ich: Wie ist das Bild von diesem Kind jetzt gerade?

Frau May: Es ist zweigeteilt. Da ist wieder das Gefühl, keine andere Chance zu haben. (Sie schluchzt … hält inne …)

Ich: Was war der Grund? Woher kam der Druck … woher kam diese Belastung? Waren es die Eltern?

Frau May: Ja. (Sie weint schluchzend.)

Ich: Sie machen das gut.
Ich nehme die Schuld von mir, dass ich damals so völlig überfordert war.

Frau May: *Ich nehme die Schuld von mir, dass ich damals so völlig überfordert war.*

Ich: Bitte wiederholen Sie diesen Satz ein paar Mal.

Frau May: (Sie wiederholt.)

Ich: *Obwohl mir bewusst ist …*

Frau May: *Obwohl mir bewusst ist …*

Ich: *… dass an meiner Stelle jedes Kind überfordert gewesen wäre …*

Frau May: *… dass an meiner Stelle jedes Kind überfordert gewesen wäre …*

Ich: *… nehme ich die Schuld dafür von mir, dass auch ich überfordert war.*

Frau May: *… nehme ich die Schuld dafür von mir, dass auch ich überfordert war.*

Ich: Kann man das so sagen, dass jedes Kind überfordert gewesen wäre?

Frau May: (Lacht zustimmend auf.) Ja, bestimmt.

Ich: *Obwohl ich mir wünschte, die Situation damals wäre völlig anders und friedlich gewesen …*

Frau May: *Obwohl ich mir wünschte, die Situation damals wäre völlig anders und friedlich gewesen …*

Ich:	*... meine Eltern hätten sich geliebt und hätten in Harmonie gelebt ...*
Frau May:	*... meine Eltern hätten sich geliebt und hätten in Harmonie gelebt ...*
Ich:	*... nehme ich die Schuld dafür von mir ...*
Frau May:	*... nehme ich die Schuld dafür von mir ...*
Ich:	*... dass sie sich nicht geliebt haben, ständig gestritten haben ...*
Frau May:	*... dass sie sich nicht geliebt haben, ständig gestritten haben, sich gehasst haben ...*
Ich:	*... und es mir zu viel war.*
Frau May:	*... und es mir zu viel war.*
Ich:	*Obwohl ich mir wünschte, es wäre alles gut gewesen ...*
Frau May:	*Obwohl ich mir wünschte, es wäre alles gut gewesen ...*
Ich:	*... nehme ich die Schuld dafür von mir, dass es so war, wie es war.*
Frau May:	*... nehme ich die Schuld dafür von mir, dass es so war, wie es war.* (Ihr Gesicht hellt sich deutlich auf. Sie weint nicht mehr.)
Ich:	*Ich nehme die Schuld von mir, dass ein Teil von mir vielleicht glaubte, es läge an mir.*
Frau May:	*Ich nehme die Schuld von mir, dass ein Teil von mir vielleicht glaubte, es läge an mir.*
Ich:	Wie fühlt sich der Satz an?
Frau May:	Auch gut. Das trifft es auch.
Ich:	*Ich nehme die Schuld von mir und ich vergebe mir ...*
Frau May:	*Ich nehme die Schuld von mir und ich vergebe mir ...*
Ich:	*... dass ich mir für die Situation die Schuld gegeben habe.*
Frau May:	*... dass ich mir für die Situation die Schuld gegeben habe.* (Selbstständig fängt sie an zu wiederholen.) *Ich nehme die Schuld von mir und ich vergebe mir, dass ich mir für die Situation die Schuld gegeben habe. Ich nehme die Schuld von mir und ich vergebe mir, dass ich mir für die Situation die Schuld gegeben habe.*
Ich:	*Obwohl es mir schon klar ist, dass ich für die Beziehung meiner Eltern nichts kann ...*

Frau May: *Obwohl es mir schon klar ist, dass ich für die Beziehung meiner Eltern nichts kann ...*

Ich: *... und ich auch für deren mitgebrachte Belastungen nichts kann ...*

Frau May: *... und ich auch für deren mitgebrachte Belastungen nichts kann ...*

Ich: *... nehme ich die Schuld dafür von mir und vergebe ich mir ...*

Frau May: *... nehme ich die Schuld dafür von mir und vergebe ich mir ...*

Ich: *... dass ich dachte, ich sei schuld.*

Frau May: *... dass ich dachte, ich sei schuld.* Ja, das ist auch so – ich habe wirklich gedacht ich sei schuld.

Ich: (Ich lache los.) Was ist mit uns Menschen los? Wir geben uns die Schuld für so etwas! Wir geben uns als Kinder die Schuld dafür, dass zu Hause so ein Unfrieden war. Wenn Sie sich als Kind damals aber die Schuld für den Unfrieden daheim gegeben haben, können Sie mir dann sagen, wie Sie es sich heute erlauben könnten, in einer friedlichen Situation zu leben?

Frau May: Das stimmt! (Die aufsteigende Klarheit ist ihr anzusehen.)

Ich: Das können Sie gleich mal vergessen!

Frau May: Ja!

Ich: Ich meine, wir beide wissen, dass Sie nicht schuld waren ...

Frau May: ... Sie haben vollkommen recht!

Ich: *Ich nehme die Schuld von mir, und ich vergebe mir, dass ich, ohne es zu bemerken ...*

Frau May: *Ich nehme die Schuld von mir, und ich vergebe mir, dass ich, ohne es zu bemerken ...*

Ich: *... mir die Schuld dafür gegeben habe.*

Frau May: *... mir die Schuld dafür gegeben habe.* Ja.

Ich: *Ich nehme die Schuld von mir und ich vergebe mir ...*

Frau May: *Ich nehme die Schuld von mir und ich vergebe mir ...*

Ich: *... dass ich, ohne es zu merken, meinem Leben diese Last auferlegt habe.*

Frau May: ... *dass ich, ohne es zu merken, meinem Leben diese Last auferlegt habe.* (Sie atmet entspannt tief.) Ja, so ist es.

(Wir schweigen etwas.)

Ich: Jetzt wird es gerade leichter, oder? (Ich sehe, wie es abfließt.)

Frau May: Ja. Also jetzt ... Mir wird so viel klar. Also in meinen Ehen habe ich immer gesagt, wir brauchen gar nicht diskutieren – die Schuldfrage ist sowieso klar –, ich war immer bei meinen Partnern an allem schuld. Ich war an allem schuld.

Ich: *Ich nehme die Schuld von mir, dass ich schon als kleines Kind bei all dem Streit meiner Eltern ...*

Frau May: *Ich nehme die Schuld von mir, dass ich schon als kleines Kind bei all dem Streit meiner Eltern ...*

Ich: ... *und all dem, was ich an Leid als Strafe bekommen habe ...*

Frau May: ... *und all dem, was ich an Leid als Strafe bekommen habe ...*

Ich: ... *immer dachte, ich sei schuld.*

Frau May: ... *immer dachte, ich sei schuld.* Ich dachte nicht immer nur, dass ich schuld sei. Ich dachte immer, ich muss das wiedergutmachen, ich muss das in Ordnung bringen.

Ich: Ist es Ihnen gelungen?

Frau May: Nein.

Ich: Und was hat man für ein Gefühl, wenn man glaubt, man müsse etwas tun und man schafft es nicht?

Frau May: Ja ...

Ich: Dass man was falsch gemacht hat, dass man schuldig ist?

Frau May: Richtig. Aber das habe ich heute immer noch. Wenn es jemandem nicht gut geht, dann muss ich immer schauen, versuchen, dass es wieder gut geht.

Ich: Das haben Sie bald hinter sich. *Ich vergebe mir, dass ich mich viel zu zuständig gefühlt habe ...*

Frau May: *Ich vergebe mir, dass ich mich viel zu zuständig gefühlt habe ...*

Ich: *Ich vergebe mir, dass ich all diese Last zu meiner Last gemacht habe.*

Frau May: *Ich vergebe mir, dass ich all diese Last zu meiner Last gemacht habe.*

Ich: *Ich nehme die Schuld von mir, und ich verzeihe mir selbst, und ich vergebe mir, dass ich all diese Last zu meiner Last gemacht habe ...*

Frau May: *Ich nehme die Schuld von mir, und ich verzeihe mir selbst, und ich vergebe mir, dass ich all diese Last zu meiner Last gemacht habe.* Ja, das tut gut! (Es ist ihr anzusehen, wie erleichternd das für sie ist.)

Ich: *Ich nehme die Schuld von mir ... und ich vergebe mir, dass ich, ohne es zu bemerken ...*

Frau May: *Ich nehme die Schuld von mir ... und ich vergebe mir, dass ich, ohne es zu bemerken ...*

Ich: *... all diese Last des Streites mir und meinem Leben aufgebürdet habe.*

Frau May: *... all diese Last des Streites mir und meinem Leben aufgebürdet habe.*

Ich: *Obwohl ich mein fühlendes Kinderherz ...*

Frau May: *Obwohl ich mein fühlendes Kinderherz ...*

Ich: *... das voller Liebe alles wiedergutmachen wollte ...*

Frau May: ... das voller Liebe alles wiedergutma*chen wollte ...*

Ich: *... so gut verstehen kann, dass es sich für alles zuständig gefühlt hat ...*

Frau May: *... so gut verstehen kann, dass es sich für alles zuständig gefühlt hat ...*

Ich: *... nehme ich die Schuld trotzdem dafür von mir und vergebe ich mir ...*

Frau May: *... nehme ich die Schuld trotzdem dafür von mir und vergebe ich mir ...*

Ich: *... dass ich mich für alles zuständig gefühlt habe ...*

Frau May: *... dass ich mich für alles zuständig gefühlt habe ...*

Ich: *... und damit, ohne es zu merken ...*

Frau May: *... und damit, ohne es zu merken ...*

Ich: *... mich und mein Leben so belastet habe.*

Frau May: *... mich und mein Leben so belastet habe.*

Ich: Wie geht ...?

Frau May: ... *und immer ausgenutzt worden bin.* (Zittert)

Ich: *Ich nehme die Schuld von mir und vergebe mir ...*

Frau May: *Ich nehme die Schuld von mir und vergebe mir ...*

Ich: ... *dass ich mich ausgenutzt habe.*

Frau May: ... *dass ich mich ausgenutzt habe.* (Der Satz geht sie hart an.)

Ich: *Ich nehme die Schuld von mir, und ich vergebe mir ...*

Frau May: *Ich nehme die Schuld von mir, und ich vergebe mir ...*

Ich: ... *dass ich mich, ohne es zu bemerken, habe ausnutzen lassen und mich selber nicht geschützt habe.*

Frau May: ... *dass ich mich, ohne es zu bemerken, habe ausnutzen lassen und mich selber nicht geschützt habe.*

Ich: *Obwohl ich mich schon verstehen kann ...*

Frau May: *Obwohl ich mich schon verstehen kann ...*

Ich: ... *und mir bewusst ist, dass es jedem Kind an meiner Stelle genauso hätte gehen können ...*

Frau May: ... *und mir bewusst ist, dass es jedem Kind an meiner Stelle genauso hätte gehen können ...*

Ich: ... *nehme ich die Schuld dafür von mir, dass ich dachte, ich sei schuld ...*

Frau May: ... *nehme ich die Schuld dafür von mir, dass ich dachte, ich sei schuld ...*

Ich: ... *und deswegen, ohne es zu bemerken ...*

Frau May: ... *und deswegen, ohne es zu bemerken ...*

Ich: ... *mich von allen möglichen Menschen habe ausnutzen lassen ...*

Frau May: ... *mich von allen möglichen Menschen habe ausnutzen lassen ...*

Ich: ... *und ich meine eigenen Wünsche, Bedürfnisse und Ziele ...*

Frau May: ... *und ich meine eigenen Wünsche, Bedürfnisse und Ziele ...*

Ich: ... *ohne es zu bemerken, verraten habe, weil ich mich für das Wohl der anderen zuständig gefühlt habe.*

Frau May: *... ohne es zu bemerken, verraten habe, weil ich mich für das Wohl der anderen zuständig gefühlt habe.* Jaaa, das trifft es genau – das ist der Punkt, das trifft es genau. (Entspannende Seufzer steigen in ihr auf.)

Ich: Okay. Jetzt. Wollen wir mal schauen, wie wir aus den Symbiosen rauskommen. Wir nehmen Mama und Papa dazu.

Frau May: Hier habe ich Mama und Papa.

Ich: Wo lässt sich das Herz des Kindes finden?

Frau May: Es ist beim Papa. Ganz nah bei ihm, weit weg von mir.

Ich: Wie geht es dem Herz dort bei Papa?

Frau May: Ich fühle so viel Liebe für ihn.

Ich: Wo findet sich das Herz des Vaters?

Frau May: Es ist schwer zu finden ... Es schwirrt in der Gegend rum. Er hat schon auch Aufmerksamkeit für mich, aber das ist unzuverlässig.

Ich: Wie geht es dem Herz des Vaters?

Frau May: Konfus. Er schwebt im Niemandsland. Es geht ihm nicht gut.

Ich: Was kann der Grund, können die Gründe dafür sein?

Frau May: Er ist ... er will ganz woanders sein. Es fühlt sich richtig wirr an.

Ich: Zerrissen?

Frau May: Zerrissen ... Sie sagen es ... zerrissen.

Ich: Zerrissen kann heißen, dass es verschiedene Kräfte gibt, die in verschiedene Richtungen wirken.

Frau May: Genau so ist es.

Ich: Welche Kräfte wirken da? Wohin wird das Herz gezogen?

Frau May: Im Grunde genommen will er weg. Er will weg. Das sagte er auch immer, wenn etwas war. »Ich haue ab nach Italien.«

Ich: Gut, so ist es. Also, wie geht es Ihrem Herz, wenn es auf den zerrissenen Vater schaut? Wenn es auf den Vater schaut, dem es nicht gut geht?

Frau May: Mein Herz will mein Vater retten. Es will meinem Vater helfen. Es will ihm das abnehmen. Es will, dass es dem Vater gut geht.

Ich: Okay. Bringen Sie die beiden Herzen in Kontakt und sprechen Sie bitte: *Obwohl ich mir wünsche, dass es dir gut geht, mein geliebter Vater …*

Frau May: *Obwohl ich mir wünsche, dass es dir gut geht, mein geliebter Vater …*

Ich: *… nehme ich die Schuld dafür von mir …*

Frau May: *… nehme ich die Schuld dafür von mir …*

Ich: *… und vergebe ich mir …*

Frau May: *… und vergebe ich mir …*

Ich: *… dass ich dich und dein Leben nicht retten kann.*

Frau May: *… dass ich dich und dein Leben nicht retten kann.*

Ich: *Obwohl ich mir nichts sehnlicher wünschen würde, als dass es dir einfach gut geht …*

Frau May: *Obwohl ich mir nichts sehnlicher wünschen würde, als dass es dir einfach gut geht …*

Ich: *… du dort bist, wo du sein möchtest, von mir aus am liebsten hier …*

Frau May: *… du dort bist, wo du sein möchtest, von mir aus am liebsten hier …*

Ich: *… und ich nicht weiß, was es alles für Gründe gibt, dass es dir so geht, wie es dir geht …*

Frau May: *… und ich nicht weiß, was es alles für Gründe gibt, dass es dir so geht, wie es dir geht …*

Ich: *… nehme ich die Schuld dafür von mir und vergebe mir …*

Frau May: *… nehme ich die Schuld dafür von mir und vergebe mir …*

Ich: *… dass es dir nicht gut geht.*

Frau May: *… dass es dir nicht gut geht.* (Während der letzten Teilsätze wurde ihre Stimme brüchiger, und Tränen stiegen auf.) Ich habe oft das Gefühl, dass ich auch deswegen schuld bin, weil ich ein Mädchen bin, ich hätte ein Junge sein sollen.

Ich: *Ich nehme die Schuld von mir …*

Frau May: *Ich nehme die Schuld von mir …*

Ich: *Ich nehme die Schuld von mir, dass ich ein Mädchen bin.*

Frau May: *Ich nehme die Schuld von mir, dass ich ein Mädchen bin.*

Ich: (Die folgenden Sätze bitte nicht in den falschen Hals bekommen. Das ist nicht meine Meinung. Es geht mir darum, diese Wahrheit ihres Geistes durch Provokation wach und in eine neue Wahrnehmung zu bekommen.)
Obwohl die Welt ohne Mädchen viel besser wäre ...

Frau May: *Obwohl die Welt ohne Mädchen viel besser wäre* ... (Sie sieht mich für einen Moment mit großen Augen an, und es lässt sich sehen, dass sich in ihr Fragen über das immer Angenommene öffnen und sich etwas neu sortiert.)

Ich: *... nehme ich die Schuld dafür von mir, dass ich ein Mädchen bin.*

Frau May: *... nehme ich die Schuld dafür von mir, dass ich ein Mädchen bin.*

Ich: *Ich nehme die Schuld von mir, und ich vergebe mir ...*

Frau May: *Ich nehme die Schuld von mir, und ich vergebe mir ...*

Ich: *... dass es in mir einen Zweifel gibt ...*

Frau May: *... dass es in mir einen Zweifel gibt ...*

Ich: *... ob es richtig ist, ein Mädchen zu sein.*

Frau May: *... ob es richtig ist, ein Mädchen zu sein.* (Lösung ist sichtbar.)

Ich: *Obwohl ich mich gut verstehen kann ...*

Frau May: *Obwohl ich mich gut verstehen kann ...*

Ich: *... weil mir Vaters Zustimmung so wichtig ist ...*

Frau May: *... weil mir Vaters Zustimmung sooo wichtig ist ...*

Ich: *... vergebe ich mir, dass ich an meinem Richtigsein als Mädchen gezweifelt habe.*

Frau May: *... vergebe ich mir, dass ich an meinem Richtigsein als Mädchen gezweifelt habe.*

Ich: *Obwohl Papa bestimmt irgendwelche Gründe dafür hatte, dass er mich gern als Jungen gehabt hätte ...*
(An dieser Stelle möchte ich die andere Seite auch erwähnen. Fast ebenso häufig gibt es die Situation umgekehrt zu beobachten, dass Jungen hätten Mädchen sein sollen. Dieser Wunsch geht dann fast immer von den Müttern aus. Auf der Seite, besser ein Junge gewesen zu sein, geht es oft um die Wei-

terführung des Hofes oder des Betriebes. Generell geht es bei der Mutter-wünschen-Töchter- und Väter-wünschen-Söhne-Situation um den Wunsch nach Unterstützung, aber noch viel gewichtiger darum, dass das jeweils gleichgeschlechtlich gewünschte Kind die Kindheit und Jugend, schlicht das Leben, erfüllt, was sich der Elternteil ersehnt hat. Lesen Sie an dieser Stelle oder später gern nochmals das Kapitel »Symbiose und LösUS« auf Seite 160. Lesen Sie gleich vielleicht den Abschnitt »LösUS und die Symbiose« auf Seite 168.)

Frau May: *Obwohl Papa bestimmt irgendwelche Gründe dafür hatte, dass er mich gern als Jungen gehabt hätte …*

Ich: *… nehme ich die Schuld dafür von mir, dass er von mir enttäuscht ist.*

Frau May: *… nehme ich die Schuld dafür von mir, dass er von mir enttäuscht ist.*

Ich: *Obwohl es nicht meine Aufgabe als Kind ist, seine Wünsche als Vater zu erfüllen …*

Frau May: *Obwohl es nicht meine Aufgabe als Kind ist, seine Wünsche als Vater zu erfüllen …*

Ich: *… sondern ich so oder so ein Geschenk bin …*

Frau May: *… sondern ich so oder so ein Geschenk bin …*

Ich: *… nehme ich die Schuld dafür von mir und vergebe mir …*

Frau May: *… nehme ich die Schuld dafür von mir und vergebe mir …*

Ich: *… dass ich mir den Schuh angezogen habe, dass ich als Mädchen falsch sein könnte …*

Frau May: *… dass ich mir den Schuh angezogen habe, dass ich als Mädchen falsch sein könnte …*

Ich: *… und als Junge richtiger gewesen wäre.*

Frau May: *… und als Junge richtiger gewesen wäre.* (Ihr Gesicht bekommt ein dezentes Strahlen.)

Ich: Wie geht es Ihnen gerade?

Frau May: Also, der letzte Schachtelsatz, sage ich jetzt mal, der hat es wirklich getroffen. Seitdem geht es mir besser. (Sie schnäuzt sich.) Ja, da ist große Erleichterung.

Ich: *Ich vergebe mir, dass ich, ohne es zu bemerken ...*

Frau May: *Ich vergebe mir, dass ich, ohne es zu bemerken ...*

Ich: *... infrage gestellt habe, ob das wie ich bin richtig ist.*

Frau May: *... infrage gestellt habe, ob das wie ich bin richtig ist.*

Ich: (Sie erinnern sich? Die Grundlage jeder Verletzung ist die Selbstverletzung. Die Welt da draußen ist nur die Welt da draußen.) *Obwohl ich mich so verstehen kann ...*

Frau May: *Obwohl ich mich so verstehen kann ...*

Ich: *... und ich verstehen kann, dass es jedem Mädchen in meiner Situation genauso hätte ergehen können ...*

Frau May: *... und ich verstehen kann, dass es jedem Mädchen in meiner Situation genauso hätte ergehen können ...*

Ich: *... vergebe ich mir, dass ich an meinem Richtigsein als Mädchen, ohne es zu bemerken, gezweifelt habe.*

Frau May: *... vergebe ich mir, dass ich an meinem Richtigsein als Mädchen, ohne es zu bemerken, gezweifelt habe.*

(Ihre Stimme senkt sich hin zum Satzende sehr in eine Ruhe und Entspannung. Wieder lässt sich ihr Loslassen förmlich greifen.)

Ich: Was geschieht gerade?

Frau May: Mir wird auch bewusst, dass ich als Kind kein Mädchenleben gehabt habe. Ich habe mich wie ein Bub aufgeführt. Ich habe mit meinem Vater die schwersten Dinge gehoben, immer schwere Feldarbeit gemacht. Habe mich mit Buben geprügelt.

Ich: *Obwohl ich mich so verstehen kann ...*

Frau May: *Obwohl ich mich so verstehen kann ...*

Ich: *... nehme ich die Schuld von mir und vergebe ich mir ...*

Frau May: *... nehme ich die Schuld von mir und vergebe ich mir ...*

Ich: *... dass ich in meinem Versuch, Papas guter Bube zu sein ...*

Frau May: *... dass ich in meinem Versuch, Papas guter Bube zu sein ...*

Ich: *... mein Mädchen-Sein wenig erfüllt habe.*

Frau May: *... mein Mädchen-Sein wenig erfüllt habe.*

Ich: *Ich nehme die Schuld von mir ...*

Frau May: *Ich nehme die Schuld von mir ...*

Ich: *... dass ich, ohne es zu bemerken, mein Weibliches verraten habe.*

(Bei LösUS geht es immer wieder um die Verletzung des eigenen Weiblichen und Männlichen in allen Hinsichten bei beiden Geschlechtern. Oder auch diversen anderen geschlechtlichen Identifikationen.)

Frau May: *... dass ich, ohne es zu bemerken, mein Weibliches verraten habe.* Ja, das fühlt sich richtig an.

Ich: *Ich nehme die Schuld von mir und ich vergebe mir ...*

Frau May: *Ich nehme die Schuld von mir und ich vergebe mir ...*

Ich: *... dass ich mein Weibliches verraten habe.*

Frau May: *... dass ich mein Weibliches verraten habe.*

Ich: *Und ich vergebe mir, dass ich mein Männliches, das ich überbetont habe, auf diese Weise misshandelt habe.*

(Aus vielen Erfahrungen in dieser Hinsicht habe ich die Einsicht gewonnen, dass es nicht zu einer Verletzung des Weiblichen oder Männlichen kommen kann, ohne das nicht auch zugleich der andere Pol verletzt wird. Daher ist es – egal, wie offensichtlich die Verletzung eines Poles vorliegt – immer richtig, sinnvoll und notwendig, für den anderen Pol, der dann irgendwie gern als Täter empfunden wird, auch die passenden Sätze der Schuldentnahme und Vergebung zu finden und zu sprechen. Könnte Yin verletzt sein, ohne das Yang verletzt ist?)

Frau May: *Und ich vergebe mir, dass ich mein Männliches, das ich überbetont habe, auf diese Weise misshandelt habe.*

Ich: *Obwohl ich mich so verstehen kann ...*

Frau May: *Obwohl ich mich so verstehen kann ...*

Ich: *... und mir klar ist, dass es jedem Mädchen an meiner Stelle genauso hätte ergehen können ...*

Frau May: *... und mir klar ist, dass es jedem Mädchen an meiner Stelle genauso hätte ergehen können ...*

Ich: *... vergebe ich mir, dass es genau so war, wie es war.*

Frau May: *... vergebe ich mir, dass es genau so war, wie es war.* (Wieder läuft eine Welle der Lösung durch sie hindurch.) Also, das erleichtert wirklich – das erleichtert wirklich tief.

Ich: *Ich nehme die Schuld von mir, dass ich Paps Unglück nicht reparieren konnte.*

Frau May: *Ich nehme die Schuld von mir, dass ich Paps Unglück nicht reparieren konnte.*

Ich: (Fragende Pause.)

Frau May: Ja, der trifft und erleichtert auch deutlich.

Ich: Wenn Sie jetzt nochmals aus der Perspektive des Kinderherzens wahrnehmen, wie es dem Herz des Vaters geht, wie geht es dann dabei dem Herz des Kindes?

Frau May: Es ist ... anders .... Es ist freier.

Ich: *Obwohl ich mir wünsche, dass es dir gut geht ...*

Frau May: *Obwohl ich mir wünsche, dass es dir gut geht ...*

Ich: *... lege ich dein Schicksal wieder in deine Hände ...*

Frau May: *... lege ich dein Schicksal wieder in deine Hände ...*

Ich: *... und vergebe mir ...*

Frau May: *... und vergebe mir ...*

Ich: *... dass ich mich bei meinem großen, liebevollen Versuch, dich zu retten ...*

Frau May: *... dass ich mich bei meinem großen, liebevollen Versuch, dich zu retten ...*

Ich: *... völlig übernommen habe ...*

Frau May: *... völlig übernommen habe ...*

Ich: *... mein Leben beschädigt habe ...*

Frau May: *... mein Leben beschädigt habe ...*

Ich: *... und nicht bei mir war.*

Frau May: *... und nicht bei mir war.*

Ich: *Ich vergebe mir, dass ich mich in meinem Versuch, dich zu retten, vernachlässigt habe.*

Frau May: *Ich vergebe mir, dass ich mich in meinem Versuch, dich zu retten, vernachlässigt habe.*

Ich: *Obwohl es aus Liebe geschah, vergebe ich mir ...*

Frau May: *Obwohl es aus Liebe geschah, vergebe ich mir ...*

Ich: *... dass ich mich aus lauter Liebe zu dir verraten habe.*

Frau May: *... dass ich mich aus lauter Liebe zu dir verraten habe.*

Ich: Bitte probieren Sie aus, wie es sich anfühlt, wenn Sie das Herz des Kindes wieder dorthin zurückbegleiten, wo es hingehört, nämlich in das Kind. Nehmen Sie einfach wahr, was passiert, bitte tun Sie nichts mit Gewalt.

Frau May: (Sie schweigt.)

Ich: Lässt es sich ohne Widerstand bewegen?

Frau May: Es ist noch recht zäh ... Ich kann es noch nicht richtig glauben ...

Ich: ... dass Sie ein eigenes Leben haben dürfen?

Frau May: Ja. Dass ich ihn im Stich lassen, allein lassen kann.

Ich: Bitte fühlen Sie mit dem Vaterherz. Wie geht es dem Vaterherz, wenn es auf die Tochter schaut, auf die Tochter, die ihren eigenen Weg gehen möchte. Wie fühlt darüber das Vaterherz?

Frau May: Das Herz schaut jetzt schon wohlwollend auf mich, aber ich ...

Ich: Und wie geht es dem Kinderherz, wenn es wahrnimmt, dass das Papaherz wohlwollend schaut, obwohl es zu sich selbst, zum Kind möchte?

Frau May: Ich gebe mir selber nicht die Erlaubnis.

Ich: Dann bewegen Sie das Kinderherz bitte einen halben Zentimeter in Richtung Kind. Was passiert?

Frau May: (Schweigt)

Ich: *Ich nehme die Schuld von mir und vergebe mir, dass ...*

Frau May: *Ich nehme die Schuld von mir und vergebe mir, dass ...*

Ich: *... dass ich mich traue, mein eigenes Leben zu leben.*

Frau May: *... dass ich mich traue, mein eigenes Leben zu leben.*

Ich: Bitte wiederholen Sie diesen Satz ein paar Mal.

Frau May: Ja, er ist wichtig. (Sie wiederholt den Satz ein paar Mal.)

Ich: *Ich nehme die Schuld von mir und ich vergebe mir ...*

Frau May: *Ich nehme die Schuld von mir und ich vergebe mir ...*
Ich: *... dass ich mich damals aus guten Gründen ...*
Frau May: *... dass ich mich damals aus guten Gründen ...*
Ich: *... und bis heute auch noch nicht getraut habe, mein eigenes Leben zu leben.*
Frau May: *... und bis heute auch noch nicht getraut habe, mein eigenes Leben zu leben.*
Ich: *Ich vergebe mir, dass ich mich so um Papas Wohl gekümmert habe, dass ich mich und mein Leben vernachlässigt habe.*
Frau May: *Ich vergebe mir, dass ich mich so um Papas Wohl gekümmert habe, dass ich mich und mein Leben vernachlässigt habe.*
Ich: *Obwohl es aus reiner Liebe geschah ...*
Frau May: *Obwohl es aus reiner Liebe geschah ...*
Ich: *... vergebe ich mir, dass ich nicht bei mir war.*
Frau May: *... vergebe ich mir, dass ich nicht bei mir war.*
Ich: *Obwohl ich mich so gut verstehen kann, dass es aus reiner Liebe geschah ...*
Frau May: *Obwohl ich mich so gut verstehen kann, dass es aus reiner Liebe geschah ...*
Ich: *... nehme ich die Schuld dafür von mir, dass ich nicht bei mir war und mein Leben nicht angenommen habe.*
Frau May: *... nehme ich die Schuld dafür von mir, dass ich nicht bei mir war und mein Leben nicht angenommen habe.*
Ich: Wie geht es dem Vaterherz, wenn es sieht, was das Kinderherz macht?
Frau May: Also ... von ihm aus kann ich.
Ich: Bewegen Sie das Kinderherz bitte noch mal ein kleines Stück in die Richtung des Kindes. Wie fühlt es sich jetzt an?
Frau May: Also ... jetzt geht es.
Ich: Dann bewegen Sie es langsam und fühlend hin zum Kind.
Frau May: Das ist richtig befreiend. Es ist wie Heimkommen.
Ich: Ist Heimkommen befreiend?
Frau May: Ja.

Ich:	Ruhen Sie ein wenig in dem befreienden Gefühl des Heimkommens. Nehmen Sie es wahr, lassen Sie es, wie es ist, und lassen Sie sich, wie Sie sind. Nehmen Sie einfach dieses Gefühl wahr. (Ich gebe ihr etwas Zeit.) Trauen Sie sich zu fühlen, dass Heimkommen befreiend ist?
Frau May:	Ja. Und auch diese Last ist weg. Ich bin ohne Last.
Ich:	Führen Sie fühlend das Kinderherz genau dorthin, wo es hingehört. Wie fühlt sich das an?
Frau May:	Das fühlt sich wirklich wie ein tiefes Heimkommen an.
Ich:	Wenn Sie nicht daheim bei sich sind, wie dürfen Sie dann glauben, dass Sie bei sich daheim Ruhe und Frieden finden dürfen? Können Sie mir das verraten? (Hier spiele ich auf die vier Unbewussten Mechanismen der Wiedergutmachung an, siehe Seite 42)
Frau May:	Ja, ne, ja ...
Ich:	*Ich vergebe mir, dass ich völlig ohne zu bemerken ...*
Frau May:	*Ich vergebe mir, dass ich völlig ohne zu bemerken ...*
Ich:	*... nicht in meine eigene friedliche Harmonie bei und mit mir selbst eingezogen bin.*
Frau May:	*... nicht in meine eigene friedliche Harmonie bei und mit mir selbst eingezogen bin ...*
Ich:	*... dass es mir völlig ohne es zu bemerken, nicht möglich war ...*
Frau May:	*... dass es mir völlig ohne es zu bemerken, nicht möglich war ...*
Ich:	*... in Frieden bei mir zu sein.*
Frau May:	*... in Frieden bei mir zu sein.*
Ich:	*Obwohl ich Papa so gern gerettet hätte ...*
Frau May:	*Obwohl ich Papa so gern gerettet hätte ...*
Ich:	*... und ich aber erkennen muss, dass er für sein Leben, wie jeder für sein eigenes Leben, selbst verantwortlich ist ...*
Frau May:	*... und ich aber erkennen muss, dass er für sein Leben, wie jeder für sein eigenes Leben, selbst verantwortlich ist ...*

Ich: *... nehme ich die Schuld von mir, dass ich ihm seine Verantwortung zurückgebe ...*

Frau May: *... nehme ich die Schuld von mir, dass ich ihm seine Verantwortung zurückgebe ...*

Ich: *... ich die Verantwortung für mein Leben annehme, und ich vergebe mir, dass ich das lange nicht konnte.*

Frau May: *... ich die Verantwortung für mein Leben annehme, und ich vergebe mir, dass ich das lange nicht konnte.*

Ich: Wie fühlt es sich gerade an?

Frau May: Es ist gut. Es ist wirklich wie Heimkommen. Ich bin mir jetzt sicher, dass ich heute anders in meine Wohnung fahre. Sonst fahre ich da immer mit Anspannung in den Hof, in die Garage. Stelle ich mir das jetzt gerade vor, dann ist das ein ganz anderes Gefühl ... Da ist jetzt ein Selbstbewusstsein.

Ich: Bitte nehmen Sie nochmals das Zuhause-Sein wahr. Lassen Sie bitte bei dem Fühlen die Schulter, die Atmung und den Beckenboden ganz los. Nehmen Sie einfach wahr. Genießen Sie einfach. Trauen Sie sich, das Zuhause-Sein zu fühlen.

Frau May: (Für ca. 10 Sekunden ist sie ganz mit sich in Ruhe.) Es ist wirklich eine Befreiung, diese Last wegzuhaben.

Ich: Lassen Sie uns nochmals zum Anfang zurückkehren. Bitte nehmen Sie ein neues Blatt. Wie fühlt sich jetzt die Situation vom Beginn an? Da sind Sie und die Nachbarin, die laut klappernd und unflätig sprechend nach Hause kommt. Wie fühlt sich das jetzt an?

Frau May: In mir ist es ruhig. Sie macht das draußen, aber in mir bleibt es ruhig.

Ich: Was macht das Gefühl des Davonlaufen-Wollens?

Frau May: Das ist nicht da, kein bisschen.

Ich: Was macht das Vibrieren, das von unten aufstieg?

Frau May: Das ist auch nicht da.

Ich: Wie ist es mit den Gefühlen, im Stich gelassen worden zu sein, und diesem Gefühl, niemals eine Chance gehabt zu haben?

Frau May:	Nichts davon ist da – ich fühle mich frei und voller Selbstvertrauen. Mir ist es so klar, dass all das mein Leben so festgelegt hat.
Ich:	Gut, hier lassen wir es stehen. Mal sehen, was Ihr Leben uns so zeigt.
Frau May:	Das fühlt sich gut und richtig an.
Ich:	Also, liebe Frau May, da war eine Symbiose mit dem Vater. Immer wenn wir in Symbiose sind, dann sind wir nicht bei uns selbst daheim. Gern würde ich demnächst schauen, ob es auch eine Symbiose mit Ihrer Mutter gibt. Allerdings machen wir das nicht jetzt. Sie waren mutig und fleißig. Ich denke, Sie können jetzt etwas Ruhe und Erholung brauchen.
Frau May:	Ja, das fühlt sich richtig an. Gern machen wir das so.

Die Sitzung ist beendet. Jetzt gilt es abzuwarten, was sich zeigen wird. Ich denke, die Arbeitsweise hat sich gut erkennen lassen. Es ist ein ständiges im unmittelbaren Feedback-Sein.

Um Ihnen eine Relation zu geben, treffe ich über den Daumen eine Einschätzung zu dieser Sitzung. Gehen wir jeweils von einer Skala von 0 bis 10 aus, so war die Intensität vielleicht bei 3 bis 4, der Umfang vielleicht bei 6 bis 7, die Dauer vielleicht bei 8 bis 9 und der maximale Stress für Frau May bei ca. 3 bis 4.

Alles in allem war das eine recht übliche Sitzung, wenn sich so was bei LösUS überhaupt sagen lässt, welche von der Themenbreite eher umfangreicher war.

Wir haben in vier Tagen den nächsten Termin.

ZWEITE LösUS-SITZUNG MIT FRAU MAY

Ausgangssituation	Eigentlich hatten wir uns am Ende der letzten LösUS-Sitzung vorgenommen, uns mit der möglicherweise vorhandenen Symbiose mit der Mutter beschäftigen zu wollen. Aber wie es im Leben und auch in der Praxis ebenso so ist, zeigte sich ein anderes Thema, das vordinglicher war.
Dauer der Sitzung	Ca. 30 Minuten

Ich: Liebe Frau May, wie ging es Ihnen nach unserer Sitzung?

Frau May: Die letzte Sitzung hat wirklich gedanklich und gefühlsmäßig in mir nachgearbeitet. Jetzt erzähle ich erst mal das Positive. Ich habe auf einmal meine rechte Seite wahrgenommen. Die rechte Seite ist die Vaterseite. Plötzlich habe ich meine rechte Seite richtig körperlich wahrgenommen. Das war plötzlich ein anderes Gefühl. Meine Schulter fühlte sich an, als wenn etwas zu mir zurückkommen würde. Es war erstaunlich. Auch erstaunlich war, dass die Hüft- und Ischiasschmerzen, die ich schon seit Wochen hatte und die besonders nachts beim Liegen schlimmer waren, ab der Nacht nach dem letzten Termin deutlich besser wurden. Sie sind nicht weg, aber sie sind deutlich besser. Ich nehme dafür nichts ein. In der Hinsicht habe ich nichts geändert. Ich mache die gleichen Übungen wie immer.

Ich: Das ist eine gute Nachricht und eine schöne Entwicklung.

Frau May: Aber die Sitzung hat mich auch sehr aufgewühlt. Ich war im Nachhinein so erschüttert, wie diese Entscheidung, die ich mit viereinhalb Jahren als unschuldiges, kleines, unbedarftes Mädchen unbewusst getroffen hatte, meinen Vater zu retten, mein Leben so bestimmt hat.
(Damals hatte sie die Not des Vaters wahrgenommen. Sie hatte sich dazu entschieden, ihren Vater aus seiner Not retten zu wollen.)

Ich: Genau das ist Unbewusste Schuld. Das ist ...

Frau May: Es hat meinen ganzen Lebensweg bestimmt. Es hat alles in meinem Leben betroffen. Mein ganzes Leben war Schwerstarbeit.

Ich: Ja, dieses Muster hat sich wie ein roter Faden durchgezogen.

Frau May: Alle Partnerschaften, alles war schwer. Es hat mein ganzes Leben bestimmt – und 65 Jahre später erkenne ich das jetzt erst. Man kommt da jetzt so drauf ... Und das ist schon ... einfach traurig. Wie ich mein ganzes Leben diesen Fokus hatte, ohne dass es mir bewusst war. Und jetzt plötzlich stellt man fest, dass das Leben eigentlich schon vorbei ist. Zumindest der größte Teil des Lebens, sogar der allergrößte – vom Alter her gesehen, meine ich. (Sie spricht langsam. Ihre Stimme ist zittrig und traurig.)

Ich: Ist es ein Gefühl wie »so viel versäumt«?

Frau May: Ja, so, als wenn ich um etwas betrogen worden wäre. Und ich einfach keine Chance hatte, es anders zu machen. Das Schlimme für mich ist auch, dass ich es meinen Kindern vorgelebt habe.

Ich: So ist es wohl.

Frau May: Dieses Rettersyndrom, dieses Kämpfersyndrom. Und man meint auch noch, es ist richtig – und die anderen bestätigen einen dafür noch und sagen: »Was du geleistet hast, du bist so eine starke Frau!« Vor diesem Hintergrund könnte man auf solche Bestätigungen auch verzichten.

Ich: Ja, diese Stärke hatte ihren Preis.

Frau May: Das hat Tragik. Das hat alles einen tragischen Ursprung. Zu erkennen, dass mein dauernder Kampf, meine Stärke diesen tragischen Ursprung hat. Das ist nicht leicht.

Ich: Nimmt dieses Bedauern eher noch zu – oder ist es eher am Abflauen?

Frau May: (Mit sehr zittriger, weinerlicher Stimme.) Es ist mehr so, dass all diese Jahre verloren sind. Die natürlich nie mehr wiederkommen.

Ich: Sie kommen auch nicht wieder. Nie wieder. Nimmt dieses Gefühl zu? Oder war das am Donnerstag ein Tiefpunkt und wird besser?

Frau May: Donnerstag war nicht der Tiefpunkt, das kam dann erst die nächsten Tage, da habe ich mich auf einmal anders gefühlt. Ich nehme plötzlich meine Schulter, meine rechte Schulter wahr. Dass die Schmerzen (Hüfte und Ischias) so nachgelassen haben, das war so positiv. Aber diese Wehmut, so draufzuschauen, was sich wirklich abgespielt hat, das hat dann mit der Zeit zugenommen. Das wird natürlich auch an-

	getriggert durch die Situation meiner Tochter. (Der Tochter geht es seit vielen Monaten sehr schlecht. Sie, die Tochter, wohnt derzeit bei ihr. Sie hat Tag und Nacht Schmerzen.)
Ich:	Wie wäre es, wenn wir diese Wehmut nehmen und mit ihr weiterarbeiten?
Frau May:	Das können wir auch machen. (Sagt sie zögerlich.)
Ich:	Eigentlich wollten wir uns ja um die mögliche Symbiose mit der Mutter kümmern. Aber wenn dieses Thema bei Ihnen gerade da ist, dann ist es da. Da kommen wir gar nicht dran vorbei, selbst wenn wir es wollten. Das ist in Ordnung. Es führt uns schon an den richtigen Ort. Wenn Ihr Inneres zur Mutter und Symbiose will, dann kommen wir schon dort hin. Wenn es dort nicht hinwill, dann kommen wir woanders hin. Wir kommen sowieso dorthin, wo es gerade passender, wichtiger, richtiger ist. Wir müssen nur bereit sein, uns führen zu lassen, und nicht versuchen zu führen. Das, was da ist, ist einfach da. (Ich gehe so ausführlich darauf ein, weil Frau May scheinbar den Eindruck hat, wir sollten jetzt das tun, was wir uns vorgenommen hatten. Das ist aber nicht so.)
Frau May:	Ja, lassen Sie uns das so machen.
Ich:	Gut, dann zeichnen Sie sich bitte auf das Blatt Papier. Damit meine ich jetzt »sich von heute«.
Frau May:	Es ist schon auch ein Stück weit eine Wut da …
Ich:	Wie können Sie dieser Wut auf dem Blatt Ausdruck geben?
Frau May:	Da brauche ich die rote Farbe … (Wir lachen herzlich, da sie mir schon eine ganze Zeit, bevor sie von der Wut sprach, den roten Stift unter die Nase hielt.)
Ich:	Dann passt die rote Farbe.
Frau May:	Das wollte ich eigentlich damit sagen!
Ich:	Da sind Sie von heute mit dem Gefühl von Wehmut über das Leben, das so gelaufen ist. Gehen Sie bitte mit sich auf dem Blatt in Kontakt, und schauen Sie, was für Gefühle da sind.

Frau May: Also, wenn ich es zeichnen müsste, dann müsste ich neben die Größere noch die Kleinere zeichnen. Und die Größere schaut immer noch auf das kleine Kind.

Ich: Dann machen Sie es genau so, wie es für Sie passt.

Frau May: Der Impuls ist ... also, wenn ich von heute auf das Kind von damals schaue ... Das trifft es. Da bin ich zweimal.

Ich: Wie fühlt es sich an, wenn Sie von heute auf sich von damals schauen? Wenn Sie eben das Leben so erlebt haben – mit dieser Entscheidung von damals?

Frau May: Ein Stück Verlorenheit.

Ich: Wo findet das statt? Wo fühlen Sie es?

Frau May: Im ganzen Körper – auch in den Beinen. Als stünde ich im Niemandsland.

Ich: Einsam?

Frau May: Ja, und alles ist karg ... verloren. Der Horizont ist weit weg. Und es ist einfach so allein in einem lebensfeindlichen Umfeld. So fühlt es sich an. Ich weiß natürlich, dass ich Essen und ein Bett habe, aber vom Gefühl her bin ich allein, und alles ist dürftig und karg. Wie vertrocknetes Gras.

Ich: Wie lässt sich dieses Gefühl von Verlorenheit auf dem Papier zeichnen? Was ist außer dieser Verlorenheit, dieser emotional feindlichen Umgebung noch wahrnehmbar?

Frau May: Ratlosigkeit. Kein Plan, keine Perspektive haben ... und eine Ziellosigkeit. (Ihre Stimme ist jetzt gefasster. Sie lässt sich Zeit und fühlt genau nach.)

Ich: Ist es wie eine umfassende Orientierungslosigkeit?

Frau May: Ja, ich weiß einfach nicht, was ich jetzt tun soll – oder noch tun kann. Denn alles ist ein für alle Mal vorbei.

Ich: Was für ein Gefühl kommt bei dem Gedanken: Es ist ein für alle Mal vorbei? (Ihr Gesicht spricht Bände.) Für mich sehen Sie traurig aus.

Frau May: Da ist so ein innerer Schmerz, Traurigkeit und Schmerz.

Ich: Wo ist diese Traurigkeit, wo ist dieser Schmerz?

Frau May: Es ist, als würde es mich aus dem Sattel heben. Vielleicht ist das nicht der richtige Ausdruck … kein Boden unter den Füßen zu haben. Der Schmerz ist im oberen Brustbereich. Und im Hals.

Ich: In diesem Schmerz ist auch die Traurigkeit?

Frau May: Ja.

Ich: Bitte finden Sie die passende Form auf dem Blatt. Bitte fühlen Sie nochmals dahin, dass schon so viel Leben vorbei ist, dass gar nicht mehr so viel übrig ist. »So lange war ich gefangen, in dieser mir selbst als Kind auferlegten Rettung meines Vaters.«

Frau May: (Sie schnäuzt, Tränen laufen, das Gesicht ist sehr schmerzbelastet.) Wut kommt hoch.

Ich: Wo ist sie?

Frau May: Auch dort im Hals und der Brust, wo der Schmerz und die Traurigkeit sind. Diese Wut will auf den Boden stampfen. Ich möchte mit dem rechten Fuß auf den Boden stampfen.

Ich: Bitte einzeichnen.

Frau May: (Sie lacht.) Jetzt habe ich ja einen rechten Fuß. (Damit nimmt sie darauf Bezug, dass sie seit der letzten Sitzung ihre rechte Seite spürt.)

Ich: Ja, also, jetzt, wo er da ist …! (Wir lachen zusammen.)

Frau May: Die Wut ist auch im Kopf. (Es vergeht etwas Zeit – aufmerksam fühlt sie nach.)

Ich: Gibt es neben den Gefühlen von Wut, Traurigkeit … Verlorensein, wie in einer kargen Gegend sein … dem Gefühl, so viel vom Leben durch all diese Belastung verloren zu haben … Gibt es noch ein Gefühl, eine Wahrnehmung?

Frau May: Es ist jetzt eigenartig … Es kommt ein kleines Gefühl von Genugtuung: Ich habe es trotzdem geschafft und habe nie aufgegeben.

Ich: Es ist eine eigene Anerkennung?

Frau May: Ja, dass ich doch ein zäher Brocken bin! (Ihre Stimme ist klar und kräftig.)

Ich: Lässt sich dieses Gefühl einzeichnen?

Frau May: Es ist im Herzbereich. Es fühlt sich stark an.

Ich: Lässt sich noch etwas wahrnehmen?

Frau May: Da ist jetzt Erleichterung. Es ändert sich gerade. Ich sehe, ich fühle diese Stärke in mir. Es ist jetzt so ... (Es scheint etwas zu geschehen, das sie nicht recht glauben kann.)

Ich: Wie wird es?

Frau May: Es wird einfach alles leichter.

Ich: (Die Dinge durften kommen, wie sie sind. Sie war einfach wach und annehmend. Es stieg empor und wurde angenommen. Hier ohne viele Worte, einfach nur durch den Vorgang.)

Frau May: Es wird einfach immer leichter ... Was geschieht gerade?

Ich: Sie haben den Schmerz angenommen, er ist zu Ihnen zurückgekommen.

Frau May: Es wird immer leichter. (Sie lacht während der nächsten Sätze.) Das Leben ist so kompliziert und komisch, dass ich schon fast lachen muss. (Sie lacht und kichert.)

Ich: Ja, das ist es ... Sie sagen es! Es kann kompliziert und komisch sein! (Ich lache mit ihr.)

Frau May: Es ist ganz komisch. Es ist so, als hätte ich Verbindung zu dem kleinen, inneren Mädchen von damals ... zu mir. Und es wird auf einmal lebendiger. So was wie Lebensfreude. Ich habe mein ganzes Leben keine Lebensfreude gehabt. Es war immer nur Pflicht.

Ich: Wie ist es, wenn Sie auf dem Blatt den Kontakt zwischen Ihnen von heute und sich als dem Kind von damals herstellen? Wie ist das für das kleine Kind, wenn es mit dem Blick in Ihr Heute erkennen kann, dass es auch irgendwann aufhört mit dem Schmerz?

Frau May: Befreiend ... befreiend ... entlastend und befreiend. Das Kind spürt plötzlich eine Energie in sich.

Ich: Bitte sprechen Sie für das Kind: *Obwohl ich mich so gut verstehen kann, nehme ich die Schuld dafür von mir ...*

Frau May: *Obwohl ich mich so gut verstehen kann, nehme ich die Schuld dafür von mir ...*

Ich: *... dass ich dachte, es würde nie aufhören.*

Frau May: *... dass ich dachte, es würde nie aufhören.* Das muss ich noch mal sagen: *Obwohl ich mich so gut verstehen kann, nehme ich die Schuld dafür von mir, dass ich dachte, es würde nie aufhören.* (Sie richtet sich auf, sie sitzt offen frei und »stark« da.) Das tut einfach gut.

Ich: *Ich nehme die Schuld von mir, dass das Hintenanstellen meines eigenen Lebens ...*

Frau May: *Ich nehme die Schuld von mir, dass das Hintenanstellen meines eigenen Lebens ...*

Ich: *... um Papa zu retten, doch kein Urteil auf mein ganzes Leben und für ewig ist.*

Frau May: *... um Papa zu retten, doch kein Urteil für mein ganzes Leben und für immer ist.*

Ich: Wie fühlt sich der Satz an?

Frau May: Sehr gut! Befreiend, erleichternd.

Ich: *Obwohl es so lange gedauert hat, jetzt aber vorbei ist ...*

Frau May: *Obwohl es so lange gedauert hat, jetzt aber vorbei ist ...*

Ich: *... nehme ich die Schuld dafür von mir, dass ich dachte, es würde gar nicht mehr aufhören.*

Frau May: *... nehme ich die Schuld dafür von mir, dass ich dachte, es würde gar nicht mehr aufhören.*

Ich: Wie fühlt es sich an?

Frau May: Gut, das Kind hat sich noch schuldig gefühlt.

Ich: Kann das Kind erkennen, dass es zwar lange dauert, aber dann doch irgendwann aufhört?

Frau May: Genau das ist es: Es ist nicht mehr hoffnungslos.

Ich: Ist es nicht oft auch schon in Ihrem Leben so gewesen, dass es in schweren Lagen nicht mehr möglich ist zu glauben, dass das jemals aufhört?

Frau May: Ja, schon.

Ich: Im Nachhinein – wie viele Dinge hätten wir leichter ertragen, wenn wir die Gewissheit gehabt hätten, dass es irgendwann aufhört?

Frau May: Ja.

Ich:	Für uns ist wohl immer wieder das Schlimmste, dass wir immer wieder glauben, es würde nie wieder anders. Wie oft wurde es dann aber doch anders?
Frau May:	Das habe ich dauernd so erlebt.
Ich:	*Obwohl ich mich so gut verstehen kann, nehme ich die Schuld dafür von mir, dass ich so hoffnungslos war.*
Frau May:	*Obwohl ich mich so gut verstehen kann, nehme ich die Schuld dafür von mir, dass ich so hoffnungslos war.*
Ich:	*Ich nehme die Schuld von mir, dass ich angenommen habe, ich hätte mein Leben für immer für meinen Vater geopfert.*
Frau May:	*Ich nehme die Schuld von mir, dass ich angenommen habe, ich hätte mein Leben für immer für meinen Vater geopfert.* (Sie wiederholt den Satz fühlend mit weiter zunehmender Erleichterung zweimal.)
Ich:	*Obwohl 65 Jahre schon genug sind …*
Frau May:	(Lachend spricht sie nach.) *Obwohl 65 Jahre schon genug sind …*
Ich:	*… nehme ich die Schuld dafür von mir, dass ich dachte, es würde ganz bis zu meinem Ende so gehen.*
Frau May:	(Sie lacht und steckt mich damit an. Wir lachen zusammen.) *Obwohl* (sie muss eine Lachpause machen) *65 Jahre schon genug sind* (sie gluckst vor sich hin), *… dass ich dachte, es würde ganz bis zu meinem Ende so gehen.* (Sie kämpft mit den Tränen – den Lachtränen allerdings.)
Ich:	(Ich warte und lasse sie mitlachend lachen.)
Frau May:	*Obwohl 65 Jahre schon genug sind, nehme ich die Schuld von mir, dass ich dachte, es würde ganz bis zu meinem Ende so gehen.*
Ich:	Wie geht es dem Kind gerade?
Frau May:	Eigentlich sehr, sehr gut!
Ich:	Wie geht es der Großen von heute, wenn Sie zu sich als Kind von damals jetzt rüberschaut?
Frau May:	Ja, ich muss (kichert) … Sie ist nur erstaunt … ja, gut (sie findet kaum Worte vor Lachen).

Ich: Ich will es mal so sagen: In diese Selbstaufopferung der Sitzung vor ein paar Tagen können Sie ja nicht mehr zurück. Oder können Sie dorthin zurück?

Frau May: Nein.

Ich: Sie müssten die Situation wiedererleben – und das wird schwierig.

Frau May: Ja, das wird schwierig.

Ich: Dahin können Sie also nicht mehr zurück. Das heißt, diese Lebensbelastung ist weg. Jetzt haben wir uns mit dem »Nachhall« davon beschäftigt – der ist jetzt auch weg. (Sie unterbricht mich immer wieder durch zustimmendes »Ja«.) Das subtile Gefühl von »es dauert ewig« ist jetzt auch weg – jetzt kann es ja noch ganz lustig werden, oder?

Frau May: Eben (sie kichert). Ich hatte schon immer viel Energie, um immer weiterzumachen.

(Ich möchte hier nicht auf ihre mir bekannte Lebensgeschichte eingehen. Ihre Belastungen hätten auch gut und gern für drei schwere Leben ausgereicht.)

Frau May: Ich habe mir immer selbst gesagt, mich selbst überredet: Geh immer weiter und weiter. Das war mehr aus Pflichtgefühl, aus Verantwortung, Disziplin. Das hat mich immer weitergetrieben. Natürlich hat man die Hoffnung, dass es mal leichter wird. Bevor ich mich umgeschaut habe, habe ich schon wieder etwas an der Backe gehabt. Es ist auch frappierend, dass ich immer Partner hatte, die mich so was von gemauert haben, die mich so was von eingebremst haben. Ich musste mich immer mit ganz viel Kraftanstrengung verteidigen und mir meine Freiheiten erkämpfen, nehmen müssen.

Ich: *Obwohl ich mein Kinderherz verstehen kann, dass ich damals, um Vater zu helfen…*

Frau May: *Obwohl ich mein Kinderherz verstehen kann, dass ich damals, um Vater zu helfen …*

Ich: *… so viel eigenes Leben geopfert habe, nehme ich die Schuld dafür von mir, dass ich selbst von meinem Leben damals so viel geopfert habe.*

Frau May: *... so viel eigenes Leben geopfert habe, nehme ich die Schuld dafür von mir, dass ich selbst von meinem Leben damals so viel geopfert habe ... und verzichtet habe. Was ich verzichtet habe!*

Ich: *Ich nehme die Schuld von mir, dass ich aus lauter Liebe ...*

Frau May: *Ich nehme die Schuld von mir, dass ich aus lauter Liebe ...*

Ich: *... so viel geopfert und auf so viel verzichtet habe.*

Frau May: *... so viel geopfert und auf so viel verzichtet habe.* Es war in mir, als wenn ich einen Auftrag gehabt hätte. Weißt, ich habe es gar nicht aus Liebe zu meinen Partnern gemacht, sondern das war manchmal einfach wie ein Zwang.

Ich: Also, ja, Sie hatten einen Aufragt – unbewusst von sich selbst gegeben. Das ist die innere Logik: Wenn Sie daran schuld sind, dass Sie Ihr Leben Ihrem Vater geopfert haben, dann ist es ja auch das Mindeste, dass Sie ... Dieser Auftrag war Ihre Lebensversicherung: ein unbewusster Wiedergutmachungsmechanismus.

Frau May: Ja, eben ... wie kann ich dann ...?

Ich: Wie können Sie dann die Freiheit haben ...

Frau May: Genau! Eben!

Ich: ... Ihr Leben nicht Ihren Partnern zu opfern? ... Sich nicht einschränken zu lassen und vor allem selbst einzuschränken?

Frau May: Ja, ja ...!

Ich: *Ich nehme die Schuld von mir, dass ich damals, ohne es zu bemerken ...*

Frau May: *Ich nehme die Schuld von mir, dass ich damals, ohne es zu bemerken ...*

Ich: *... mein Leben selbst so eingeschränkt habe.*

Frau May: *... mein Leben selbst so eingeschränkt habe.*
Als Erwachsener habe ich es immer wieder gemerkt, dass ich mich selbst so einschränke – aber ich konnte irgendwie nicht anders.

Ich: Als Kind?

Frau May: Als Kind habe ich es nicht bemerkt. Nein. Als Erwachsener war oft Revolte in mir.

Ich:	*Obwohl ich es später in meinem Leben so oft gemerkt habe …*
Frau May:	*Obwohl ich es später in meinem Leben so oft gemerkt habe …*
Ich:	*… wie stark mein Leben eingeschränkt wird, nehme ich die Schuld von mir und vergebe ich mir …*
Frau May:	*… wie stark mein Leben eingeschränkt wird, nehme ich die Schuld von mir und vergebe ich mir …*
Ich:	*… dass ich damals als Kind, als die unbewusste Entscheidung gefallen ist, dass ich versuche Papa zu retten …*
Frau May:	*… dass ich damals als Kind, als die unbewusste Entscheidung gefallen ist, dass ich versuche Papa zu retten …*
Ich:	*… mir nicht klar war, wie viel ich von meinem eigenen Leben opfere.*
Frau May:	*… mir nicht klar war, wie viel ich von meinem eigenen Leben opfere.*
Ich:	*Obwohl es aus Liebe geschah, vergebe ich mir, dass ich so viel von meinem Leben geopfert habe.*
Frau May:	*Obwohl es aus Liebe geschah, vergebe ich mir, dass ich so viel von meinem Leben geopfert habe.* (Bei diesem letzten Satz sind die Erleichterungswellen besonders intensiv.)
Ich:	*… vergebe ich mir, dass ich so viele meiner Wünsche, meiner Ziele und meiner Bedürfnisse geopfert habe.*
Frau May:	*… vergebe ich mir, dass ich so viele meiner Wünsche, meiner Ziele und meiner Bedürfnisse geopfert habe.*
Ich:	Wie geht es Ihnen gerade?
Frau May:	Oh, es ist so erleichternd! Das trifft es so gut.
Ich:	*Obwohl ich mein fühlendes Kinderherz so gut verstehen kann …*
Frau May:	*Obwohl ich mein fühlendes Kinderherz so gut verstehen kann …*
Ich:	*… und ich auch andere Kinder verstehen könnte, wenn sie in der gleichen Situation Ähnliches täten …*
Frau May:	*… und ich auch andere Kinder verstehen könnte, wenn sie in der gleichen Situation Ähnliches täten …*

Ich: *... nehme ich die Schuld von mir und vergebe ich mir ...*

Frau May: *... nehme ich die Schuld von mir und vergebe ich mir ...*

Ich: *... dass ich selbst damals so viel von meinem eigenen Leben geopfert habe.*

Frau May: *... dass ich selbst damals so viel von meinem eigenen Leben geopfert habe.*

Ich: Wie geht es ihnen gerade?

Frau May: Ja. Ja. (Sie sitzt ruhig mit entspanntem Gesicht da.)

Ich: Wie geht es der Kleinen auf dem Papier?

Frau May: Die fühlt sich befreit.

Ich: Wie geht es der Großen?

Frau May: Gut, da ist jetzt eine richtig gute Verbindung zu der Kleinen da.

Ich: Lässt sich auf dem Papier gut und leicht eine Verbindung zwischen den beiden herstellen?

Frau May: (Bedächtig fühlt sie genau hin.) Ja, das geht gut.

Ich: Wie fühlt es sich an?

Frau May: Sehr gut! Es ist wie Heimkommen. Wie, ja, ein Heimkommen.

Ich: Fühlen Sie dieses Gefühl. Tun Sie nichts. Seien Sie einfach da.
(Ich lasse ihr Zeit. Sie sitzt da mit geschlossenen Augen und einem gelösten, leicht heiteren Gesichtsausdruck. Sie bildet eine positive Ressource.)

Frau May: Es fühlt sich wie Ganzwerden an.

Ich: Ist es, als würde etwas eingerenkt, ohne dass man zuvor gemerkt hatte, dass es ausgerenkt war?

Frau May: Ja, genau so fühlt es sich an.

Ich: (Ich schweige, sie hat die Augen immer noch geschlossen.)

Frau May: Es ist, wie wenn ein Stück, das immer gefehlt hat, wieder in mir ist.

Ich: *Ich nehme die Schuld von mir, dass ich mir in meinem Leben so gefehlt habe.*

Frau May: *Ich nehme die Schuld von mir, dass ich mir in meinem Leben so gefehlt habe.*

Ich: *Ich nehme die Schuld von mir, dass ich, ohne es zu bemerken, so in meinem Leben gefehlt habe.*

Frau May:	*Ich nehme die Schuld von mir, dass ich, ohne es zu bemerken, so in meinem Leben gefehlt habe.*
Ich:	Wie fühlt es sich an?
Frau May:	Gut. Einfach gut.
Ich:	Okay. Ich glaube, hier können wir es stehen lassen. Jetzt gilt es zu erleben, zu beobachten, was jetzt all die Gefühle der Verlorenheit, der Ziellosigkeit, der Traurigkeit, der Wut über all das versäumte Leben machen. Lassen Sie uns sehen, was Ihr Leben damit macht.
Frau May:	Es war für mich heute wichtig und notwendig. Es war gut, dort noch mal gewesen zu sein.
Ich:	Wir mögen unsere Vorstellungen über unsere inneren Prozesse haben ... Und manchmal liegen wir auch wirklich richtig. Letztendlich gibt es eine Idee, was zu tun ist ... aber dann gilt es zu tun, was sich zeigt. Daran kommen wir, komme dann auch ich nicht vorbei. (Es ist ja auch so: Wir bitten das Leben und das Unbewusste immer wieder um Führung – und dann ist es da, und dann will man es nicht.)
Frau May:	So kennen ich das schon auch. Ja.
Ich:	Wir können dann immer mal sehen, was wir dann wollen. ... oder dem Leben auch folgen. Hier lassen wir es heute stehen. Gehen Sie heute lieber noch raus und genießen Sie die Sonne. Ist das in Ordnung für Sie? Lassen Sie ein paar Tage vergehen – dann sehen wir weiter. Ich behalte im Hinterkopf, dass wir noch nach einer möglichen symbiotischen Verstrickung mit Ihrer Mutter schauen wollen.
Frau May:	Ja, lassen Sie es uns so machen.
Ich:	Ich danke Ihnen. Danke für Ihr Vertrauen.
Frau May:	Ich danke Ihnen.

Es ist nur Software!

Diese Sitzung war einfach – es ist einfach geflossen. Es war ein direkter Weg geradeaus. In anderen, komplexeren Sitzungen stellen sich hin und wieder Situationen ein, die eher einem »Schachspiel mit dem Unbewussten« ähneln.

Der Schlüssel hier war es, die Emotionen und die körperlichen Erscheinungen einfach aufsteigen zu lassen. Es galt, sie annehmend zuzulassen. Das war hier möglich, weil ihre Intensität gut nehmbar war.

Wir werden sehen, wie es Frau May geht und wie wir dann weitermachen. Früher hätte ich mir darüber noch Gedanken gemacht. Heute mache ich einfach ... nichts.

Wochen später sehe ich Frau May wieder. Sie berichtet, dass sie sich sehr verändert hat. Sie macht jetzt einfach die Dinge, die sie für sich selbst machen möchte. Sie verfällt nicht mehr in die Fragen, ob das richtig ist, ob sie sich das erlauben darf, ob es für andere vielleicht unpassend erscheinen mag. Ruhig und taktvoll spricht sie die Dinge einfach an, und kommt dadurch schnell in Klärung.

Ihr fällt es jetzt so viel leichter, direkt und einfach bei sich selbst zu sein und danach zu handeln. Sie ist erfreut über ihre neue Freiheit und kann sich gar nicht mehr vorstellen, nicht mehr so frei zu sein.

Ihre Nachbarn sind nicht anders geworden, aber das kümmert sie kaum mehr.

TEIL 3

SO BEFREIEN SIE SICH SELBST

KAPITEL 9 – WENN NICHT SIE, WER DANN?

Lesen Sie diese Kapitel erst vollständig durch, bevor Sie sich an die Übungen machen. Wenn Sie dann üben wollen, halten Sie bitte unbedingt die Reihenfolge ein.

MAHNUNG UND ERMUTIGUNG

In diesem Abschnitt des Buches wird beschrieben, wie Sie möglichst direkt und konstruktiv die nähergebrachten Möglichkeiten und Techniken *für sich selbst* anwenden können.

Bitte gehen Sie an diese Prozesse Schritt für Schritt heran. An einigen Stellen empfehle ich, vorweg bestimmte Übungen zu durchleben, bevor Sie an die wirkliche Arbeit gehen. Seien Sie nicht übermütig, der Prozess läuft Ihnen nicht davon. Je besser Sie vorbereitet sind und sich mit den Dingen vertraut gemacht haben, umso glatter wird es laufen. Andererseits wird – egal, wie gut Sie geübt haben – vermutlich Unerwartetes auftauchen, für das es keine Vorbereitung gibt.

Haben Sie den Eindruck, dass hinter bestimmten Themen zu große Prozesse auf Sie warten, dann beschäftigen Sie sich bitte erst mit den vermutlich weniger gehaltvollen Themen. Sammeln Sie Erfahrung, geben Sie sich die Zeit, Vertrauen in die Vorgänge – und in Ihre eigene Verarbeitungsfähigkeit – zu entwickeln. Wenn Sie wirklich an tiefen Ergebnissen interessiert sind, dann überfordern Sie sich nicht, sondern schreiten besonnen voran. Haben Sie Erfahrung gesammelt und immer noch den Eindruck, dass bestimmte Themen zu massiv für Sie sein könnten, dann vermeiden Sie bitte eine mögliche Selbstverletzung, und lassen Sie sich von einem LösUS-Practitioner begleiten.

Seien Sie gut zu sich! Wahren und achten Sie sich! *Nur der sollte diesen Tempel betreten, der bereit ist, seine Liebe zu sich selbst wachsen zu lassen.*

Der erste Schritt ist die Achtsamkeit mit sich selbst. Der einzige Mensch auf diesem blauen Planeten, der wirklich auf Sie aufpassen kann und für Sie Verantwortung trägt, sind Sie selbst. Also verhalten Sie sich gerne so – wenn Sie das selbst wollen.

In diesem Buch werden Ihnen ein paar wirklich »scharfe Schwerter« vorgestellt. Also gehen Sie mit diesen bitte mindestens so um, wie Sie mit Ihrem allerschärfsten Küchenmesser hantieren: mit Umsicht und viel Respekt.

Sie haben mich immer wieder ein Stück auf meinen Wegen in den Bergen begleitet. Sie waren in grenzwertigen Momenten mit mir. Alles hat letztendlich zu Lösungen und Heilungen geführt. Jedes Mal war ich an einer Belastungs- und Mutgrenze angekommen und wurde drüber hinausgeschoben. Die Komfortzone war weit hinter mir.

Ich bin der Überzeugung, dass wir die hier beschriebenen Tore in die eigene schmerzhafte Tiefe nur schwer werden durchschreiten können, wenn wir uns gerade in einer guten, einer einfachen und wie von selbst fließenden Lebensphase befinden. Für diese Prozesse ist es durchaus hilfreich, wenn nicht gar notwendig, dass wir uns mehr oder weniger entlang eines Abgrunds wandelnd erleben. Ein lodernder Brandherd in einem Lebensbereich, eine flächige handfeste Krise, ein Erleben von tiefer Lebenssackgasse, macht es leicht, sich für die notwendigen Grenzgänge wirklich bereit und offen zu machen oder deren Hereinbrechen annehmen zu können. Solche Zustände suchen wir uns aber nicht freiwillig, und sie lassen sich auch nicht authentisch absichtlich-künstlich herstellen. Mit Kontrolle lassen sich die Tore zum Unkontrollierbaren nicht öffnen. Dieses Leid muss einem vom Leben geschenkt werden. Sind Sie gerade in einem ähnlichen Zustand? Durchaus möglich – warum hätten Sie sonst dieses Buch gerade jetzt in Ihren Händen?

Seit 1995 beschäftige ich mich in der Praxis mit belastenden Gefühlen. Zu Beginn wurde ich blass und kalthändig, wenn auf der anderen Seite des Tisches die Tränen zu fließen begonnen. Das hat sich bald verloren, und mein Zutrauen zu ganz verschiedenen Prozessen ist gewachsen und gewachsen. Inzwischen bin ich maximal entspannt und fokussiert. Ich nehme wahr, denke, fühle und lausche sehr meiner Intuition, wenn die heftigsten Emotionen den Raum fluten. Tatsächlich breitet sich in mir inzwischen die tiefste Ruhe dann aus, wenn mein lieber Mitmensch über seine Grenzen fühlt und in seinen aufsteigenden, sich lösenden Schmerzen badet. Für mich ist es immer wieder ein Fest, wenn ich bei solch befreienden, lebensverändernden und heilenden Prozessen eines geschätzten Mitmenschen dabei sein darf. Es erfüllt mich mit tiefer Demut. Tatsächlich sinkt mein Puls dabei meist auf um die 38 bis 42 Schläge pro Minute, was sogar unter meinem Schlafpuls liegt und mein tiefster Puls überhaupt ist.

Was ich Ihnen damit sagen will: Auch ich bin da über Jahre reingewachsen – lassen Sie sich bitte ebenfalls die angemessene Zeit für Ihren Fortschritt. Folgen Sie dabei nicht Ihrem Wollen, sondern Ihrer Intuition. Wenn Ihr Kopf sagt, das erledigen wir jetzt gleich auch noch schnell, und Ihre Intuition bekommt Gänsehaut, dann nehmen Sie die Haltung ein: *Danke, lieber Wille, du meinst es gut, danke – für Gut ist morgen auch noch Zeit.* Wenn es sein soll, dann bewegen sich die Grenzen ganz allein auf Sie zu, Sie müssen sie nicht herbeibetteln.

Vor Jahren hatte ich einen Termin mit einem freundlichen, mir noch unbekannten Herren. Erst schien der Prozess recht übersichtlich und geordnet zu verlaufen. Nach wenigen Minuten war es Nacht, und wir waren im Jahr 1977 in Mogadischu in der Landshut. Schlagartig waren wir mitten in dem GSG9-Einsatz von damals. Die Grenzen sprangen zu uns.

Seien Sie neugierig und abwägend, seien Sie offen und mutig und zugleich selbstbewahrend – seien Sie präsent.

Die erste Wahl im Umgang mit Emotionen ist für mich inzwischen immer die widerstandslose Annahme. (Das gilt sowohl für meine eigenen Wege als auch für die Wege mit meinen lieben Mitmenschen in der Praxis.)

Dennoch ist es absolut sinnvoll, sich die aktive Verarbeitung von Emotionen bis zu einer guten Arbeitsfähigkeit anzueignen. Das gilt gerade für den noch nicht so erfahrenen Emotionsverarbeiter, Kellerkinder-in-den-Arm-Nehmer und Lebensenergie-Heimholer.

Sollte es bei der widerstandslosen Annahme trotz vorheriger Übung zu auffällig starken Belastungen kommen, dann ist es sehr sinnvoll, durch die Anwendung der aktiven Verarbeitung von Emotionen für so viel Entlastung zu sorgen, dass dadurch die widerstandslose Annahme weitergeführt werden kann.

Für die »heilende Operation an der eigenen offenen Seele« ist es wichtig, seine Instrumente zu kennen und damit umgehen zu können.

Das liegt in Ihrer Verantwortung. Sorgen Sie gut für sich!

VERANTWORTUNG IST VERANTWORTUNG IST VERANTWORTUNG

Im Leben scheint es darum zu gehen, sich der vollen Verantwortung für sich und sein Leben bewusst zu werden und sich ihr zu stellen. Wir holen uns den eigenen Zugang zu »Gott«, zu den höheren Sphären, zu unserer eigenen Spiritualität und Heiligkeit von der Kirche und anderen »Glaubensvertretungen« zurück. Wir holen uns unseren »Wert« und unsere Werte von den Banken etc. zurück. Wir lassen uns Mündigkeit und Selbstbestimmtheit weder von einer Verwaltung noch einem Staat abnehmen. Wir holen uns die Verantwortung für unsere Gesundheit von der Medizin zurück – bestenfalls finden wir hier Berater.

Wir heilen unsere selbstverletzenden unbewussten Wiedergutmachungsmechanismen und befreien uns von unbewusster Selbstbestrafung. Wir entziehen uns der über diese völlig unbewussten Mechanismen gegebenen Steuerbarkeit durch andere und finden die wirkliche Autonomie unseres Wesens wieder. Wir lösen uns von ewigen Schuldsuggestionen und vergeben uns, dass wir ihnen, ohne es zu bemerken, geglaubt haben und uns dadurch von uns selbst, unserem Leben, der Menschlichkeit und unseren Mitmenschen entfernt haben/haben entfernen lassen. (Nein, dieser Vater damals vor 2000 Jahren, der angeblich seinen Sohn geopfert hat, hat ihn ganz sicher nicht für mich geopfert. Nein, ich schulde der Kirche deshalb keinen blinden Gehorsam. Wer solche Schauermärchen erzählt, der möchte über Schuldgefühle gefügig machen. 2000 Jahre klappte das recht gut und führte zu gigantischer Macht, unermesslichem Reichtum, endlosem Unrecht und millionenfacher Verletzung. Doch die Zeiten ändern sich.)

Es ist eine bequeme, aber am Ende schmerzhafte und teure Illusion, dass irgendwer anders wirklich Verantwortung für uns übernimmt. Genauso wenig wie wir wirklich für jemand anders Verantwortung übernehmen können. (Die uns anvertrauten Kinder oder andere Wesen bilden hier eine Ausnahme.) Werden Sie nach außen und innen hellhörig, wenn Ihnen jemand anbietet, für Sie Verantwortung zu übernehmen. Nur Sie können Ihrem Leben, Ihrem Wesen, Ihrem Herzen antworten.

Trauen Sie mir auf keinen Fall blind über den Weg!

DER UMGANG MIT EMOTIONEN

Die Tour auf die Friederspitz war ein Wendepunkt für mich. Es geschah so viel, ohne dass ich darauf irgendwie vorbereitet war. Abgesehen davon, dass wohl gerade deshalb so viel geschah, weil ich an der Grenze der Belastbarkeit und nicht vorbereitet war, geht es im Folgenden darum, wie wir im Umgang mit den Emotionen doch eine gewisse Systematik nutzen können.

DIE AKTIVE VERARBEITUNG VON EMOTIONEN

Viele Jahre habe ich in der Praxis im Wesentlichen mit dem unten beschriebenen »Notfallkoffer« gearbeitet – er funktioniert hervorragend! Nach den Erfahrungen der Friederspitz-Tour bin ich dazu übergegangen, meinem lieben Mitmenschen in der Praxis vor oder während der Sitzung den Unterschied zwischen Gefühlen und Emotionen und die widerstandslose Annahme in kurzer Form näherzubringen. Traten dann massive Emotionen auf, habe ich sie durch diese gut begleiten können. Dadurch habe ich den »Notfallkoffer« kaum mehr verwendet und zugleich noch deutlich bessere Ergebnisse gesehen. Nach nahezu jeder mit und durch Annahme durchschrittenen massiven Emotionswelle nimmt mein liebevoller Mitmensch das Heilen in sich förmlich wahr. Meist wird mit großer Verwunderung festgestellt, dass die gerade noch erdrückende Emotion nach ein bis drei Minuten einfach komplett verschwunden ist und auch nicht mehr ausgelöst werden kann. Immer wieder bedarf es an dieser Stelle noch eines Konfliktlösungssatzes und deutlich seltener einer Korrektur einer fehlerhaften Wahrheit.

Was bleibt, ist die Erinnerung an die Heftigkeit der Emotion und eine mehr oder weniger ausgeprägte Erschöpfung.

Nimmt die emotionale Welle tsunamiartige Ausmaße an, so hat es sich bewährt, innerhalb der Welle parallel zur direkten Annahme der belastenden Emotionen auch noch eine oder mehrere Komponenten aus dem Notfallkoffer so feindosiert zu verwenden, dass die Annahme damit nicht verhindert, sondern ermöglicht wird.

Aus dem Notfallkoffer ist inzwischen also mehr ein »Bedarfs-Rettungsboot« geworden.

Aufgrund dieser Erfahrung habe ich eine glasklare Empfehlung für Sie: Lernen Sie beides perfekt! Erlangen Sie die **Meisterschaft des annehmenden Genießens belastender Emotionen**, und werden Sie ein top **Notfallkoffer-Anwender!** Dann sind Sie auf der sicheren Seite. Vergessen wir bitte nicht:

Übermut ist eine Eigenschaft des Wollens,
Hingabe und Demut sind Eigenschaften des Seins.

DER NOTFALLKOFFER

Es ist notwendig, diese fünf einfachen Aktionen gleichzeitig und wie selbstverständlich ausführen zu können.

Wenn der Notfallkoffer für Sie wirklich ein Notfallkoffer sein soll, dann müssen Sie das synchron mühelos hinbekommen. Ich schlage vor, es hin und wieder zu üben.

1. Fokussieren Sie sich auf die Belastung.
   Wenden Sie alle Aufmerksamkeit genau dorthin, wo es jetzt gerade unangenehm ist, in die *Mitte des Schmerzes* sozusagen. Konzentrieren Sie sich auf die Traurigkeit, den Zorn, die Hoffnungslosigkeit, die Ohnmacht, die Magenschmerzen, die Brustenge – oder was auch immer durch den Schuld-Entnahme-Satz an Belastungsreaktion hervorgerufen wurde. Sagen und meinen Sie ein tiefes ruhiges »Ja« zu der Belastung.
2. Wiederholen Sie die Sätze fühlend, mantraartig und achtsam.
   Wiederholen Sie genau den Schuld-Entnahme-Satz, der die Belastungsreaktion ausgelöst hat. Gratuliere, Sie sind auf einen Schatz gestoßen! Spielen Sie aktiv mit dem Satz, indem Sie Perspektivwechsel vollziehen und weitere mögliche Aspekte in Schuld-Entnahme-Sätzen formulieren. Beginnen Sie einen Schuld-Entnahme-Satz ... und lauschen Sie dann in sich hinein, wie der Satz sich selbst ändert. Egal, was da auftaucht, egal, wie unerwartet oder unsinnig es sein mag – sprechen Sie es ruhig und fühlend aus.
   Eilen Sie nicht, lassen Sie jedem Satz durch mehrfache Wiederholung die Gelegenheit, ein Teil Ihrer Selbstbefreiung zu sein. Bleiben Sie genau hier, bis es behoben ist.
3. Atmen Sie ruhig und fließend mit geschlossenem Mund in den Bauch hinein.

Stress führt zur Brustatmung. Brustatmung erhöht den Stress im System. Atmen Sie also locker durch die Nase in den Bauch. Lassen Sie bewusst die Schultern los, locker, frei und damit hängen. Wenn Sie bemerken, dass Sie Ihren Atem festhalten, dann lassen Sie ihn, so gut es geht, ruhig aus sich herausfließen, bis nichts mehr von allein kommt. Dann warten Sie, bis der Atem sich selbst holt. Halten wir unwillkürlich den Atem in diesem Prozess an, dann trägt das dazu bei, die emotionale Belastung festzuhalten. Versuchen Sie aber auf keinen Fall, möglichst viel zu atmen. Bleiben Sie so ruhig und atmen Sie, so ruhig es geht.

4. Klopfen Sie sanft.
   Klopfen Sie sanft etwa mit einer Geschwindigkeit von zwei- bis dreimal pro Sekunden mit der lockeren, offenen Handinnenseite auf das oberste Ende Ihres Brustbeins. Dabei liegen die Finger entspannt beisammen, während der Daumen locker abgespreizt ist. In der weiten Öffnung zwischen Zeigefinger und Daumen liegt Ihr unterer Hals, während Ihre Handfläche sanft auf den Brustkorb klopft.
5. Bewegen Sie Ihre Augen horizontal hin und her.
   Ob Sie die Lider geöffnet oder geschlossen halten, ist unerheblich. Machen Sie es so, wie Sie sich wohler fühlen. Die Bewegung der Augen ist dabei in etwa so, als würden Sie einem flotten Ballwechsel eines spannenden Tennisspiels zusehen.

Sie werden sehen, dass die aufgetretene Belastung durch diese Art der Verarbeitung rasch zurückgeht. Vielleicht dauert es eine halbe Minute, manchmal auch zwei oder fünf. Selbst wenn es etwas länger dauern sollte, bleiben Sie einfach dran. Und vergessen Sie bitte nicht, locker-fließend sanft in den Bauch zu atmen!

KURZZUSAMMENFASSUNG

1. Fokussieren der emotionalen Belastung
2. Fühlende Wiederholung des Schuld-Entnahme-Satzes
3. Ruhig-fließende Atmung
4. Sanftes Beklopfen des oberen Brustkorbs
5. Hin- und Herbewegen der Augen

DIE WIDERSTANDSLOSE ANNAHME VON EMOTIONEN

Erst mal die süßen Pillen kosten, dann die bitteren. Auf der Friederspitz-Tour hatte ich verstanden, dass uns die Vermeidung von Emotionen in dem ewigen Gefängnis von Belastung gefangen hält. In der gegenteiligen Option, in der widerstandslosen Annahme all dessen, was schmerzlich aus der Tiefe aufsteigt und vom Körper ausgedrückt wird, findet sich der Weg heraus aus diesem Gefängnis hin zu diesem Aspekt der Heilung.

Wochen, nachdem ich durch die Wandlung dieses besonderen Sommers gegangen war, geschah wieder etwas Neues für mich. Ich war mit dem Fahrrad unterwegs und machte am frühen Abend Halt in Aidenried am Ammersee. Es regte sich kein Lüftchen, und der See lag still und glatt da. Das Holz des Steges war warm in der abendlichen Sonne, die von Westen über das Wasser streichelte.

Eine kleine Freude wallte in mir auf. Zugleich erschien das Bild, neben den die Kellertreppe zaghaft hochkommenden Kindern auch die in der Sonne lachenden Kinder in den Arm zu nehmen. Ich schloss die Augen und ließ bewusst die Schultern, die Atmung und den Beckenboden los und nahm in mich hinein wahr. Augenblicklich fühlte ich eine süße Welle von Rührung und spürte leichtes Kribbeln im ganzen Körper. (Genau wie jetzt, in diesem Moment des Schreibens darüber!) In einer zweiten süßen Welle rührte mich meine eigene Rührung. Kleine Tränen liefen über mein schmunzelndes Gesicht, ein paar spontane Lacher stiegen auf. Zu meinem Erstaunen war ich genauso präsent wie neulich auf dem Frieder. Ich war einfach ganz und gar da – ohne das Drama zuvor! Es war schlicht und großartig. Ich saß, war der See und die Sonne.

Seit dem Abend in Aidenried werden meine süßen Momente der Rührung immer häufiger. Das liegt zum einen daran, dass es mir generell immer besser und wohler geht, aber zum anderen auch daran, dass ich es einfach nicht mehr auslasse, bei jeder sich bietenden Gelegenheit auch meine Sonnenkinder in den Arm zu nehmen. Mal ist da ein Tag ohne, dann sind da Tage mit auch mal drei oder mehr solcher spontanen Momente voller Freude.

Ich suche sie nicht, ich bin wach für ihr Erscheinen. Belastet mit den quälenden, vermiedenen Emotionen hatte ich kaum einen Fokus für diese Seite meines Wesens. Die Serie von ins Fühlen rückverwandelter Emotionen und die widerstandslose Annahme dieser Schmerzen öffneten in mir zusehends die Räume für Zuversicht, Freude und Liebe noch weiter ganz von allein.

Der Vorgang an sich ist ganz der gleiche wie bei der widerstandslosen Annahme von belastenden Emotionen, auch wenn hier der Inhalt freudig und damit gegensätzlich ist. Da es immer sinnvoll ist, mit dem Leichteren zu beginnen, um sich für das (vermeintlich) noch Unbewältigbare vorzubereiten, habe ich an dieser Stelle folgende Übung für Sie:

ÜBUNG 1: GOLDENES FOTOALBUM

Erlangen Sie die Meisterschaft im Genießen von positiven Gefühlen!

Nehmen Sie sich für acht Wochen jeden Tag drei Minuten in wirklicher Ruhe Zeit. Damit meine ich, dass Sie die Übung nicht machen sollten, wenn Sie eigentlich schon seit 20 Minuten auf die Toilette müssen, in 11 Minuten Ihr Zug fährt oder in 6 Minuten Besuch kommt. Holen Sie sich Urlaubsbilder, die Fotobücher oder Fotoalben mit den schönen Freizeitbildern oder öffnen Sie den Fotoordner in Ihrem Handy (PC, Tablet etc.). Solche Fotoalben, falls vorhanden, wären die etwas bessere Alternative. Denn hier wurde schon eine sorgfältige Auswahl von positiven Bildern getroffen. Die Bilder im Handy sind meist ein buntes Durcheinander von verschiedensten Situationen und Stimmungen. Wenn Sie das Handy etc. wählen, dann legen Sie einen Ordner an, in welchen Sie viele schöne, angenehm berührende Bilder hineinkopieren; Bilder mit und gern auch ohne Menschen darauf. Hauptsache, die Bilder haben für Sie eine positive Bedeutung. Ob Urlaubsalben oder Bilderordner, diese Sammlungen möchte ich »Goldenes Fotoalbum« nennen.

Lassen Sie Schultern, Atmung und Beckenboden los. Lauschen Sie nach innen, und nehmen Sie einfach wahr. Gehen Sie Bild für Bild in Ruhe durch, erinnern Sie sich an diesen Tag, an den Ort, die gute Gesellschaft, die Natur, an diese schönen Momente. Wenn Sie eine positive Regung in sich wahrnehmen, dann wenden Sie sich ihr zu, öffnen Sie sich ihr, nehmen Sie sie widerstandslos hin – und genießen Sie. Wenn der Körper irgendwie mitreagiert, dann nehmen Sie das mit in die wache Aufmerksamkeit – und genießen Sie.

Versuchen Sie niemals, Gefühle »herzufühlen«! Entweder sie erscheinen ganz von allein oder sie erscheinen eben nicht. So wenig sinnvoll es ist, Emotionen durch Vermeidung von sich wegzuhalten, so wenig sinnvoll ist es, Gefühle herzuzerren. Beides ist Gewaltanwendung! Akzeptieren Sie die Autonomie Ihrer Gefühle. Akzeptieren Sie Ihr Gefühlsleben. Lieben Sie die Autonomie Ihrer Gefühle. Lieben Sie sich, und kommen Sie gar nicht erst auf die Idee, dass Sie etwas »falsch machen«, wenn beim Anblick der positiven Bilder keine positiven Gefühle aufkommen. Kommen negative Gefühle auf, weil keine positiven aufkommen, dann ... Was könnten Sie dann machen ...? Ja, richtig, begrüßen Sie herzlich mit offenen Armen diese Gefühle! Egal, welche Gefühle aufscheinen, haben Sie für sie ein *Ja danke.*

Bleiben Sie in Ihrer Wahrhaftigkeit, und versuchen Sie in keiner Weise, Gefühle »künstlich zu erzeugen«.

Halten Sie nicht fest! Es ist so, wie es Annett Louisan in einem ihrer Lieder singt: *Liebe gibt es täglich neu, so viel wie Heu.*

Standen Sie schon mal bei strahlender Sonne bis zu den Knöcheln im warmen Wasser an einem Sandstrand und freuten sich an den funkelnden Wellen, die bis zu Ihren Knien hochbrandeten? Ja? Wenn nicht, dann sollten Sie das dringend nachholen. Wenn doch, dann frage ich Sie, ob Sie den Wunsch hatten, eine Welle funkelnden Wassers festzuhalten? Warum nicht? Es ist doch schön und prickelnd? Stimmt: Zum einen geht das nicht, und zum anderen ist es völlig unnötig – *prickelnde Wellen gibt es ständig neu, so viel wie Sand und Heu.* Zudem würde das Festhalten nur dazu führen, dass eine neue, frische und wunderbare Welle keinen Raum mehr bei Ihnen findet.

Ich für mich habe die Idee verabschiedet, dass es ein reales und beglückendes Ziel sein kann, ständig im Taumel positiver Gefühle zu sein. Was für ein Stress ist diese Idee denn? Lassen wir uns von den frischen Wellen, den Sonnenkindern, doch einfach immer wieder abholen und überraschen! Wir müssen nur dafür offen sein.

Wie fühlt sich der Gedanke an, Sie würden ein heiteres, freudiges Sonnenkind in Ihren Arm schließen, es halten, es drücken

… es halten, es drücken … es weiter halten, es immer noch drücken? Gut, ich glaube, Sie haben verstanden. Freude lebt auch von ihrer Flüchtigkeit.

»Wir müssen nur dafür offen sein« war für mich lange so ein typischer Schlauberger-Satz, wie ich ihn früher mal in diesem oder jenem »How-to-be-happy-Ratgeber« gelesen habe. Meist dachte ich mir dann: *Wenn ich schon so offen wäre, dann würde ich dieses Buch sicher nicht lesen. Ich lese es eben, weil ich nicht so »offen« bin.*

EIN STAU IST EIN STAU IST EIN STAU

Die Sache ist einfacher als gedacht. Vielleicht ist es mit allen Gefühlen wie mit einem Verkehrsstau: Sowohl die schönen, bunten und frischen als auch die alten, verbeulten und unerträglichen Autos stehen im gleichen Stau. Steht der Stau, stehen alle Gefühle – auch die positiven. Kommt der Stau ins Rollen, rollen auch die nicht so schönen auf uns zu. Wollen wir die positiven Gefühle, müssen wir auch die negativen annehmen. Drücken wir die negativen weg (bewusst oder unbewusst), hemmen wir auch die positiven. Das Leben ist eben nicht das berühmte Wunschkonzert. In diesem Aspekt läuft es wohl eher nach dem Alles-oder-nichts-Prinzip.

Wie so oft im Leben ist es wohl auch hier so, dass wir uns erst mit dem Gegenteil von dem auseinandersetzen müssen, was wir eigentlich wollen. Oder wie meine jüngere Tochter Theresa es vor ihrem Abitur sagte: *Papa, ich habe jetzt verstanden, und es geht mir damit besser, wenn ich mir für die Dinge, die ich nicht tun will und vor denen es mir graut, viel Zeit lasse und sie ganz in Ruhe mache.* Den Satz trug ich lange mit mir, bevor ich ihm diese Bedeutung abgewann.

DIE SONNE SCHEINT IM KELLER

Haben wir den Weg in den Keller gefunden, kommen wir auch wieder zur Sonne zurück. Aus meiner Sicht ist es naiv zu glauben, wir könnten das Positive wirklich aufnehmen und genießen, wenn wir das weggesperrte Belastende noch nicht wieder zu uns zurückgelassen und angenommen haben. Das ist ein Schritt-für-

Schritt-Prozess. Allerdings sind wir uns meist gar nicht bewusst, dass es dort im Keller noch einen Stapel Konserven gibt. Schließlich haben wir sie gerade deshalb in die Unwahrnehmbarkeit weggesperrt, um sie nicht wahrnehmen zu müssen. Also rufe ich hier das Motto aus: *Wenn dir die Sonne nicht scheint, dann geh in den Keller.* In diesem Sinne bekommt der Spruch »zum Lachen in den Keller gehen« eine konstruktive Bedeutung.

DIE BEREITSCHAFT TRAINIEREN

An dieser Stelle schweife ich so weit ab, weil ich bei Ihnen nachhaltig verankern möchte, dass es beim Umgang mit positiven und negativen Gefühlen letztendlich schlichtweg um die gleiche Haltung geht. Es geht um die Bereitschaft, mit einem »Ja« im Herzen widerstandslos anzunehmen und willkommen zu heißen: das »Gute« und das »Schlechte« – einfach, was ist.

Im Zentrum der widerstandslosen Annahme von Emotionen ist also die Bereitschaft zur Annahme. Da die Bereitschaft für diese Annahme die gleiche Bereitschaft wie für die Annahme positiver Gefühle ist, ergibt es Sinn, diese erst an positiven Gefühlen zu trainieren.

ÜBUNG 1 KONKRET: »GOLDENES FOTOALBUM«

1. Legen Sie eine Sammlung (Fotoalbum, Handy etc.) positiver Bilder bereit.
2. Nehmen Sie sich drei Minuten Zeit in wirklicher Ruhe.
3. Lassen Sie Schultern, Atmung und Beckenboden los, und nehmen Sie einfach wahr, was es von Ihnen selbst gerade wahrzunehmen gibt.
   Nehmen Sie eine innere Haltung an, als würden Sie neugierig dem unbekannten, wunderschönen Gesang eines Vogels lauschen. Seien Sie präsent.
4. Öffnen Sie die Bildersammlung, und sehen Sie ein schönes, ein positives Bild an.
5. Nehmen Sie wahr, ob dieses Bild etwas in Ihnen auslöst.
   Wenn ja, dann seien Sie in schlichter Annahme, lassen Sie Raum und fühlen Sie dem nach.

- **Ist es angenehm,** dann genießen Sie es wie die Sonne auf Ihrer Haut, Ihre Lieblingsspeise oder Ihren Lieblingssong.
- **Ist es unangenehm,** dann genießen Sie es wie die Sonne auf Ihrer Haut, Ihre Lieblingsspeise oder Ihren Lieblingssong. (Nein, das ist kein Druckfehler!)

   Wenn nein, dann genießen Sie eben das und gehen erwartungsfrei und entspannt zum nächsten Bild über.

6. Nachdem Sie ein Bild gefühlt haben, beenden Sie die Übung.
7. Vollziehen Sie diese Übung für etwa acht Wochen einmal täglich. Oder beenden Sie das Üben, wenn Sie bemerken, dass »es« spontan im Alltag dazu übergeht, von selbst in das Genießen von angenehmen Gefühlen zu geraten.

Machen Sie es einfach so, wie es der Spruch auf dem T-Shirt der indischen Eisverkäuferin in Gnejna Bay auf Malta empfiehlt, der mir im Herbst nach dem wundersamen Sommer tagelang nachging:

Expect nothing. Enjoy everything.
Erwarte nichts. Genieße alles.

Machen Sie sich in Ihrem Kalender eine Notiz, die Sie in einigen Wochen daran erinnert, dass es diese Übung gibt.

ÜBUNG 2: ABHEBEN MIT DEM SCHMETTERLING

Vielleicht geht es Ihnen auch so, dass der Flug eines Schmetterlings in Ihnen einen freudvollen Anklang findet. Der Schmetterling gilt in unserem Kulturkreis auch als Symbol für die unsterbliche Seele. In Hawaii gilt er als Glücksbringer, der die eigenen Wünsche lautlos dem Himmel entgegenbringt. In weiten Teilen Asiens steht er für ein langes Leben, für Erfolg sowie für Glück und Harmonie in Freundschaften und Ehe.

Bei dieser Übung geht es darum, sich durch positive Bilder aus dem goldenen Fotoalbum in die Leichtigkeit des Schmetterlings zu bringen und dann, sich von den Bildern lösend, für Momente oder länger mit den schönen Gefühlen zu sein. Gerade so, als würde uns sein leichter, tänzelnder Flug erfreuen, die Freude aber bleiben, obwohl er außer Sicht geflogen ist.

ÜBUNG 2 KONKRET: »ABHEBEN MIT DEM SCHMETTERLING«

1. Legen Sie die Sammlung (Fotoalbum, Handy etc.) positiver Bilder bereit.
2. Nehmen Sie sich drei Minuten Zeit in wirklicher Ruhe.
3. Lassen Sie Schultern, Atmung und Beckenboden los, und nehmen Sie einfach wahr, was es von Ihnen selbst gerade wahrzunehmen gibt.
   Nehmen Sie eine innere Haltung an, als würden Sie offen den leichten Flug eines schönen Schmetterlings betrachten. Seien Sie präsent.
4. Öffnen Sie die Bildersammlung, und sehen Sie ein schönes, ein positives Bild an.
5. Nehmen Sie wahr, was dieses Bild in Ihnen auslöst. Fühlen Sie dieses Gefühl/diese Gefühle. Nehmen Sie wahr, wie es Ihrem heiligen Körper geht, wo er sich wie anfühlt. Seien Sie *mit* den guten Gefühlen und Körperempfindungen. Nehmen Sie dabei die Aufmerksamkeit durch das Schließen der Augen ganz weg von dem positiven Bild. Lösen Sie sich von ihm. Freuen Sie sich an den Gefühlen, solange es locker und einfach fließt. Zwingen oder halten Sie nicht – lassen Sie alles wieder gehen, wenn es geht.
   Expect nothing. Enjoy everything.
6. Wiederholen Sie diese Übung mindestens einmal täglich für vier Wochen.
7. Sie brauchen für diese Übung kein Fotoalbum. Durchlaufen Sie diesen Prozess mit allem Möglichen in Ihrem Alltag, was sich gut anfühlt.

Mit welchem Bild, mit welchen Bildern haben Sie die Übung gerade gemacht? Waren da Ihre süßen Kinder am Strand? Ihr geliebter Partner? Die Berge? Das Meer? Sonnenauf- oder untergang? Ihr Hund oder Ihre Katze? Wen oder was – bitte verzeihen Sie mir diese zur Verdeutlichung dienende sehr starke Zuspitzung meiner Formulierung – haben Sie gerade missbraucht, um sich wohlzufühlen?

ÜBUNG 3: ABHEBEN OHNE SCHMETTERLING

Ich nenne die Übung auch die »Liebesobjekt-Entzugskur«. Erinnern Sie sich an diesen lapidaren Gedanken auf meinem Weg auf die Friederspitz: *Weder der Schmetterling noch die Dohlen haben Gefühle mitgebracht oder Gefühle weggenommen. Ebenso lagen die Gefühle nicht auf dem Weg, also konnten sie nur aus mir selbst kommen.* Wenn positive Gefühle aber aus mir selbst kommen, dann sind sie auch dann vorhanden, wenn sie gerade nicht durch einen angenehmen Anlass in den Raum der Wahrnehmbarkeit getragen werden. Wir haben es oft so erlebt, sind es so gewohnt und halten es unreflektiert für eine unumstößliche Gegebenheit, dass positive Gefühle obligat entsprechender Auslöser bedürfen. Daher tendieren wir stark dazu, alles Mögliche zu unternehmen, um in den Genuss dieses süßen Nektars zu kommen. Dagegen ist erst mal natürlich nichts einzuwenden. Wenn wir uns allerdings verausgaben, überanstrengen und damit selbst verletzen müssen, um auf diesem Weg an positive Empfindungen zu kommen, dann wird es schädlich – für uns und oft für unsere Umgebung. Auf der einen Seite tendieren wir dazu, das Fühlen von belastenden Emotionen durch betäubenden Konsum zu vermeiden. Auf der anderen Seite neigen wir ebenso dazu, durch den Konsum für uns positiver Dinge in den Genuss von angenehmen Gefühlen zu kommen.

LIEBE UND OBJEKT

Diese Objektbezogenheit macht uns anfällig für gefühls-emotionale Abhängigkeit von der Umgebung und den Mitmenschen. Brauchen oder meiden wir sie, um Freude zu empfinden oder belastende Emotionen zu vermeiden, so geschieht es, dass wir sie zu sehr vor den Karren unserer Bedürfnisse, Wünsche und Ziele spannen und wir uns damit fließend in den Bereich des Missbrauches an ihnen bringen. Aus der Wir-Perspektive heraus mag sich das anfühlen wie *Na ja, so ist das Leben eben – man holt sich, was guttut und was man braucht.* Funktioniert das für Sie ebenso reibungslos umgekehrt? *Man holt sich bei mir ebenso das, was man von mir will und braucht, um sich zufrieden zu machen? Besonders gewünscht bin ich genau dann, wenn ich das liefere.*

Wollen wir primär solche gegenseitigen Selbstbedienungsbeziehungen? Natürlich besteht diese Gefahr besonders mit den uns nahestehenden Menschen. Denn wenn wir in der unbewussten Haltung leben, dass die Welt uns zu schonen und positiv zu stimulieren hat, dann trifft das natürlich primär auf die Hauptakteure in unserer Welt zu. Was für einen Effekt hat das auf die von uns besonders abhängigen Menschen, unsere Kinder? Sie wachsen in einer Welt auf, die ihnen signalisiert und auferlegt, wie sie sein müssen, um gemocht zu werden. Weil wir, meist völlig unbewusst, rückmelden, wie sie sein müssen, damit es uns gut geht. Denn für Freude, Glück und Liebe brauchen wir dann ständig Gründe, Objekte, die auch von ihnen geliefert werden müssen. Und zugleich wollen wir für unser Wohlergehen ferngehalten werden von den Auslösern für das Emporsteigen unserer ganz privaten Emotionen. Auf diese Weise formt und erzieht unser unbewusstes Freude-Wunsch-Emotions-Vermeidungsmuster unsere Kinder ... und letztlich uns selbst. Fühlt sich das richtig an?

Was ist dann eigentlich, wenn wir gerade keine Objekte zur Verfügung haben, mit welchen wir das fühlbare Positive, die »Liebe«, in uns erwecken und fühlbar machen können? Hängt unser gutes Gefühlsleben dann nicht viel zu sehr an den Bedingungen der unmittelbaren Umwelt und der Menschen in ihr? Wie weit gehen wir dann aktiv-unbewusst, um die Welt, unsere (lieben?) Mitmenschen zu influencen, sie zu manipulieren, sie uns gefügig zu machen, um uns mit Drogen – pardon, gute Gefühle meinte ich natürlich – zu versorgen? Wie weit gehen eigentlich unsere (lieben?) Mitmenschen mit uns, um für sich selbst das Gleiche zu erreichen? Wie viel Symbiose brauchen wir, um uns in Scheinglücklichkeit und -liebe zu empfinden? Können Sie erkennen, ahnen, spüren, wie ungesund das ist? Wie ein Heroinsüchtiger an der Nadel hängen wir für unser Glück an den Objekten.

Wie fühlt sich für Sie spontan der Gedanke an: Alle mir nahen und von mir geliebten Menschen wären auch ohne mich glücklich! Fühlt sich das erleichternd oder eher erschreckend, beängstigend an? Wenn es sich negativ anfühlt, dann brauchen Sie es wohl, gebraucht zu werden. Ich gratuliere Ihnen zur mit hoher Wahrscheinlichkeit vorhandenen Symbiose! Damit sind Sie nicht allein. Symbiose gibt es in den verschiedensten Intensitätsstufen; von ein klein wenig bis erstickend.

Wie wäre es, wenn Sie so unglaublich bei sich selbst zu Hause wären, aus sich selbst heraus, ohne weitere äußere Anlässe so viel Freude und Liebe empfinden würden, dass es ein wunderbares Geschenk wäre, herzliche und freudige Menschen um sich zu haben, dass es aber auch gut ohne diese gehen würde? Wie wunderbar wäre es für Ihre Mitmenschen, wenn sie in Ihrer Gegenwart genau so bleiben könnten, ohne subtil die Verantwortung für Ihre Stimmungslage übertragen zu bekommen? Wie wäre es, wenn wir dahinkommen würden, dass wir die anderen und die Welt viel weniger als Objekte für unser Glück (ge)brauchten und einfach aus uns selbst heraus fast dauerhaft viel glücklicher wären? Wie wäre es, wenn Sie jederzeit einen Liebesrausch starten könnten? Sie sagen: Das geht nicht! Waren Sie schon mal mit oder durch irgendetwas in einem wunderbaren Liebesgefühl? Ja? Gut, dann lag das ganz sicher daran, dass die Situation oder das andere Wesen einen ganzen Eimer voller Liebe mitgebracht hat, oder? Oder war da doch kein Eimer? Erinnern Sie sich bitte genau. Ihr Partner hatte da doch diesen Eimer ...? Wo stand der Eimer damals an diesem wunderschönen Strand gleich noch mal? Wo damals in den Bergen? Wo hatte Ihr Kind ihn versteckt? Und wie brachte ihn Ihr Hund oder Ihre Katze mit?

Okay, genug davon. Agape, diese »göttliche Liebe«, diese »Liebe ohne jedes Objekt«, die uneigennützige Liebe ist immer und jederzeit in uns. Wir sind es einfach nur so gewohnt und daher davon zutiefst überzeugt, dass da draußen etwas Wunderbares geschehen, ein passendes Objekt vorhanden sein muss, um mit dieser Liebe in Kontakt zu kommen. Also machen wir uns jetzt an eine Entzugskur: die Liebesobjekt-Entzugskur.

ÜBUNG 3 KONKRET: »ABHEBEN OHNE SCHMETTERLING«

Oder: die Liebesobjekt-Entzugskur.

1. Legen Sie KEINE Sammlung (Fotoalbum, Handy etc.) positiver Bilder bereit.
2. Nehmen Sie sich KEINE drei Minuten Zeit in wirklicher Ruhe.
3. Lassen Sie Schultern, Atmung und Beckenboden so, wie sie sind.

4. Strecken Sie Ihre Herzensfühler nach innen aus. Seien Sie offen dafür, Agape zu fühlen. Wenn Sie etwas wahrnehmen können – wunderbar –, erwarten Sie nichts von der Liebe, seien Sie einfach mit ihr. Genießen Sie. Wenn Sie nichts fühlen – wunderbar! Kommen Sie morgen wieder! Arbeiten Sie derweil weiter mit der LösUS-Technik und vergeben Sie sich alles, was Sie sich vergeben können. Alles, was Sie durch LösUS in sich geheilt haben, steht dem freien Auftreten von Agape nicht mehr im Weg.
5. Gehen Sie, so oft Sie wollen, auf die Liebesobjekt-Entzugskur ... oder lassen Sie es bleiben. Ihr Schicksal liegt in Ihren Händen – immer.

Denken Sie immer daran: Niemand zwingt Sie, glücklich zu sein.

Buddha: Tu es oder tu es nicht, aber höre auf, es zu versuchen!

Ist es nicht ein wunderbares Gefühl, nur mit dem positiven Fühlen ohne Objekt zu sein? Haben Sie auch Wellen der Freude, der Liebe erlebt, als Sie bemerkten, dass dieses Positive einfach da ist? Ich liebe diese Freude an der Freude, die Liebe zur Liebe!

Je freier Sie von Unbewusster Schuld und belastenden Emotionen werden, und je mehr Sie sich selbst vergeben haben, umso lebendiger und unabhängiger wird dieser immer vorhandene objektunabhängige Fluss in Ihnen an die Oberfläche steigen. Genießen wir!

Meine herzliche Empfehlung an Sie persönlich: Beginnen Sie mit der folgenden Übung zu belastenden Gefühlen und Emotionen erst, wenn Sie mit den gerade vorgestellten Übungen ein Stück weit gekommen sind. Sie sollten jederzeit in der Lage sein, spontan auftretende angenehme Gefühle ähnlich zu genießen wie zart schmelzende Schokolade oder eine reife Mango. Ideal wäre es, wenn Sie schon einmal so mit Agape, der objektlosen Liebe, in bewusste Berührung gekommen sind, dass Sie darüber spontan in eine gewisse Freude oder Rührung gefallen sind.

Es geht darum, diese Fühlbereitschaft zu einer abrufbaren Fähigkeit, zu einer Gewohnheit, zu einer Selbstverständlichkeit, zu Ihrer Natürlichkeit zu machen. Denn wenn es dann zum »Ernstfall« kommt und die Kinder des Kellers Sehnsucht nach Ihnen haben, dann ist es für die Situation entscheidend, ob Sie entspannt und bewusst schulter-, atmungs- und beckenbodenlocker gleitend in den Zustand der fühlenden Annahme übergehen können oder reflexhaft in die 1001 Nächte der bewussten oder unbewussten Vermeidungen verfallen. Daran ist nichts falsch, nur führt dieser Weg beständig und sanft kreisförmig abwärts. Wenn man dort hinwill, dann ist das perfekt!

Falls Ihnen unterwegs bewusst wird, dass Sie doch in die Vermeidung abgebogen sind, dann freuen Sie sich über dieses Erkennen, und schalten Sie fließend auf fühlende Annahme um. Falls es Ihnen erst danach auffällt, dann nutzen Sie den vielleicht kleinen Ärger über sich selbst gleich mal als bejahende Annahmeübung.

- **Machen wir uns noch einmal bewusst,** dass in jeder Emotion ein Quantum unserer Lebensenergie gefangen ist, für welches es noch mal der gleichen Menge Lebensenergie bedarf, um die Emotion in der Abspaltung zu halten.
- **Machen wir uns noch einmal bewusst,** dass die einst als Überforderungsschutz sehr sinnvolle Selbstabspaltung unser Heilsein beschädigt hat.
- **Machen wir uns noch einmal bewusst,** dass die Vermeidung des Fühlens der belastenden Gefühlskonserven und damit die Hemmung unseres Fühlstromes stauähnlich auch den Fluss unserer positiven Gefühle hemmt.

ES IST NUR EIN ORKANTIEF!

Drängen einen die einst gegenwärtigen, durch eine bestimmte reale Ursache verursachten überfordernden Gefühle – nun aus ihrer Versteinerung erwachend, durch einen Anlass ausgelöst, aber ohne eine gegenwärtige reale Ursache – zurück in die Sphäre unserer Wahrnehmbarkeit, so erleben wir eine wirkliche Herausforderung. Leichter gelingt uns die fühlende Annahme, wenn wir uns bewusst sind, dass es im bejahenden Willkommenheißen des auf uns zu donnernden emotionalen Orkantiefs »nur« um das Orkantief selbst, nicht aber um die einstige bedrohliche Ursache desselben geht.

Wir erlauben uns hier und jetzt einen Perspektivensprung. Wir verlassen bewusst die Haltung von der zähen Vermeidung von belastenden Emotionen. Wir nehmen die liebend-bittende und zugleich dankbare Haltung von Demut ein, dass alles, was in uns an Traurigkeit, Angst, Verzweiflung, Verlassenheit, Hoffnungslosigkeit etc. aufsteigt, nichts anderes als ein verpackter Funke unserer puren, heiligen Lebenskraft ist, der aus lauter Liebe zu uns gerade jetzt unbedingt zu uns zurückkehren möchte, um uns größer, reicher, vollständiger und heiler zu machen.

Bei meinen verschiedenen Erfahrungen dieser Art habe ich augenblicklich angefangen, hörbar zu sprechen.

Danke, Traurigkeit, danke, du trauriges Kind, gefangene Lebenskraft, dass du dich wieder fühlbar machst. Danke, dass du zu mir zurückkehrst und dich annehmen lässt. Bei jedem solchem Vorgang waren die Gefühle so massiv, dass der Körper sie mit zu tragen begann. *Danke, mein heiliger Körper, dass auch du mir die Traurigkeit zeigst und fühlbar machst und mich durch diesen Kloß im Hals auf deine Weise vollständiger machst. Ich danke dir für deine Hilfe, dieses Kribbeln überall, uns heiler zu machen. Liebes Kind, lieber Körper, ich lass alles so gut zu, wie ich es gerade kann. Danke, dass ihr mir, dass ihr uns, diese Möglichkeit gebt.*

Währenddessen ließ ich meinen Körper so locker, wie es im Moment eben ging. Ich blieb, soweit möglich, fühlend und aufmerksam. Während des ganzen Prozesses berührte, hielt und streichelte ich liebevoll meinen Körper mit meinen Händen gerade dort, wo etwas zu spüren war.

Meist (ausgenommen während der heilenden Stunde in der Wüste; siehe Seite 132) dauerte es geschätzt vielleicht 15–30 Sekunden, bis der Schmerz mich ganz ausfüllte, etwas anhielt und dann fließend in völlige Widerstandslosigkeit ihn irgendwie auch »genussvoll« machte. *Ich danke dir, Kind, Traurigkeit, heiliger Funke, dass du dich auf den Weg zu mir gemacht hast. Danke, dass du zurück bist. Auch wenn ich es war, der dich nicht ertragen hat, danke ich dir, dass du wieder zu mir zurückkommst. Danke, Körper, dass du mir hilfst, die Traurigkeit, mich, anzunehmen.*

MEIN KÖRPER UND ICH

Jedes Mal während und besonders nach einer solchen Selbstrückkehr breitete sich ein großes Gefühl von Vertrauen und Dankbarkeit gegenüber dem Leben und auch gegenüber meinem Körper aus. Jedes Mal fühlte es sich so an, als würde mein Körper durch dieses oder jenes auftretende Zeichen genauso viel für Entlastung der drückenden Gefühle sorgen, dass ich gerade noch in der Lage war, mit ihnen umzugehen. Es war, als würde er mich führen, stützen und absichern. So wie ein behütender Vater oder eine liebende Mutter, der/die mit zum Halt bereiten, offenen Händen hinter dem Kind die ersten Schritte aufmerksam mitgeht und wohldosiert im rechten Moment gerade so viel wohlmeinend eingreift, wie es nötig ist, um nicht zu fallen. Ich erlebte den Körper auf keinen Fall als »Opfer« oder »Erdulder« des belastenden Gefühlsdrucks, viel mehr als Regulator und durch seine Symptome und Zeichen Wegermöglicher für die Annahme der Emotionen. Es war, als würden die schmerzenden Kinder und er wunderbar zusammenarbeiten. Jedes Mal rührte mich auch der Dank an meinen Körper zu Tränen. Das Verhältnis zu ihm hat sich dadurch sehr verändert. Tatsächlich fällt es mir seitdem schwer, von »ihm«, von »meinem Körper« zu sprechen. Es hört sich so an, als würde ich ihn wie einen Gegenstand besitzen, als wäre er etwas anderes als ich. Tatsächlich fühle ich mich so sehr als er und ihn als mich wie noch nie. Dafür bin ich dankbar.

Zum Ende hin jeder Kinderheimkehr breitete sich ein subtiles und tiefes Gefühl von Heilsein aus. Als wäre etwas lange unbemerkt ausgerenkt Gewesenes wieder eingerenkt worden. So ähnlich, wie ich es vor Jahren mit einer Rippe erlebt habe, die mir mein guter Freund Burkhard einrenkte, ohne dass ich wusste, das sie ausgerenkt war. Plötzlich lief unter meinem linken Schulterblatt alles so ruhig, so glatt und rund, wie ich es noch nie erlebt hatte. Zuvor hatte ich aber nicht bemerkt, dass es nicht rund gelaufen war.

Was ich hier mit Traurigkeit beschrieben habe, erlebte ich mit der Angst vor Einsamkeit, dem Gefühl des Alleinseins, dem Gefühl der Entwurzelung und dem Gefühl des Im-Stich-gelassen-und-Verraten-Seins. Um es wirklich korrekt auszudrücken, möchte ich diese Aussage präzisieren. Ich erlebte es mit dem Gefühl, mich selbst allein gelassen, mich selbst entwurzelt und mich selbst im Stich gelassen und verraten zu haben. All diese Schmerzen orientierten sich zu Beginn jeder widerstandslosen Annahme immer an einem Aspekt der Welt da draußen. All diese Schmerzen endeten immer bei mir selbst als die eigentliche Ursache. Vielleicht war da noch mehr, ich erinnere mich nicht an mehr.

ÜBUNG 4: GRAUES FOTOALBUM

Sie sind der Haltung des fühlenden Wahrnehmens hoffentlich deutlich näher gekommen und haben einige positive Erfahrungen gesammelt. Mit dieser Haltung wenden wir uns nun auch anderen, nicht explizit positiven Bildern zu.

Bitte suchen Sie alte Fotoalben heraus. Solche Fotoalben, in welchen sich auch Bilder der weiteren Familie finden lassen; also von Ihren Eltern in jungen Jahren, aus Ihrer Kindheit, von Ihren Onkeln, Tanten und Großeltern usw. Diese Alben möchte ich die »grauen Alben« nennen; schon allein deshalb, weil sie meist auch einige Schwarz-Weiß-Bilder enthalten.

Bevor Sie die Übung beginnen, vergewissern Sie sich bitte, dass Sie bereit sind und sich belastbar genug fühlen, um sanft an der Kellertür zu kratzen. Obwohl aus meiner Sicht und Erfahrung nicht damit zu rechnen ist, dass Ihnen jetzt schon Gefühlskonserven um die Ohren fliegen werden, bewegen wir uns vielleicht doch auf vermintes Gelände zu. Definitiv kann es heiß werden, definitiv kann es sein, dass Sie die Komfortzone jetzt verlassen.

Es ist Ihr Leben, es ist Ihre Verantwortung. Entscheiden Sie, ob Sie hier weitermachen möchten.

ÜBUNG 4 KONKRET: »GRAUES FOTOALBUM«

Bevor Sie diese Übung beginnen, bitte ich Sie, sich die fünf Elemente der aktiven Verarbeitung von Emotionen, siehe Seite 259, ins Gedächtnis zu rufen. Bitte lesen Sie auch den Abschnitt »Emotionen – überforderte Kinder des Moments« auf Seite 130.

1. Legen Sie die grauen Alben bereit.
2. Nehmen Sie sich etwas Zeit in wirklicher Ruhe.
3. Lassen Sie Schultern, Atmung und Beckenboden los, und nehmen Sie einfach wahr, was es von Ihnen selbst gerade wahrzunehmen gibt.
   Nehmen Sie eine innere Haltung an, als würden Sie neugierig dem unbekannten, wunderschönen Gesang eines Vogels lauschen. Seien Sie präsent.

4. Betrachten Sie eines dieser Bilder fühlend. Seien Sie offen für belastende Emotionen. Seien Sie offen dafür, dass eventuell belastende Geschichten, Erinnerungen oder schwierige Bilder aus der Tiefe auftauchen. Verzichten Sie zu 100 Prozent darauf, nach irgendetwas zu suchen oder sich absichtlich erinnern zu wollen. Behindern Sie Ihren Prozess nicht durch »Wollen«. Lassen Sie es geschehen, seien Sie nur Beobachter.
5. Wird nichts wahrnehmbar, betrachten Sie das nächste Bild.
6. Wird etwas wahrnehmbar, dann nehmen Sie es wahr.
   Ist es angenehm, dann genießen Sie es.
   Ist es unangenehm, dann genießen Sie es eben, so gut es geht. Zugleich benennen und danken Sie hörbar sprechend den wahrnehmbaren Vorgängen. Etwa so:
   Ich danke dir, mein einsames Kind, dass du für mich fühlbar wirst, wenn ich das Bild meiner längst verstorbenen Großmutter sehe. Ich danke dir, dass du den Mut hast, wieder zu mir zu kommen, obwohl ich dich damals nicht ertragen und weggeschickt habe. Danke, heiliger Funke, dass du mich vollständiger machst. Danke Körper, dass du mir zugleich das Gefühl von Schwäche in den Beinen zeigst und mich auf deine Weise vollständiger, heiler machst. Ich danke dir für deine Wahrheit und deine Hilfe! Du, Kind der unglaublichen Angst, ich danke dir für dein Erscheinen, für dein Fühlbarwerden. Danke, dass du aus der Trennung zu mir kommst und uns beide vollständiger machst. Ich danke dir, dass du deinen Schmerz mit mir teilst. Ich verspreche dir deine, unsere, starke Angst so gut es geht zuzulassen. Ich danke dir für deinen Mut. Danke, Körper, dass du mir diesen Kloß im Hals schenkst! Diesen Kloß, der meine Wahrheit und mich vollständiger macht. Obwohl ich dich, Kind der Angst, damals nicht absichtlich verstoßen habe, bitte ich dich um Verzeihung und danke dir, für dein Vertrauen. Danke!
7. Bleiben Sie in dem ganzen Prozess möglichst in der Widerstandslosigkeit. Machen Sie sich immer wieder klar, dass alles, was da kommt, Sie selbst sind.
   Sie werden den Moment der Umschaltung erleben. Wenn dieses gewisse »Aushalten« in einen subtil freudigen Loslass- und Heilungsschmerz übergeht.
   Tun Sie nichts. Tun Sie nicht mal das Nichtstun. Denken Sie nicht mal daran, das Nichtstun nicht zu tun – seien Sie einfach da.

8. Sollten die Gefühle zu massiv werden, starten Sie mit der aktiven Verarbeitung von Emotionen, siehe Seite 259.
9. Beenden Sie die Übung, wenn Sie ein Bild gefühlt und angenommen haben.
10. Wiederholen Sie diese Übung, so oft Sie wollen, aber auf keinen Fall zweimal am selben Tag. Machen Sie diese Übung besonders dann, wenn es Ihnen »schön schlecht« geht.
11. Vergessen Sie auf keinen Fall, sich selbst zu loben!
    Vergessen Sie auf keinen Fall, sich selbst zu feiern!
    (Wenn Sie es nicht tun, wer tut es dann für Sie?)

Die Bilder dienen Ihnen als Einstiegshilfe. Aber natürlich können Sie mit jeder emotionalen Situation, die im Alltag auftaucht, sofort so arbeiten:

Sie stehen im Bus auf dem Weg in die Arbeit, und es fällt Ihnen ein, dass der Chef mit Ihnen heute unbedingt sprechen möchte. Es graut Ihnen, und der Magen zieht sich zusammen? Lassen Sie die Schultern, den Atem und den Beckenboden los. Nehmen Sie die neugierige Vogelgesang-Lausch-Haltung ein. Seien Sie präsent.

Danke Körper, dass du mir meine Wahrheit zeigst. Danke, Kinder der Verunsicherung und der Nervosität, dass ihr euch mir zeigt und mir die Möglichkeit gebt, mit euch zu sein. Danke, dass ihr euch heraustraut. Ihr eingekleideten Funken meiner Lebenskraft, ich werde euch so gut zulassen, wie es mir gerade möglich ist.

Ihr Partner hat sich heute in der Mittagspause nicht wie ausgemacht gemeldet. Sie sind wütend und enttäuscht und spüren ein Pochen in der Stirn? Lassen Sie die Schultern, den Atem und den Beckenboden los.

Danke, Kinder der Wut und der Enttäuschung, dass ihr euch mir zeigt und mir die Möglichkeit gebt, mit euch zu sein. Danke, dass ihr euch heraustraut. Ich werde euch so gut zulassen, wie es mir gerade möglich ist. Ich danke euch, ich liebe euch. Für deine Wahrheit, für dieses Pochen, danke ich dir, mein heiliger Körper!

Es gibt keine richtigen oder falschen Reihenfolgen oder Formulierungen. Wenn Sie einfach in dem Bewusstsein bleiben, dass alles, was erscheint, Sie letztendlich wahrhaftiger, vollständiger und damit heiler macht, dass nichts falsch, böse, gemein oder »der Feind« ist, dann folgen Sie Ihren eigenen Worten und Formulierungen.

MITGEFÜHL IST DER SCHLÜSSEL ZUR ERLÖSUNG DER WELT

Oder auch: Selbst-Mitgefühl ist der Schlüssel zur Selbst-Erlösung. (Lesen Sie hierzu noch einmal »Jesus meets Buddha« auf Seite 146.)

Was würden Sie für ein Kind empfinden, das sich vor lauter seelischer Not versteckt und sich vor Scham nicht heraustraut? Genauso offen und liebevoll begegnen Sie Ihren auftauchenden Gefühlen.

Wie würden Sie zu diesem von Wut und Enttäuschung gequälten und sehr leidenden Kind sprechen? Genauso sprechen Sie mit Ihrem Gefühl der Wut und Enttäuschung.

Würden Sie es wegschicken? Wenn Sie es nicht wegschicken, was würden Sie dann mit diesem Kind machen? Liebevoll in den Arm nehmen? Dann machen Sie genau das aus ganzem Herzen!

Stellen Sie sich vor, die Gefühle von Wut und Enttäuschung würden in eine solche Stärke reichen, dass sie so wie einst schon wieder nicht mehr erträglich wären. Stellen Sie sich vor, Ihr heiliger Körper springt ein und übernimmt so viel von dieser Last, dass es gerade noch annehmbar ist. Stellen Sie sich vor, dass Ihr heiliger Körper Ihnen diese Lastübernahme in Form von diesem oder jenem spontan auftretenden Zeichen zeigen und Sie damit vollständiger machen würde (Brustenge, Hitze im Kopf, Kloß im Hals, Darmschmerzen etc.).

Dann wären in dem Zeichen zwei Elemente zu finden:

- Die unendliche Liebe und Gnade Ihres Körpers. *Danke, mein heiliger Körper!*
- Das für die Annahme des Zuviel an Gefühlen, also auch ein Teil dieser heimkehrenden Kinder. Danke, heiliger Körper, dass du mich auf diese Weise heiler machst.

Ich bin mir bewusst, dass das alles ziemlich ungewöhnlich klingt. Und glauben Sie mir, ich neige nicht zur romantischen Verklärung. Fragen Sie mein Umfeld. Hier gelte ich mehr als »Kopf- und Vernunftmensch« und werde mehr als »disziplinierter Realist« gesehen. Hin und wieder werde ich darauf aufmerksam gemacht, dass es auch so was wie Hingabe, Gefühle und Intuition im Leben gibt und geben sollte. So sei es!

Aber es bleibt mir nichts anderes übrig, als diese an mir und in der Praxis hundert und tausendfach erlebten Wahrheiten in all ihrer Einfachheit näherzubringen, zu erklären und zu versuchen, sie begreifbar und für Sie selbst anwendbar zu machen.

ÜBUNG 5: FLIEGE MIT DEN GEIERN!

In der letzten Übung, »Graues Fotoalbum«, ging es darum, durch den Anblick eines Bildes spontan aufsteigende Emotionen anzunehmen.

In der nun folgenden Übung geht es darum, durch ein entsprechendes Bild Emotionen hervorzulocken und diese dann losgelöst von dem Bild wahrzunehmen.

Bei der Übung »Abheben mit dem Schmetterling« (Seite 266) haben wir es wie beim Segelfliegen gemacht: Der Schmetterling, ein positives Bild, hat uns einem motorisierten Schleppflieger gleich in die Höhe zu den positiven Gefühlen gezogen. Dann haben wir uns von dem Schmetterling getrennt und sind ohne die Thermik der positiven Bilder ganz allein mit den positiven Gefühlen geflogen.

Hier machen wir das genau andersherum: Wir lassen uns durch belastende Bilder, wie die Geier dem Geruch des Aases folgend, in die Tiefen zu den versteinerten Gefühlen, den verbannten Kindern in die dunklen Gewölbe unserer Seele führen.

ÜBUNG 5 KONKRET: »FLIEGE MIT DEN GEIERN!«

Lesen Sie zuvor noch mal den Abschnitt »Die widerstandslose Annahme von Emotionen« ab Seite 261, durch.

1. Legen Sie die grauen Alben bereit.
2. Nehmen Sie sich Zeit für etwas Leid.
3. Lassen Sie Schultern, Atmung und Beckenboden los, und nehmen Sie einfach wahr, was es von Ihnen selbst gerade wahrzunehmen gibt.

Nehmen Sie die Bereitschaft an, sich mit den Geiern in die Tiefe gleiten zu lassen.

4. Öffnen Sie die Bildersammlung, und sehen Sie ein »schweres« Bild an.
5. Nehmen Sie wahr, was dieses Bild in Ihnen auslöst. Fühlen Sie die Belastung. Nehmen Sie wahr, wie die Belastung auf Ihren Körper wirkt. Seien Sie *mit* der Belastung und den unguten Körperempfindungen. Nehmen Sie die Aufmerksamkeit durch Schließen der Augen ganz weg von dem belastenden Bild. Lösen Sie sich von ihm. Danken Sie der Belastung, diesem schmerzvollen Kind, dem heiligen Funken Ihrer Lebensenergie. Bitten Sie den Schmerz, laden Sie ihn ein, Sie an seinen Ursprung zu führen. Danken Sie für alles, auch Ihrem Körper, das geschieht und auftaucht. Zwingen oder halten Sie nicht – lassen Sie alles kommen, wenn es kommt, lassen Sie alles gehen, wenn es geht. Geben Sie Ihrem Jetzt eine Chance, bei Ihnen zu sein. Lauschen Sie dem Jetzt.

Expect nothing. Enjoy everything.

6. Wenn es zu heftig wird, starten Sie mit der aktiven Verarbeitung von Emotionen, siehe Seite 258.
7. Wiederholen Sie diese Übung nicht täglich. Lassen Sie den armen Geiern etwas Regeneration.

ÜBUNG 6: ABSTURZ OHNE GEIER!

In Übung 5 haben wir belastende Bilder dazu gebraucht (missbraucht), um uns in die Tiefe zur Wahrheit unseres Kellers zu führen. Wir haben uns sozusagen in den »kontrollierten Sturzflug« gewagt. Hier haben Sie wertvolle Erfahrungen für die Momente gesammelt, wenn ES unkontrolliert nach oben bricht. Wir haben vorweg für den Fall geübt, dass Sie keine Geier als Helfer in die Tiefe brauchen, sondern dass die schmerzenden Kinder von allein aus dem Keller kommen. Beim Gleitschirmfliegen üben wir über Gewässern z. B. den totalen Strömungsabriss. Es wird für das Worst-Case-Szenario trainiert.

Der fliegerische Strömungsabriss lässt sich jederzeit gezielt herbeiführen. Diesen Luxus haben wir weder mit noch ohne Geier. Hier lässt sich nichts erzwingen. Hier können wir uns nur dafür öffnen. Wir können unserer Tiefe und unserer Höhe durch Üben mitteilen, dass wir wirklich bereit dafür sind. Dann können wir nur demütig hoffen, dass sich die Falltüren öffnen und wir das Geschenk unserer heimkehrenden Kinder schmerzvoll entgegennehmen können.

Eine persönliche Erfahrung in meinem Leben ist es, dass die größeren Ziele damit zu verdienen sind, dass wir genau dort, wo wir jetzt gerade sind, genau die dort vorhandenen Möglichkeiten ausschöpfen. Erst wenn wir die Realitäten des Jetzt angenommen und umgesetzt haben, dann öffnen sich ganz neue unerwartete Wege und Möglichkeiten ganz von allein.

ÜBUNG 6 KONKRET: »ABSTURZ OHNE GEIER!«

Wie gesagt: Dazu gibt es keine »Übung«, dafür gibt es höchstens eine Vorbereitung. Geheimtipp: Üben Sie besonders Übung 5. Bei den Übungen weiter unten werden Sie diese Fähigkeiten dann wirklich brauchen.

FLIEGE MIT ODER OHNE GEIER ZUR SELBSTVERGEBUNG

Egal, wo Sie im Keller aufschlagen, der Schmerz findet seinen Ursprung, aus meiner Erfahrung mit mir selbst und mit vielen meiner lieben Mitmenschen in der Praxis, letztendlich immer in einer (unbewussten, häufig von den Ahnen oder aus »Vorleben« übernommenen) Selbstverletzung.

Das Mittel für die Heilung der Selbstverletzung ist die Selbstvergebung. So gesehen führen uns die Geier an die Orte der Selbstvergebung.

Der Geier, unser »Krafttier« der Selbstvergebung!

DIE ANWENDUNG DER LösUS-TECHNIK

Warum wird das Selbstanwender-Herzstück dieses Buches, die LösUS-Technik, erst so weit hinten beschrieben? Weil es mir als richtig und wichtig erschien, dass Sie erst die Gelegenheit bekommen, Praxis im Umgang mit (massiv) belastenden Emotionen zu bekommen, und sich mit dem Notfallkoffer vertraut gemacht haben.

Die LösUS-Technik öffnet nochmals Türen in ganz anderen Tiefen, für die Sie möglichst gut gerüstet sein sollen.

WIE WIRD DIE LösUS-TECHNIK DURCHGEFÜHRT?

Die LösUS-Technik lässt sich in zwei Abschnitte gliedern:

- Die Vorbereitung
- Die Lösung der Unbewussten Schuld

DIE VORBEREITUNG

Die Vorbereitung dient dazu, besser ins Fühlen zu kommen. Dieser kurze und sehr einfache Prozess ist wichtig! Ganz besonders am Beginn Ihrer Karriere als Selbstbefreier darf er auf keinen Fall vernachlässigt werden! Denn wenn wir uns nicht im Zustand des Sich-selbst-gut-fühlen-Könnens befinden, dann laufen wir »blind« durch diesen Prozess und neigen dazu, zu sehr auf unseren Verstand zu hören. Da es sowohl bei der LösUS-Technik als auch bei der LösUS-Therapie immer um Gefühle geht, müssen wir dabei selbstverständlich mit unserem Fühlen in guter Verbindung sein. Denn unsere emotionalen und körperlichen Reaktionen zeigen uns, ob wir eine Unbewusste Schuld auf uns genommen haben oder nicht.

Ideal für die Vorbereitung ist eine aufrechte und bequeme Sitzhaltung. Es gilt für circa eine halbe Minute wahrzunehmen, in welchem Zustand wir uns befinden. Natürlich können Sie sich dafür mehr Zeit nehmen. Notwendig ist es aber nicht.

- Wie fühlt sich mein Körper jetzt gerade an?
- Was ist in meiner Gefühlswelt gerade los?
- Was passiert in meinem Geist gerade?

Wir müssen nicht benennen, was sich wo gerade wie anfühlt oder abspielt. Es reicht, es einfach wahrzunehmen. Hörbares Sprechen ist an dieser Stelle nicht nötig, Sie können das für sich in Stille vollziehen. Der innere Monolog dazu kann etwa so ablaufen:

An welchen Stellen berühre ich mit meinen Füßen gerade den Boden? Wie fühlen sich meine Füße an? Wie geht es meinen Knöcheln ... und meinen Unterschenkeln? Wie geht es meinen Knien ... und meinen Oberschenkeln? An welchen Stellen spüre ich meine Sitzunterlage? Wie geht es meinem Beckenraum ... meinem Bauch? Wie geht es meinem unteren Rücken und meinem ganzen Rücken? Geschieht gerade etwas in meinem Brustkorb? Wie geht es meiner Herzgegend? Wie fühlen sich meine Schultern ... mein Nacken ... mein Kopf und mein Scheitel an? Welche Gefühle habe ich gerade? Bemerke ich etwas Belastendes? Ist da etwas Erfreuliches? Welche Gedanken ziehen jetzt gerade durch mich hindurch?

Sie müssen für diesen Vorgang keinen inneren Monolog der gerade beschriebenen Weise führen. Es ist völlig ausreichend, wenn Sie diese Stationen einfach mit Ihrer Aufmerksamkeit innerlich abtasten.

Alles, was Sie hier wahrnehmen, ist richtig und in Ordnung. Zwickt es im Knie? Das ist in Ordnung. Lassen sich gerade gar keine Gefühle wahrnehmen, ist das auch in Ordnung. Kreisen Ihre Gedanken um das Mittagessen oder die aufzuhängende Wäsche? Auch das ist in Ordnung! Kreisen Ihre Gedanken darum, dass gerade keine Gedanken kreisen? Auch das ist in Ordnung.

Es ist nicht notwendig, sich damit aufzuhalten. Sehen Sie es als eine kleine Bestandsaufnahme an. Der ganze Vorgang kann gut in einer halben bis einer Minute erledigt sein. Wenn Sie etwas geübter sind, dann wird es nur noch fünf oder sogar nur drei Sekunden dauern. Lassen Sie sich nicht hinreißen, sich selbst Antworten zu geben: *Wie fühlt sich mein Rücken gerade an? Mein Rücken fühlt sich gerade schwer und hart an, gerade so, als hätte ich gestern im Garten zu viel gehoben ...* Es geht nicht darum, eine »große Inventur« Ihres Zustandes zu veranstalten, es geht nur allein um eine kleine Wahrnehmung des Ist-Zustandes. Es geht einfach nur darum wahrzunehmen, wie es gerade ist.

DIE KALIBRIERUNG

Nachdem das getan ist, führen Sie eine »Kalibrierung« durch. Ziel dieser kurzen Kalibrierung ist es zu erfahren, wie es sich anfühlt, wenn ein Schuld-Entnahme-Satz **nicht zutrifft**. Denn wenn wir diese Empfindung gut kennen, dann fällt es uns im Gegenzug sehr leicht wahrzunehmen, wie sich ein **zutreffender, ein reaktiver** Schuld-Entnahme-Satz anfühlt. Sie schaffen also Ihren persönlichen »Referenzwert« für das Nicht-Vorhandensein von Unbewusster Schuld.

Zum Zweck der Kalibrierung sprechen Sie Schuld-Entnahme-Sätze, welche höchstwahrscheinlich frei von jeder Unbewussten Schuld sind. Solche Sätze können z. B. so lauten:

- *Ich nehme die Schuld (dafür) von mir, dass diese Wand weiß ist.*
- *Ich nehme die Schuld (dafür) von mir, dass dieser Tisch aus Holz ist.*

Das »dafür« ist Geschmackssache. Probieren Sie aus, wie es sich für Sie runder und richtiger anfühlt und anhört.

Sprechen Sie drei solcher Sätze hörbar vor sich hin, und beobachten Sie dabei Ihre körperliche und emotionale Reaktion. Verwenden Sie bitte nur Sätze, die der Wahrheit entsprechen. Wenn Sie also sagen *Ich nehme die Schuld dafür von mir, dass es regnet*, dann sollte es gerade auch tatsächlich regnen. Wenn Sie sagen *Ich nehme die Schuld dafür von mir, dass der Tisch aus Holz ist*, dann sollten Sie nicht an einem Glastisch oder ganz ohne Tisch dasitzen. Da müssen Sie dann schon an einem Holztisch sitzen.

Wählen Sie auf jeden Fall Sätze aus, die nicht im Bezug zu irgendeiner Problematik stehen. Wählen Sie bewusst unproblematische Sätze. Machen Sie gegenwärtige, banale Belanglosigkeiten zum Gegenstand der Kalibrierungssätze. Hier noch drei Beispiele:

- *Ich nehme die Schuld dafür von mir, dass ich auf diesem Hocker/diesem Stuhl/diesem Sofa sitze.*
- *Ich nehme die Schuld von mir, dass ich eine blaue Jeans anhabe.*
- *Ich nehme die Schuld dafür von mir, dass dieses Zimmer zwei Fenster hat.*

Es ist absolut sinnvoll, die Sätze hörbar zu sprechen. Wenn wir sie aussprechen, dann ist unsere Aufmerksamkeit viel stärker an sie gebunden. Das Sprechen wird auch von uns selbst anders wahrgenommen als das Denken. Das Formulieren zwingt uns zur Aufmerksamkeit. Hörbares Sprechen formt den Fokus. Murmeln, nuscheln oder denken Sie diese Sätze bitte nicht in den berühmten vorhandenen oder nicht vorhandenen Bart. Sprechen Sie sie bitte so aus, als würden Sie mit einem Gegenüber in einer ruhigen Situation reden.

Durch den Verstand kann es dabei zu einer gewissen Erheiterung oder einem Sich-Wundern kommen. Das ist normal, denn der Verstand kann mit solchem Unsinn nichts anfangen. Für den Verstand ist Unsinn meist lustig. Diese Reaktion tritt nur bei den ersten Wiederholungen solcher Sätze auf.

Viel wichtiger ist es zu beobachten, ob der Körper Reaktionen zeigt (z. B. Kloßgefühl im Hals, Enge in der Brust, Schwere der Schultern, Hitze- oder Kälteempfindungen usw.) oder ob es zu tieferen Gefühlen kommt wie Traurigkeit, Verzweiflung, Hoffnungslosigkeit, Hilflosigkeit etc. Im »Normalfall« bleibt es in diesen beiden Bereichen völlig still. Hin und wieder wird dies in Formulierungen wie »es ist wie eine völlige Windstille« oder »es fühlt sich an wie ein ruhig daliegender See« ausgedrückt.

Bei einigen wenigen Mitmenschen fühlt sich einfach jeder zu diesem Zwecke gesprochene Kalibrierungssatz nicht neutral an. Neben der »Verstandesheiterkeit« treten bei jedem noch so unschuldigen Satz entweder sehr leichte körperliche Reaktionen oder tatsächlich ein latentes schlechtes Gewissen auf. Aus meiner Erfahrung heraus wage ich zu behaupten, dass sich bei diesen lieben Mitmenschen sehr tiefe und zentral wirkende existenzielle Unbewusste Schuld finden lassen wird. Auch bei solchen Gegebenheiten lässt sich von einem ausgebildeten LösUS-Practitioner so tiefe Lösung herbeiführen, dass die Kalibrierungssätze nach wenigen LösUS-Sitzungen neutral sein werden. Aber wie gesagt, das tritt wirklich selten auf.

DIE LÖSUNG DER UNBEWUSSTEN SCHULD

Wir sind nun bestens vorbereitet: Wir haben uns ins Wahrnehmen gebracht und sind kalibriert. Jetzt geht es damit weiter ...

- einen potenziell passenden Schuld-Entnahme-Satz fühlend zu sprechen.
- eine eventuell eintretende Veränderung wahrzunehmen.
- eine möglicherweise auftretende emotionale Belastung zu verarbeiten.

Der erste Teil eines Schuld-Entnahme-Satzes besteht immer aus der Phrase: »Ich nehme die Schuld (dafür) von mir, dass ...«

Der zweite Teil des Satzes enthält die vermutete Unbewusste Schuld. Hier wird der Ursprung des ungeheilten Leids oder das ungeheilte Leid selbst benannt. Ein paar Beispiele aus der Praxis, bei welchen tatsächlich Unbewusste Schuld bestand:

Ich nehme die Schuld (dafür) von mir, dass ...

- *ich aus dieser Familie stamme.*
- *ich an einem Dreizehnten geboren bin.*
- *ich eine Frau/ein Mann bin.*
- *ich schon so alt/noch so jung bin.*
- *ich ihn nicht gesehen habe.*
- *sich meine Eltern getrennt haben.*
- *ich blond bin.*
- *ich an diesem Abend fröhlich war.*
- *ich so talentiert bin.*

Sprechen Sie den Schuld-Entnahme-Satz, der die Unbewusste Schuld, also das ungeheilte Leid, direkt zum Ausdruck bringt.

- Wenn es Sie z. B. belastet, dass Ihr Kind massives Fieber hat, dann versuchen Sie vielleicht den Satz: *Ich nehme die Schuld (dafür) von mir, dass mein Kind starkes Fieber hat und ich ihm nicht zu helfen weiß.*
- Wenn Sie sich selbst mit Ihrer Arbeit überfordert fühlen und darüber verzweifelt sind, dann versuchen Sie es mit dem Satz: *Ich nehme die Schuld (dafür) von mir, dass ich so überfordert und verzweifelt bin.*
- Falls Sie schlanker als Ihre Freundin sind und diese darunter leidet, dann testen Sie den Satz: *Ich nehme die Schuld (dafür) von mir, dass ich schlank bin.*

- Falls Ihr Bruder darunter leidet, dass Sie glücklich verheiratet sind und er nicht, dann geben Sie dem Satz *Ich nehme die Schuld (dafür) von mir, dass ich glücklich verheiratet bin* die Chance, Sie aus Unbewusster Schuld zu entlassen.

Es klingt verrückt, aber gerade solche vom Verstand her gesehen völlig unsinnigen Sätze können eine wahre Befreiung sein!

Spielen Sie mit dem Satz! Folgen Sie Ihrem Instinkt, hören Sie auf Ihre innere Stimme! Häufig ist es so, dass sich der Satz beim Sprechen wie von allein formt, wenn wir nur ruhig und aufmerksam genug sind.

Machen Sie den Versuch und sprechen Sie *Ich nehme die Schuld von mir, dass ...*; warten Sie, was sich von allein formt, was in Ihnen aufsteigt. Dann sprechen Sie es aus – egal, was Ihr Verstand dazu meint, sprechen Sie es fühlend aus. Ihr Verstand darf gern seine Meinung dazu haben, Sie werden ihn ohnehin nicht davon abbringen, aber bleiben Sie wach und fühlend.

Das Motto lautet hier also:
Lausche nach innen und spreche nach außen.

Egal, was der Kopf über den Satz denkt, es geht allein darum, ob sich etwas auf der Ebene des Körpers, der Gefühle oder der Gedanken beim Sprechen des Satzes verändert. Was sich verändert, ist erst mal zweitrangig. Erstrangig ist die Frage, *ob* sich etwas verändert.

Achten Sie bei der Formulierung des Schuld-Entnahme-Satzes darauf, dass er möglichst einfach und zugleich möglichst spezifisch formuliert ist.

DIE WAHRNEHMUNG DER VERÄNDERUNG

Der Weg geht von der Neutral- über die Erleichterungs- zur Belastungsreaktion. Fühlen Sie, während Sie den Satz sprechen, in sich hinein. Seien Sie mit Ihrer Aufmerksamkeit auf sich selbst gerichtet: Was macht Ihr Fühlen gerade? Reagiert Ihr Körper? Tauchen ganz andere Gedanken oder Bilder auf? Nehmen Sie wahr, ob sich Ihr Satz genauso anfühlt wie einer der vorherigen neutralen Kalibrierungssätze.

Fühlt sich ein Schuld-Entnahme-Satz neutral an, so besteht entweder für diesen Inhalt keine Unbewusste Schuld oder der Satz will anders formuliert werden. Die Reaktion auf einen neutralen Schuld-Entnahme-Satz wird **Neutralreaktion** genannt.

Nehmen Sie irgendeine Reaktion auf den Satz wahr, so ist er **nicht neutral**. Sie haben gerade eine Unbewusste Schuld von sich genommen! Gratulation! Dabei ist es ganz gleich, ob der Körper, die Gefühls- oder die Geistesabteilung reagiert hat. Wenn nur eine Ebene reagiert, dann ist der Satz nicht neutral. Entweder war da eine Unbewusste Schuld, von welcher Sie sich gerade schon befreit haben, oder Sie sind mitten in der Befreiung und es bedarf noch ein paar Wiederholungen des Schuld-Entnahme-Satzes.

Die auftretenden Veränderungen können von erleichternder oder belastender Qualität sein. Die eine wird **Erleichterungsreaktion**, die andere **Belastungsreaktion** genannt.

- Sowohl Erleichterungs- als auch Belastungsreaktionen treten sofort und ohne jede Verzögerung noch während dem Sprechen des Satzes auf.
- Die Reaktionsstärke kann von subtil und fein bis zu deutlich spürbar ausfallen. Bei der Anwendung von LösUS für *aktuelles Leid* habe ich noch nie eine drastische Reaktion gesehen. Allerdings habe ich schon viele sehr heftige Reaktionen bei der LösUS-Therapie erlebt. Das liegt daran, dass sich hier alte, schwere und belastende Emotionen angestaut und verdichtet haben, um dann wie der Druck aus einem Dampftopf durch den Schuld-Entnahme-Satz explosionsartig zu entweichen.
- **Jede Reaktion** zeigt an, dass es eine erfolgreiche Entnahme von Schuld gegeben hat. Egal, was gespürt wird, wenn etwas gespürt wird, dann war ein unsichtbarer Rucksack, sprich eine Unbewusste Schuld vorhanden.
- Ein Schuld-Entnahme-Satz kann auch reaktionslos bleiben. Das ist dann der Fall, wenn es zu dem Satz keine entsprechende Unbewusste Schuld gibt oder der Schuld-Entnahme-Satz noch nicht passend genug formuliert ist. Diese Nicht-Reaktion wird **Neutralreaktion** oder **Neutralsatz** genannt. (Für die Kalibrierung werden gezielt Schuld-Entnahme-Sätze verwendet, welche höchst wahrscheinlich eine Neutralreaktion hervorbringen.)

- Sowohl die Erleichterungs- als auch die Belastungsreaktion finden meist auf der Ebene des Körpers und der Gefühle statt. Sehr selten zeigen sie sich im Bereich der Gedanken. Reaktionen, welche nur auf der Ebene der Gedanken stattfinden, sind mit Vorsicht zu genießen. Meistens sind das einfach nur Gedanken.

DIE ERLEICHTERUNGSREAKTION

Erleichterungsreaktionen können ein tieferes Luftholen, das Auftreten von Bauchgeräuschen, das gefühlte Abfallen oder Abfließen einer Last von den Schultern, die spontane Erwärmung kalter Hände/Füße, das Nachlassen von Schmerzen, das Gefühl oder die tatsächliche spontane Aufrichtung des Körpers etc. sein. Eine immer wieder auftretende Erleichterungsreaktion ist das »Sich-einfach-richtig-Anfühlen« eines Schuld-Entnahme-Satzes.

Tritt eine Erleichterungsreaktion ein, so soll der Schuld-Entnahme-Satz so lange fühlend wiederholt werden, bis alle Erleichterung angekommen ist und der Satz keine weitere Wirkung hat. Er ist jetzt ein Neutralsatz geworden. Gratuliere! Sie haben gerade eine Unbewusste Schuld von sich genommen! Sie haben alle durch sie veranlassten unbewussten Wiedergutmachungsmechanismen gestoppt! Sie haben sich gerade ein Stück selbst befreit und geheilt!

Sollte sich bei den Wiederholungen zeigen, dass der Satz sich in seiner Aussage wandelt, so folgen wir natürlich dieser Wandlung. Spielen Sie mit Varianten, folgen Sie neugierig-entspannt Ihrer Intuition. Aber werden Sie nicht zum hastigen Satz-Jäger. Geben Sie jedem Satz die Gelegenheit, seine Wirkung zu entfalten. Wiederholen Sie Sätze gern drei-, vier- oder fünfmal. Folgen und führen Sie zugleich.

Lernen Sie, Erleichterungsreaktionen zu genießen!

DIE BELASTUNGSREAKTION

Hier erscheinen belastende Emotionen wie Angst, Schmerz, Trauer, Zorn etc. oder es zeigen sich Körperveränderungen wie Spannung, Enge-, Hitze- oder Kältegefühle oder Schmerzen etc. Wie oben bereits erwähnt, treten bei der Anwendung von

LösUS auf aktuelles Leid nur kleine Belastungen auf. Generell zeigen sich bei aktuellem Leid fast ausschließlich Erleichterungsreaktionen. Diese sind von Natur aus immer subtiler als Belastungsreaktionen.

Auch hier wird der Schuld-Entnahme-Satz mehrfach fühlend wiederholt. Dabei ist es fast immer so, dass die aufgetretene Belastung nach und nach schwächer wird und vollständig verschwindet.

Immer wieder kommt es auch zu einer Reaktionsumkehr: Die Belastungsreaktion geht durch wiederholtes Sprechen des Schuld-Entnahme-Satzes in eine Erleichterungsreaktion über, um dann durch fortgesetzte Wiederholung in Neutralität überzugehen. Das zeigt maximale nachhaltige Lösung an.

Oder die Belastung nimmt noch weiter zu und verschwindet durch die Wiederholung des Schuld-Entnahme-Satzes nicht. In diesem Fall bedarf es entweder der präzisen Anpassung des Schuld-Entnahme-Satzes, was durch Intuition und Ausprobieren leicht zu bewerkstelligen ist, oder aber es bedarf der aktiven Verarbeitung der belastenden Emotionen.

Lernen Sie, auch Belastungsreaktionen zu genießen!

Falls es durch einen Schuld-Entnahme-Satz für aktuelles Leid zu einer massiveren Belastungsreaktion kommt, dann haben Sie versehentlich in ein Wespennest gestochen. Mit höchster Wahrscheinlichkeit passt der für das aktuelle Leid gesprochene Schuld-Entnahme-Satze sehr genau zu einer nicht aktuellen, alten Unbewussten Schuld. Machen Sie locker weiter, bleiben Sie im Wiederholen des Schuld-Entnahme-Satzes. Mit sehr hoher Wahrscheinlichkeit springen alte, belastete, vielleicht schon längst vergessene Bilder aus ihrer Tiefe auf. Bleiben Sie im »innerlichen Schauen«, suchen Sie nicht nach solchen Bildern. Gehen Sie nicht zu den Bildern, die passenden Bilder kommen zu Ihnen – wenn das gerade so sein soll. Das Suchen engt nur Ihre Wahrnehmung ein. Wenn die Bilder kommen wollen und sollen, dann kommen sie von allein.

Falls es trotz sorgfältiger Verarbeitung und achtsamer Wahl der Schuld-Entnahme-Sätze vorkommen sollte, dass Sie nicht wieder ganz aus der belastenden Emotion herauskommen, so hat das meistens diesen einfachen Grund: Das Thema, an dem Sie gerade arbeiten, hat noch einen weiteren, einen bisher nicht beachteten ungelösten Aspekt von Unbewusster Schuld. Betrachten Sie also nochmals die entsprechende Situation von allen Seiten und aus der Perspektive aller Beteiligten (auch von eventuell beteiligten Tieren und Ihrem Leben an sich) und stellen Sie sich dabei die Frage:

Welches ungeheilte, ungerettete, ungelinderte oder ungetröstete Leid kann es hier noch geben?

Probieren Sie es aus, bleiben Sie fühlend, und spielen Sie alle möglichen Varianten durch. Benutzen Sie Ihre Fantasie. Fragen Sie Ihren Verstand nach weiteren möglichen Quellen von Leid bezogen auf die Situation. Aber fragen Sie ihn nicht, ob es damit eine Unbewusste Schuld gibt – er kann es nicht wissen! Er ist auf diesem Nerv taub. Bleiben Sie dran! Die Lösung wird sich finden.

Sollte dennoch ein Rest von emotionaler Belastung hängen bleiben, *so verlassen Sie das Spielfeld*. Stehen Sie auf, lüften Sie, trinken Sie ein Glas Wasser, beißen Sie in eine Zitrone, machen Sie ein paar Kniebeugen, duschen Sie heiß und kalt abwechselnd, oder laufen Sie die Treppen einige Male auf und ab. Entfernen Sie sich also ganz bewusst von der ganzen Angelegenheit. Bringen Sie sich aus dem Fühlen heraus und lenken Sie Ihre Gedanken und Ihre Wahrnehmung auf etwas anderes.

Wenn Sie genug Abstand geschaffen und sich innerlich freigemacht haben, dann kehren Sie mit einer guten Pause zu dem zuvor belastenden Schuld-Entnahme-Satz zurück. Für gewöhnlich hat er seine Last verloren und wirkt entweder erleichternd, oder er ist jetzt neutral.

Sollte dem nicht so sein, was bei der LösUS-Technik in seltensten Fällen vorkommt, so ist das von Ihnen gerade bearbeitete Thema vermutlich mit einem hintergründigen, verborgenen ungeheilten Leid verknüpft. Wir sprechen hier gern von einem *doppelten Boden*. Ebenso kann es sein, dass ein noch nicht erkannter Konflikt oder eine fehlerhafte Wahrheit vorliegt.

Für diese Fälle ist es ratsam, sich Unterstützung bei einem LösUS-Practitioner zu suchen (siehe Therapeutenliste auf www.loesus.de)!

Oder machen Sie genau das Gegenteil! Genießen Sie die Belastung! Sagen und meinen Sie ein tiefes, ehrliches »Ja« zu allem, was da kommt. Da will unbedingt etwas heim zu Ihnen.

Dennoch möchte ich hier nochmals betonen, dass es bei der Anwendung der LösUS-Technik für aktuelles Leid fast immer zu dezenten Erleichterungsreaktionen kommt. Wenn es überhaupt zu Belastungsreaktionen kommt, dann sind diese fast ausschließlich leichter Natur.

DIE DREI »LIEBLINGSFEHLER«

1. MACHEN SIE SCHON – ODER DENKEN SIE NOCH?

Denken Sie *nicht* darüber nach, ob Sie sich unbemerkt hierfür oder dafür eine Unbewusste Schuld gegeben haben könnten! Fragen Sie nicht Ihren Verstand! Ihr Denken, Ihre Vernunft hat zu den relevanten Bereichen keinen Zutritt. Ihm fehlt der Backstage-Ausweis für Ihr Unbewusstes. Aus seiner Sicht hat er recht – niemand hat irgendein Gesetz gebrochen. Wenn Sie es also wirklich wissen wollen, dann machen Sie einen großen Bogen um Ihr ganzes wunderbares Wissen und gehen gelöst-konzentriert direkt zur sorgfältigen Schuld-Entnahme über.

Tun ist der einzige Weg zur Tat.

2. SCHON DER ZARTE FLÜGELSCHLAG EINES SCHMETTERLINGS ...

Eine leichte Reaktion ist eine Reaktion ist eine Reaktion. Nur wenn ein Schuld-Entnahme-Satz wirklich neutral ist, ist er neutral. Jede auch noch so subtile Erleichterung oder Belastung zeigt an, dass Sie gerade Unbewusste Schuld von sich nehmen. Erwarten Sie nicht bei jedem Schuld-Entnahme-Satz ein Drama. Dramen kommen hier schon vor, sind aber wirklich nicht die Regel.

Diese Lektion habe ich erst Jahre nach der Entdeckung von LösUS durch einen älteren Herrn gelernt, der an massiven körperlichen und psychischen Belastungen infolge eines 25 Jahre zuvor erlebten Flugzeugabsturzes in Afrika litt. Es zeigte sich keine einzige Belastungsreaktion. Die ganze Sitzung über traten nur dezente bis sehr dezente Erleichterungsreaktion auf. Ich war mir sicher, dass ich ihm mit dieser Sitzung keine Hilfe war. Ein paar

Tage später am Telefon erfuhr ich zu meiner Verwunderung, dass er wieder schlafe, seine Nackenschmerzen weg und seine Ohrgeräusche viel besser seien. Seitdem habe ich es Hunderte Male gesehen und auch einige Male an mir selbst erlebt, dass auch dezente, hauchfeine Erleichterungsreaktionen eine vollständige und vollwirksame Entnahme von Unbewusster Schuld anzeigen. Trauen Sie dem Prozess, auch wenn es weder in die eine noch die andere Richtung dramatisch ist!

Falls Ihnen das »Neutralgefühl« nicht mehr wirklich präsent ist, dann starten Sie gern mitten im Prozess eine spontane Kalibrierung. Sprechen Sie z. B. diesen Satz: *Ich nehme die Schuld dafür von mir, dass ich gerade in diesem Raum/im Freien bin.* Dieser natürlich auf Ihre Situation entsprechend angepasste Satz sollte eine reine Neutralreaktion hervorbringen. Sie können auch einen der Kalibrierungssätze sprechen, den Sie zu Beginn der Sitzung gesprochen haben. Anschließend sprechen Sie wieder den unklaren Schuld-Entnahme-Satz von zuvor. Fühlt er sich wirklich genauso neutral an? Wenn nicht, dann deshalb nicht, weil Sie mit ihm gerade Unbewusste Schuld von sich nehmen. Sprechen Sie ihn noch ein paar Mal fühlend, und bilden Sie Varianten.

In der Praxis erlebe ich es immer wieder, dass mein lieber Mitmensch glaubt, ein Schuld-Entnahme-Satz sei wirkungslos, nur weil »es ihn nicht vom Stuhl reißt«. Sind wir froh, dass sich die meisten Belastungsreaktionen nicht im Spektrum dieser Intensität bewegen.

***Um zu wirken, muss LösUS nicht heftig sein!
Subtil hilft genauso viel.***

3. SPRECHEN MEINT, SIE HÖREN SICH SELBST.

Obwohl diese Botschaft nach meinem Empfinden eigentlich nicht zu kryptisch ist, wird immer wieder angenommen und entsprechend ausgeführt, dass den Satz zu denken, zu murmeln oder zu nuscheln das Gleiche meint. Tun Sie sich gern selbst den Gefallen, und nehmen Sie bei dem für Sie neuen Prozess diese leicht zu eliminierende Unsicherheit aus dem Spiel.

Sprechen Sie fühlend – fühlen Sie sprechend.

DER LÖSUNG DEN RICHTIGEN RAHMEN GEBEN

Bevor Sie die folgenden vier beispielhaften Sätze fühlend lesen, bitte ich Sie, die Augen für drei sanfte, ruhige Atemzüge in den Bauch zu schließen:

A. *Ich nehme die Schuld von mir, dass sich mein Sohn in der Schule schwertut.*
B. *Ich nehme die Schuld von mir, dass meine Schwester in finanziellen Schwierigkeiten ist.*
C. *Ich nehme die Schuld von mir, dass meine Mutter immer schwächer wird.*
D. *Ich nehme die Schuld von mir, dass der Mann meiner besten Freundin kürzlich verstorben ist.*

Bitte schließen Sie nun wieder die Augen für drei weitere sanfte, ruhige Atemzüge, um auch diese Sätze fühlend zu lesen:

E. *Obwohl ich meinem Sohn wünsche, dass er sich mit der Schule wohlfühlt und es ihm mit allen schulischen Angelegenheiten gut geht, nehme ich die Schuld von mir, dass er sich in der Schule schwertut.*
F. *Obwohl ich meiner geliebten Schwester alles erdenklich Gute wünsche, nehme ich die Schuld von mir, dass sie in finanziellen Schwierigkeiten ist.*
G. *Obwohl ich meiner Mutter in ihrem fortgeschrittenen Alter viel Kraft und gute Gesundheit wünsche, nehme ich die Schuld von mir, dass sie immer schwächer wird.*
H. *Obwohl ich meiner besten Freundin und ihrem Mann ein gesundes und glückliches Leben gewünscht hätte, nehme ich die Schuld von mir, dass der Mann meiner besten Freundin kürzlich verstorben ist.*

Haben Sie den Unterschied bemerkt? Im Aspekt der Lösung von Unbewusster Schuld haben die oberen und die unteren vier Sätze die gleiche Aussage. Dennoch fühlen sich die vier unteren Sätze durch den vorangestellten »Obwohl-Satz« runder und besser annehmbar an. Probieren Sie es bitte noch mal mit den zusammengehörigen Satzpaaren aus. Lesen Sie erst fühlend den Satz A und anschließend den Satz E. Registrieren Sie den Unterschied, und lesen Sie anschließend bitte ebenso fühlend die Satzpaare B und F, C und G und schließlich D und H.

Vermutlich geht es Ihnen ähnlich wie den meisten und auch mir: Die »Obwohl-Schuld-Entnahme-Sätze« lassen sich besser annehmen, sie sind besänftigender und wirken friedvoller.

In der Praxis habe ich bemerkt, dass es bei Schuld-Entnahme-Sätzen, bei welchen es um das ungeheilte Leid anderer Menschen geht (also nicht um eigenes ungeheiltes Leid), immer wieder zu einer bestimmten Komplikation kommt: Bei der Entnahme der Unbewussten Schuld schwingt eine mehr oder weniger subtile Empfindung von »kühlem Egoismus« mit. Gerade so, als wäre es das Wichtigste, dass ich meine Unbewusste Schuld los bin und es mir besser geht, ganz gleich, wie es dem anderen geht. Abhängig von der persönlichen Veranlagung und dem Schuld-Entnahme-Satz kann das einen Unterton von »Im-Stich-Lassen« bekommen. Deutlich übertrieben ausgedrückt wird es dann etwa so empfunden:

A. *Auch wenn es ihm schlecht geht, nehme ich die Schuld von mir, dass sich mein Sohn in der Schule schwertut.*
B. *Ich nehme die Schuld von mir, dass meine Schwester in finanziellen Schwierigkeiten ist. Mir geht es schließlich gut.*
C. *Meine Kraft ist reichlich, aber mir geht es noch besser, wenn ich die Schuld von mir nehme, dass meine Mutter immer schwächer wird.*
D. *Weil ich das Leid nicht ertrage, nehme ich die Schuld von mir, dass der Mann meiner besten Freundin kürzlich verstorben ist.*

Damit verglichen sind die Sätze E bis H schon deutlich leichter zu nehmen. Denn sie sprechen sich klarer dahingehend aus, dass es dem betreffenden Menschen doch bitte auch gut gehen soll, selbst wenn ich die Unbewusste Schuld für sein ungeheiltes Leid von mir nehme. Dieser eventuelle empfundene Aspekt von *Hauptsache, mir geht es gut* ist durch die entsprechende Obwohl-Formulierung aufgehoben. Das geht spürbar besser. Finden Sie nicht auch?

KURZÜBERSICHT ZUR LösUS-TECHNIK

A. Die Vorbereitung

Kommen Sie ins Fühlen.

- Sitzen Sie aufrecht und bequem, schließen Sie die Augen und beginnen Sie von den Füßen aufwärts, den Zustand Ihres Körpers wahrzunehmen.
- Nehmen Sie wahr, was in Ihrer Gefühlswelt gerade vor sich geht.
- Werfen Sie einen Blick auf die Vorgänge in Ihrem Geist.

B. Die Kalibrierung

Erfahren Sie eine Neutralreaktion.

Sprechen Sie fühlend Schuld-Entnahme-Sätze, für die höchstwahrscheinlich keine Unbewusste Schuld vorliegt. Wie z. B.:

- *Ich nehme die Schuld dafür von mir, dass es regnet.*
- *Ich nehme die Schuld dafür von mir, dass die Wand weiß ist.*
- *Ich nehme die Schuld dafür von mir, dass der Tisch aus Holz ist.*

Registrieren Sie dabei Ihre Reaktion. Das ist die Neutralreaktion.

C. Die Lösung der Unbewussten Schuld

Sprechen Sie den für die gegenwärtige Situation angepassten Schuld-Entnahme-Satz.

- Der erste Satzteil besteht immer aus der Phrase: *Ich nehme die Schuld (dafür) von mir, dass …*
- Der zweite Satzteil enthält die vermutete Unbewusste Schuld.

Hier wird der Ursprung des Leids oder das Leid selbst benannt.

D. Die Wahrnehmung der Veränderung

Lauschen Sie in sich!

Nehmen Sie achtsam wahr, ob der gesprochene Schuld-Entnahme-Satz eine befreiende, belastende oder neutrale Reaktion hervorruft.

E. Die Reaktion

Registrieren Sie, was Sache ist.

- Tritt eine Neutralreaktion auf, so gibt es für diesen Schuld-Entnahme-Satz keine Unbewusste Schuld, oder es gilt, die passende Formulierung zu finden.
- Tritt eine Erleichterungsreaktion auf, wiederholen Sie den Schuld-Entnahme-Satz fühlend so lange, bis er neutral geworden ist.
- Tritt eine Belastungsreaktion auf, wiederholen Sie den Schuld-Entnahme-Satz so lange fühlend, bis die Belastung ganz verschwunden ist. Schwindet die Belastung nicht, begrüßen Sie alles herzlich, was an Gefühlen und Körperreaktionen auftaucht. Wird es zu heftig (was kaum passieren kann), dann verwenden Sie den Notfallkoffer (aktive Verarbeitung, siehe Seite 258).

F. Die aktive Verarbeitung

Verschaffen Sie sich Luft!

Führen Sie gleichzeitig diese fünf Aktionen so lange aus, bis die belastende Emotion vergangen ist.

1. Fokussieren der emotionalen Belastung.
2. Fühlende Wiederholung des Schuld-Entnahme-Satzes.
3. Ruhig-fließende Bauchatmung.
4. Sanftes Beklopfen des oberen Brustkorbs.
5. Hin- und Herbewegen der Augen.

Sollte die emotionale Belastung nach wenigen Minuten nicht vergangen sein, so gibt es vermutlich noch einen weiteren Aspekt dieser Unbewussten Schuld. Finden Sie einen neuen passenden Schuld-Entnahme-Satz zu der Situation. Sollte sich die emotionale Belastung auf diese Weise nicht lösen lassen, was selten der Fall ist, so ist das von Ihnen gerade bearbeitete Thema entweder mit einem hintergründigen verborgenen, ungeheilten Leid verknüpft, es liegt ein noch ungesehener Konflikt oder eine fehlerhafte Wahrheit vor. Für diesen Fall ist es ratsam, sich Hilfe bei einem LösUS-Practitioner zu suchen (www.loesus.de).

ÜBUNG 7: GOLDENES FOTOALBUM DER UNBEWUSSTEN SCHULD

Wir befinden uns in der Aufwärmphase für die Arbeit mit Schuld-Entnahme-Sätzen und damit unmittelbar am Tor zur gezielten Arbeit mit Unbewusster Schuld. Das sind die Ziele dieser Übung:

- Einüben der LösUS-Technik
- Finden passender Schuld-Entnahme-Sätze für kleinere unerfreuliche Ereignisse, eher Unannehmlichkeiten
- Die spielerische Annäherung an das Erkennen von möglichen Konflikten und die Bildung von passenden Obwohl-als-auch-Schuld-Entnahme-Sätzen zur Überwindung solcher Konflikte

In der Praxis waren damals das Erkennen solcher Konflikte, die Einführung der Konflikt-Lösungs-Sätze sowie der Obwohl-Schuld-Entnahme-Sätze ein Durchbruch. Lesen Sie an dieser Stelle gern noch mal den Abschnitt mit Greta über die »Konfliktlösungssätze« auf Seite 101.

Bei der Einbeziehung oder Verarbeitung von Konflikten werden Sätze gebildet, die den Konflikt unmittelbar ausdrücken. Fast immer ist der Konflikt im ersten Moment nicht erkennbar. Meist regt sich beim Sprechen des Satzes ein subtiles Gefühl von Widerspruch, Widerstand oder Unstimmigkeit, wenn ein verborgener, nicht benannter Konflikt vorliegt. Entweder hilft diese Empfindung einem, auf die Idee zu kommen, dass hier ein für die Lösung hemmender Konflikt vorliegen könnte, oder der Verstand erkennt es aufgrund der Erfahrung.

Bitte lesen Sie die kurzen Abschnitte »B. Die Kalibrierung« und »C. Die Lösung der Unbewussten Schuld« auf Seite 296.

KONKRETE ANLEITUNG ZUR ÜBUNG 7: »GOLDENES FOTOALBUM DER UNBEWUSSTEN SCHULD«

1. Legen Sie die »goldenen Fotoalben« bereit.
2. Nehmen Sie sich etwas Zeit in wirklicher Ruhe.
3. Lassen Sie Schultern, Atmung und Beckenboden los, und nehmen Sie einfach wahr, was es von Ihnen selbst gerade wahrzunehmen gibt. Seien Sie präsent!

4. Betrachten Sie Bild für Bild, und erinnern Sie sich an die jeweilige Situation von damals. Suchen Sie nach unerfreulichen Ereignissen: z. B. der Bienenstich vom Bruder Peter, der Durchfall von Papa, der Glasscherbenschnitt im eigenen Fuß, der leichte Auffahrunfall in der Stadt am Meer, die Lebensmittelvergiftung von Mama, der Seeigelstachel von Oma etc.
5. Ist ein solches Ereignis gefunden, führen Sie bitte die Kalibrierung durch.
6. Bilden Sie passende Schuld-Entnahme-Sätze zu dem Ereignis.
   Ich nehme die Schuld von mir, dass ...
   Spielen Sie einige Varianten aus verschiedenen Blickwinkeln durch.
   Ich nehme die Schuld von mir, dass Oma in einen Seeigel stieg.
   Ich nehme die Schuld von mir, dass Peter über Omas Verletzung erschrak.
   Ich nehme die Schuld von mir, dass wir deshalb vom Strand heimgingen.
7. Überlegen Sie, ob es neben dieser gewissen Unannehmlichkeit auch eine positive, erfreuliche Seite in diesem Kontext gab. Bilden Sie Obwohl-Schuld-Entnahme-Sätze dazu, wie etwa:
   Obwohl wir auf dem Heimweg vom Strand noch leckere Pizza aßen, nehme ich die Schuld von mir, dass sich Oma verletzt hat.
   Ich nehme die Schuld von mir, dass wir alle bei dem Auffahrunfall damals so erschrocken sind, obwohl wir sonst nicht die liebe Familie Müller kennengelernt hätten.
   Obwohl sich Mama schnell erholte und wir deshalb zwei schöne Tage länger in Rom blieben, nehme ich die Schuld von mir, dass Mama so Bauchweh und Erbrechen bei der Lebensmittelvergiftung hatte.
   Ich nehme die Schuld von mir, dass Peter den Bienenstich hatte, obwohl es lustig war, den Stich mit Schokoladeneis zu kühlen, und er dabei viel lachte.
8. Gehen Sie ein paar Bilder und deren Geschichten auf diese Weise durch. Fallen Ihnen solche wenig beschwerlichen Ereignisse auch jenseits der Bilder ein, arbeiten Sie gern auch mit diesen.
9. Wiederholen Sie diese Übung im Zeitraum von ungefähr zwei Wochen etwa fünfmal.

Gehen Sie durch Ihren Alltag, und sprechen Sie zu unerfreulichen, belastenden Gegebenheiten und Ereignissen offen beobachtend die passenden Schuld-Entnahme-Sätze. Sehen Sie es als kleines Spiel zur Übung an.

ÜBUNG 8: GRAUES FOTOALBUM DER UNBEWUSSTEN SCHULD

Wir befinden uns im fortgeschrittenen Level für Arbeit mit Unbewusster Schuld. Bitte machen Sie sich erst an diese Übung, wenn Sie die Übung Nr. 3 wirklich in einigen »Sitzungen« durchgeführt haben und mit der Bildung von Schuld-Entnahme-Sätzen und Obwohl-Schuld-Entnahme-Sätzen bestens vertraut sind.

Hier geht es ans Eingemachte! Wir holen jetzt den Dosenöffner für die heftigsten Konserven. Sie entscheiden, ob Sie sich vorwagen.

Es ist Ihre Verantwortung. Hören Sie auf Ihren Bauch!

Gehen Sie auf keinen Fall in diese Übung, wenn Sie mit der aktiven Verarbeitung von Emotionen (siehe Seite 258) und der widerstandslosen Annahme (siehe Seite 261) noch nicht wirklich Erfahrungen gesammelt haben.

Wenn Sie mutig sind, dann können Sie da gut allein reingehen, falls Sie die aktive Verarbeitung und die widerstandslose Annahme bereits »gelernt« haben. Wenn Sie nicht mutig sind, bleiben Sie draußen. Wenn Sie nicht geübt sind, bleiben Sie draußen.

Es ist wie in den Bergen: Eine Begleitung, die unerfahren oder nicht gut belastbar ist, ist eher ein Ballast. Ein wacher, fitter Kamerad ist immer gut. Wenn Sie allerdings allein vor der Tour »Angst« haben, dann sollen Sie auch nicht mit einem guten Kameraden gehen. Er kann Sie begleiten, aber die Verantwortung für Sie nicht übernehmen. Das kann ein LösUS-Practitioner auch nicht, aber er oder sie ist selbst schon während der Ausbildung durch richtig viel durchgegangen und daher mit einigen Wassern gewaschen. Das sind die Ziele dieser Übung:

- Einüben der LösUS-Technik unter Belastung
- Der Umgang auch mit intensiveren Emotionen
- Den Umgang mit Unbewusster Schuld anderer, die zu eigener Unbewusster Schuld geführt hat, kennenlernen, verstehen und deren Lösung üben

- Anwendung von Obwohl-Schuld-Entnahme-Sätzen unter Belastung
- Anwendung von Schuld-Entnahme-Sätzen mit Perspektivwechsel
- Wahrnehmung der möglichen Vielfalt der Aspekte

Das hier ist nicht mehr Übung – das ist tiefe Selbstbefreiung!

KONKRETE ANLEITUNG ZUR ÜBUNG 8: »GRAUES FOTOALBUM DER UNBEWUSSTEN SCHULD«

1. Legen Sie die grauen Alben bereit.
2. Nehmen Sie sich etwas Zeit in wirklicher Ruhe.
3. Lassen Sie Schultern, Atmung und Beckenboden los, und nehmen Sie einfach wahr, was es von Ihnen selbst gerade wahrzunehmen gibt. Seien Sie präsent.
4. Nehmen Sie das Bild von einer Ihnen emotional nahestehenden lebenden Person.
5. Legen Sie für maximal eine Minute stichpunktartig eine Liste der Krankheiten, Schicksalsschläge und anderen starken Belastungen dieser Person an.
6. Satz in der dritten Person
   Bilden und testen Sie verschiedene Schuld-Entnahme-Sätze anhand der Liste. Sprechen Sie diese in der dritten Person. Wenn Sie einen deutlich belastenden Schuld-Entnahme-Satz gefunden haben, dann sprechen Sie diesen ruhig und fühlend wiederholt aus.
   Ich nehme die Schuld von mir, dass mein Onkel Otto einen Herzinfarkt hatte.
   Wiederholen Sie ihn einige Male ruhig und fühlend.
7. Satz in der Du-Form
   Wechseln Sie bei der Formulierung des Schuld-Entnahme-Satzes in die Du-Form.
   Ich nehme die Schuld von mir, dass du, Onkel Otto, einen Herzinfarkt hattest.
   Wiederholen Sie ihn einige Male ruhig und fühlend.
8. Perspektivwechsel zu mir selbst
   Bilden Sie Schuld-Entnahme-Sätze aus Ihrer eigenen Perspektive.

Ich nehme die Schuld von mir, dass ich hilflos/ohnmächtig erleben musste, wie es dir so schlecht ging.
Erinnern Sie sich an das Ereignis und wie es Ihnen selbst dabei ging. Auch wenn Sie damals keine belastenden Gefühle hatten, bilden Sie Sätze, als hätten Sie welche gehabt. Die Wahrheit liegt einzig und allein in der Reaktion!

9. Perspektivwechsel auch zu anderen mit weiteren Aspekten
   Nehmen Sie eine weitere Perspektive ein, und finden Sie andere Aspekte.
   Ich nehme die Schuld von mir, dass es Tante Anne schlecht damit ging, dass ihr Mann Otto so leiden musste.
   Ich nehme die Schuld von mir, dass es Mama so schlecht ging, weil ihr Bruder Otto den Herzinfarkt hatte.
   Ich nehme die Schuld von mir, dass ich so überfordert/so hilflos/so ohnmächtig mit Mamas Leid und Verzweiflung über Onkel Ottos Krankheit war.
   Ich nehme die Schuld von mir, dass mein damals dreijähriger Bruder von Mama weniger Aufmerksamkeit bekam und sie in einer so schlechten Verfassung erleben musste.
   Ich nehme die Schuld von mir, dass ich meinem Bruder seine Last nicht abnehmen konnte.
10. Konfliktlösende Obwohl-Schuld-Entnahme-Sätze
   Diese Form von Konfliktlösungssätzen ist eine besondere: Sie berührt die Grundlage des Nichtwahrnehmens der Bildung von Unbewusster Schuld durch den Verstand und häufig dessen Widerstand dagegen.
   Diese Art der Schuld-Entnahme-Sätze sind oft Game-Changer!
   Obwohl ich weiß, dass ich nichts falsch gemacht habe, ich nichts hätte besser machen können und mir niemand einen sinnvollen Vorwurf machen kann, …
   - *nehme ich trotzdem die Schuld von mir, dass es Otto so schlecht geht.*
   - *nehme ich trotzdem die Schuld von mir, dass es Tante Anne so schlecht geht.*
   - *nehme ich trotzdem die Schuld von mir, dass es Mama so schlecht geht.*
   - *nehme ich trotzdem die Schuld von mir, dass mein Bruder darunter leidet.*

- *nehme ich trotzdem die Schuld von mir, dass es auch mir schlecht damit geht.*

11. Bearbeiten Sie bitte nur ein belastendes Bild pro Übungsdurchgang. Lassen Sie nach der nächsten Bearbeitung mindestens zwei Tage Abstand.
    (Ich verspreche Ihnen, dass Sie in vielerlei Hinsicht ein anderer Mensch geworden sind, wenn Sie ein Fotoalbum durchentschuldet haben!)
    Seien Sie mutig und zugleich behutsam mit sich selbst und Ihren Kräften. Ich kenne keine Arbeit, die anstrengender ist, als herausfordernde LösUS-Sitzungen es für den Menschen sind, für den die Sätze gesprochen werden. Mehr als einmal hat ein lieber Mitmensch gleich danach ein Nickerchen auf meiner Behandlungsliege, sitzend im Wartezimmer oder noch vor der Praxis in seinem Auto gemacht. Geben Sie Ihrem System die Zeit, diese fundamentalen inneren Veränderungen zu integrieren, um dann aus einer neuen Position der Stärke und Klarheit in das nächste LösUS-Abenteuer starten zu können. Seien Sie gut zu sich.
    Wir haben hier mit einem alten Bild, einem Ereignis in der Vergangenheit (war wohl doch nicht wirklich vergangen) gearbeitet. Natürlich lässt sich der ganze Vorgang auch auf gegenwärtiges Leid anwenden. Die Ursache des Leides selbst ändert sich dadurch nicht, aber der innere Zustand wird viel besser, und damit kommen wir aus der Belastungslähmung wieder in Kreativität und Konstruktivität im Umgang mit der Situation.

ÜBUNG 9: SCHWARZES FOTOALBUM DER UNBEWUSSTEN SCHULD

Wir befinden uns im erweiterten LösUS-Fortgeschrittenenlevel.

Wir handeln immer in eigener Verantwortung – ob das bewusst oder unbewusst geschieht und ob wir das wahrhaben wollen oder nicht, ist unerheblich. (Ebenso handeln wir auch in eigener Verantwortung, wenn wir nicht handeln.) Beantworten Sie die folgenden Fragen bitte sich selbst gegenüber ehrlich, bevor Sie weiterarbeiten.

Haben Sie Übung Nr. 4 wirklich
mehrmals ausführlich durchschritten? .... Ja ☐ Nein ☐

Haben Sie Erfahrung mit der aktiven
Verarbeitung im Ernstfall gesammelt? .... Ja ☐ Nein ☐

Haben Sie Ernstfallerfahrung mit
widerstandsloser Annahme gesammelt? .... Ja ☐ Nein ☐

Haben Sie Perspektivwechsel geübt? .... Ja ☐ Nein ☐

Haben Sie den Wechsel in die Eigen-
perspektive bei »fremdem« Leid geübt? .... Ja ☐ Nein ☐

Haben Sie intensiv Obwohl-Schuld-
Entnahme-Sätze geübt? .... Ja ☐ Nein ☐

Wenn Sie sich nicht fünfmal, besser sechsmal, ein klares »Ja« geben können, dann rate ich Ihnen vorerst dringend davon ab, die kommende Übung anzugehen! Springen Sie zurück, und holen Sie Ihre Hausaufgaben nach, legen Sie das Buch für eine Weile zur Seite oder lassen Sie es ganz liegen. Nur wenn Sie wirklich gut vorbereitet sind, sollten Sie an die Überschreitung dieser Linie denken. Wenn Sie gut vorbereitet sind und es wirklich weiter erfahren und wissen wollen, dann sehen wir uns auf der anderen Seite. **Hören Sie auf Ihren Bauch!**

Also gut, hallo auf der anderen Seite! Hallo im Reich der Kranken und Toten!

Das sind die Ziele dieser Übung:

- Selbstbefreiung.
- Selbstbefreiung.
- Selbstbefreiung!
- Der Umgang mit Grenzsituationen.

KONKRETE ANLEITUNG ZUR ÜBUNG 9: »SCHWARZES FOTOALBUM DER UNBEWUSSTEN SCHULD«

1. Holen Sie das Fotoalbum mit den meisten Bildern von bereits verstorbenen Menschen. Holen Sie das Kistchen mit den Sterbebildern und Totenanzeigen. Holen Sie die aufgestellten und aufgehängten Bilder Ihrer Verstorbenen.
2. Nehmen Sie sich Zeit in wirklicher Ruhe.
3. Lassen Sie Schultern, Atmung und Beckenboden los, und nehmen Sie einfach wahr, was es von Ihnen selbst gerade wahrzunehmen gibt. Seien Sie präsent. Lauschen Sie dem Jetzt.
4. Nehmen Sie das Bild von einer nicht zu nahestehenden verstorbenen Person.
5. Woran ist sie gestorben? Hat ein Leid zum Tod geführt? Welches Leid oder welche Leiden waren das? Haben bestimmte Umstände zum Tod geführt?
6. Bilden Sie aus diesen Antworten Schuld-Entnahme-Sätze in der dritten Person wie z. B. diese:
   (Vergessen Sie nicht, ruhig in den Bauch zu atmen. Bleiben Sie in der widerstandslosen Annahme. Wenn es zu heftig wird, nehmen Sie zur widerstandslosen Annahme dosiert die fünf Elemente der aktiven Verarbeitung von Emotionen hinzu, siehe Seite 259.)
   Ich nehme die Schuld von mir, dass mein Bruder Erik gestorben ist.
   (Obwohl mein Bruder Erik mir sehr nahestand, verwende ich hier an dieser Stelle dennoch dieses Beispiel.)
   Ich nehme die Schuld von mir, dass er so krank war und starb.
   Ich nehme die Schuld von mir, dass er so an seiner Krankheit gelitten hat.
   Wenn Sie einen deutlich belastenden Schuld-Entnahme-Satz gefunden haben, dann sprechen Sie diesen ruhig und fühlend wiederholt aus.
7. Sprechen Sie die reaktiven Schuld-Entnahme-Sätze in der Du-Form.
   Ich nehme die Schuld von mir, dass du, mein Bruder, gestorben bist.

Ich nehme die Schuld von mir, dass du so krank warst.
Ich nehme die Schuld von mir, dass du so an deiner Krankheit gelitten hast.

8. Gehen Sie in den Perspektivenwechsel für Ihre eigene Perspektive.
Ich nehme die Schuld von mir, dass ich beim Tod meines Bruders so hilflos war.
Ich nehme die Schuld von mir, dass ich gegen seine Krankheit ohnmächtig war.
Ich nehme die Schuld von mir, dass auch ich sein Leid hilflos ertragen musste.
9. Gehen Sie in den Perspektivenwechsel für andere Personen.
Ich nehme die Schuld von mir, dass unsere Mutter deinen Tod erleben musste.
Ich nehme die Schuld von mir, dass meine Frau Sylvia auch mein Leid erlebte.
Ich nehme die Schuld von mir, dass all deine Freunde so hilflos waren.
Ich nehme die Schuld von mir, dass wir als Familie so ohnmächtig waren.
Ich nehme die Schuld von mir, dass wir erleben mussten, dich zu verlieren.
10. Kommen wir zurück zum eigenen Leid mit dem Tod des geliebten Menschen.
Ich nehme die Schuld von mir, dass ich dich nicht retten konnte.
Ich nehme die Schuld von mir, dass ich die Ohnmacht erleben musste, dich nicht heilen und retten zu können.
Ich nehme die Schuld von mir, dass ich hilflos deinen Tod erleben musste.
Ich nehme die Schuld von mir, dass ich lebe.
(Wenn es für Sie durch diesen Satz zu heftigeren Reaktionen kommt, dann denken Sie bitte daran, dass Sie bei Bedarf die aktive Verarbeitung anwenden können.)
11. Konfliktlösende Obwohl-Schuld-Entnahme-Sätze; auch hier oft die Game-Changer!
Obwohl ich weiß, dass ich nichts falsch gemacht habe, ich nichts hätte besser machen können und mir niemand einen sinnvollen Vorwurf machen kann,

- *nehme ich trotzdem die Schuld von mir, dass du tot bist.*
- *nehme ich trotzdem die Schuld von mir, dass du tot bist und ich lebe.*
- *nehme ich trotzdem die Schuld von mir, dass du krank warst und gelitten hast.*
- *nehme ich trotzdem die Schuld von mir, dass du so krank warst und starbst und ich viel gesünder bin und lebe.*
- *nehme ich trotzdem die Schuld von mir, dass ich mich durch deinen Tod so ohnmächtig gefühlt habe.*

Wir sind uns bewusst, dass wir für den Tod nicht verantwortlich sind und es auch prinzipiell in Ordnung ist, dass wir selbst leben ... aber die innere, die tiefe Wahrheit zeigt sich einzig und allein in der Reaktion!

12. Es versteht sich von selbst, dass wir bei einem etwas intensiveren reaktiven Bild nur eines pro LösUS-Technik-Sitzung bearbeiten sollten und dass danach eine Pause von ein paar Tagen sinnvoll und notwendig ist.

Ebenso versteht es sich von selbst, dass Sie Schritt für Schritt ein anderer Mensch werden, wenn Sie all diese unsägliche Unbewusste Schuld von sich nehmen.

Stellen Sie sich vor, Sie würden auf diese Weise den Tod einer Person verarbeiten, deren Leid und Tod schon vor Ihrer Zeugung geschehen ist. Dann erleben Sie nach der Arbeit mit der LösUS-Technik zum ersten Mal in Ihrem ganzen Leben, wie es ist, ohne diese Unbewusste Schuld zu leben! Ganz egal, ob Sie 30, 50, 70 oder 90 Jahre alt sind. In der Praxis sind solche Momente für mich immer wieder sehr berührend.

DIE ANWENDUNG DER SELBSTVERGEBUNG

Das ganze Leben geht um Selbstvergebung; um spezifische, punkt- und aspektgenaue Selbstvergebung.

Ich vergebe mir die Schuld, dass ...
Ich nehme die Schuld von mir und vergebe mir, dass ...
Obwohl ich weiß, dass ... vergebe ich mir die Schuld, dass ...
Obwohl ich weiß, dass ... nehme ich die Schuld von mir und vergebe mir, dass ...

- Selbstvergebungssätze lassen sich in jeder Form mit Konfliktlösungs-Schuld-Entnahme-Sätzen und Obwohl-Schuld-Entnahme-Sätzen kombinieren.
- Selbstvergebung ist dort sinnvoll und heilend-notwendig, wo es nicht gelungen ist, sich selbst zu bewahren und zu schützen.
- Völlig unabhängig davon, ob wir dazu eine Chance hatten oder nicht.
- Völlig unabhängig davon, ob die Selbstverletzung bewusst oder unbewusst geschehen ist.
- Völlig unabhängig davon, wann wir sie in unserem Leben erlebt haben oder ob wir sie selbst erlebt oder mitgebracht haben.

Letztendlich kann zu jedem reaktiven Schuld-Entnahme-Satz die Anwendung von Selbstvergebung sinnvoll und angezeigt sein. Einen Versuch ist er immer wert. Denn wenn Selbstvergebung dort notwendig wird, wo Selbstverletzung stattgefunden hat, und Selbstverletzung überall dort stattfindet, wo es uns nicht gelingt, uns zu schützen und zu bewahren, dann kann eben überall dort Selbstvergebung wirksam sein, wo Unbewusste Schuld entstanden und vorhanden ist.

ÜBUNG 10 – SELBSTVERGEBUNG

Besonders vielversprechend ist die Anwendung von Selbstvergebung dort, wo wir uns als »Opfer« einer Person oder einer Situation erleben oder erlebt haben.

Bitte behalten Sie sich im Gedächtnis, dass sich unbemerkte und unbewusste Selbstverletzung ganz besonders dadurch zum Ausdruck und damit in den Raum der Wahrnehmbarkeit bringt, weil wir uns als »Opfer der Welt da draußen« erleben.

Egal, wie offensichtlich und »objektiv« Sie das Opfer sein mögen: Sprechen Sie genau zu diesem Inhalt solche Varianten:

- **Schlichte Selbstvergebungssätze**
  Ich vergebe mir, dass mir in der Schule Unrecht angetan wurde.
- **LösUS-Plus-Selbstvergebungs-Sätze**
  Ich nehme die Schuld von mir, und ich vergebe mir, dass mir in der Schule dieses Leid angetan wurde.
- **Aktive LösUS-Plus-Selbstvergebungs-Sätze**
  Ich nehme die Schuld von mir, und ich vergebe mir, dass ich mir in der Schule dieses Unrecht habe antun lassen.
- **Obwohl-Selbstvergebungssätze mit dem Aspekt der Chancenlosigkeit**
  Obwohl ich keine Chance hatte, mich dagegen zu wehren (ich auch heute noch nicht wüsste, wie ich mich damals besser hätte bewahren können), vergebe ich mir, dass ich in der Schule dieses Unrecht erfahren habe.
- **Obwohl-LösUS-Plus-Selbstvergebungs-Sätze zur Chancenlosigkeit**
  Obwohl ich keine Chance hatte, mich dagegen zu wehren (und ich auch heute noch nicht wüsste, wie ich mich damals hätte besser bewahren können), nehme ich die Schuld von mir und vergebe mir, dass ich in der Schule dieses Unrecht erfahren habe.
- **Obwohl-Selbstvergebungssätze mit dem Aspekt der Unbemerktheit**
  Obwohl ich damals völlig unbemerkt durch dieses Unrecht verletzt wurde, vergebe ich mir, dass ich damals in der Schule dieses Unrecht erfahren habe.

Sie sehen schon, hier gibt es viele Varianten – und jede wirkt etwas anders. Verstehen Sie, und machen Sie sich die verschiedenen Möglichkeiten vertraut. Das gelingt am besten, wenn Sie aufmerksam fühlend damit spielen. Dabei können dann auch solche Schuldentnahme-Satz-Monster entstehen:

Obwohl ich weiß, dass ich damals nichts hätte besser machen können, nichts falsch gemacht habe und mir auch niemand einen gerechtfertigten Vorwurf machen kann, und ich auch heute noch nicht weiß, wie ich mich hätte besser schützen und bewahren können, ich dazu auch gar keine Chance hatte, nehme ich trotzdem die Schuld von mir und vergebe mir, dass ich damals in der Schule dieses Unrecht erfahren habe und mich nicht besser schützen konnte.

Spielen Sie fühlend – fühlen Sie spielend.

Formulieren Sie alle Sätze erst so präzise wie möglich (siehe langen Satz oben). Wenn Ihnen ein solcher Satz gelungen ist, dann lassen Sie bei den Wiederholungen wiederum alles weg, was inzwischen überflüssig geworden ist. Dann wird der Satz meistens erst als Belastungsreaktion, dann aber fließend übergehend in Erleichterung, immer kürzer. Am Ende lautet er dann vielleicht nur noch: *Ich vergebe mir, dass ich mich selbst durch Unrecht verletzt habe.*

KONKRETE ANLEITUNG ZUR ÜBUNG 10: »SELBSTVERGEBUNG«

1. Wenden Sie die Selbstvergebung bei jeder sich bietenden Gelegenheit während der Anwendung der LösUS-Technik an.
2. Setzen Sie Selbstvergebungssätze und ihre Varianten immer wieder auch einfach als »Schuss ins Blaue« ein. Über die jeweiligen Reaktionen entwickeln Sie einen Instinkt für mögliche Selbstverletzung.
3. Versäumen Sie es nicht, Selbstvergebungssätze mit den Aspekten der Chancenlosigkeit und Unbemerktheit zu bilden.
4. Reagiert ein Satz zur Selbstvergebung, gehen Sie besonders in den Modus der widerstandslosen Annahme über.
5. Genießen Sie es in tiefer Präsenz, während Sie sich durch geschehende Selbstvergabe heilen.

Selbstvergebungssätze, die immer wieder Game-Changer sind:

- *Ich nehme die Schuld von mir, und ich vergebe mir, dass ich lebe.*
- *Ich nehme die Schuld von mir und vergebe mir, dass ich so viele Urteile über mich selbst hatte und habe.*
- *Ich nehme die Schuld von mir und vergebe mir, dass ich mich in meinem inneren Dialog so oft kritisiere und verurteile.*
- *Ich nehme die Schuld von mir und vergebe mir, dass ich die Meinungen und Urteile anderer über mich so oft völlig unbemerkt an mich herangelassen und übernommen habe.*
- *Ich nehme die Schuld von mir und vergebe mir, dass ich mich durch die Urteile anderer so oft habe beschädigen lassen.*
- *Obwohl ich mich so gut verstehen kann, dass ich aus lauter Mitgefühl mit … mit meiner Aufmerksamkeit nicht bei mir war, nehme ich die Schuld von mir und vergebe mir, dass ich mich, ohne es zu bemerken, verlassen habe, meinen eigenen Weg verloren und meine eigenen Bedürfnisse mit den Bedürfnissen anderer unbemerkt verwechselt habe.*

  (Das ist der Kern von Symbiose; siehe auch »LösUS und die Symbiose« auf Seite 168.)
- *Obwohl es aus Liebe geschah, …*
  - *… vergebe ich mir, dass ich mich dabei selbst verletzt habe.*
  - *… vergebe ich mir, dass ich mir selbst nicht treu geblieben bin.*
  - *… vergebe ich mir, dass ich meine eigenen Bedürfnisse, Wünsche und Ziele hintangestellt/geopfert habe.*
  - *… vergebe ich mir, meinem Weg, meinem Leben nicht treu geblieben zu sein.*
  - *… vergebe ich mir, dass ich nicht mehr im Mittelpunkt meines eigenen Lebens stand.*

SCHLUSSWORT – DAS »WIR« DER UNBEWUSSTEN SCHULD

Vor einigen Jahren saß ich in der Praxis mit einem jungen Paar wegen Konflikten innerhalb ihrer Beziehung beisammen. Die beiden verzweifelten Menschen hatten einige Jahre zuvor ihr neugeborenes Kind verloren. Schon vor der Geburt wurde festgestellt, dass die Nieren nicht angelegt waren. Der Junge kam zur Welt, die Eltern waren jede Minute da, hielten und liebkosten ihn, während er schwächer wurde und nach einem Tag verstarb.

Die beiden Eltern liebten sich tief und innig. Das war zu hören, zu sehen und zu spüren. Nur war dieses große Unglück ihrer gemeinsamen Geschichte eine schwelende, unsichtbare und lauernde Last für ihr gemeinsames Glück.

In dieser Sitzung sprach ich spontan einen für mich völlig neuen Schuld-Entnahme-Satz: *Wir nehmen die Schuld dafür von uns, dass wir …*

Wir? Uns? Wir? Ja, »wir« und »uns«. Der Satz zeigte bei beiden massive Erleichterung. Obwohl sich dieser Wir-Satz mir zuvor förmlich aufgedrängt hatte, war ich von seinem klaren und kräftigen Effekt dennoch überrascht.

In diesem ganzen Buch habe ich ausschließlich über viele verschiedene Schuld-Entnahme-Sätze in der Ich-Form geschrieben. Das liegt daran, dass ich es für gewöhnlich in der Sitzung mit *einem* Mitmenschen zu tun habe. Wenn in einer Sitzung zwei oder drei Mitmenschen zugegen sind, dann wird das Geschehene doch meist aus deutlich unterschiedlichen Blickwinkeln erlebt.

Habe ich mehr als einen Mitmenschen bei mir im Sprechzimmer, so sind es meist Paare oder die Eltern mit ihren Kindern. Falls sich ihre Unbewusste Schuld aufeinander bezieht, dann verhält es sich für gewöhnlich so, dass die Entstehung des ungeheilten Leides durch eine Interaktion zwischen diesen zustande gekommen ist. Beide Personen erleben die gemeinsamen Situationen aus mehr oder weniger gegensätzlichen Positionen heraus. Aufgrund dieser unterschiedlichen Blickwinkel entsteht ein deutlich unterschiedliches Erleben, das wiederum zu unterschiedlichem, subjektivem Leid und damit zu verschiedener Unbewusster Schuld führt. Damit sind für jeden Beteiligten nur die für ihn individuell passenden Schuld-Entnahme-Sätze wirksam.

In dem Fall der jungen Eltern, die ihr Kind verloren hatten, haben beide Elternteile das erlebte Leid offensichtlich in sehr ähnlicher Weise und als eine Art von Leidensgemeinschaft erlebt. Sie waren sozusagen gemeinsam Teilnehmer auf der gleichen Seite des ungeheilten Leides. Wohl deshalb war das »Wir« und das »Uns« in dem Schuld-Entnahme-Satz angemessen und somit folglich wirksam.

Diese Erfahrung hat meinen Blick geweitet und warf einige Fragen in mir auf.

DIE GRUPPE EINZELNER UND DIE GRUPPENEINHEIT

Unter einer Gruppe Einzelner verstehe ich hier, neben der Familie, dem Freundes- oder Kollegenkreis etc., z. B. Menschen in bestimmten gesellschaftlichen Bereichen, in welchen sich aufgrund ihrer Tätigkeit für die einzelnen Individuen immer wieder fast gleiche oder zumindest sehr ähnliche Sätze zur Lösung von Unbewusster Schuld finden lassen. Darunter z. B. Krankenschwestern, Ärzte, alles medizinische Notfallpersonal wie Rettungsassistenten, Notärzte etc., aber auch Zugführer, Polizisten, Soldaten, Feuerwehrleute, das Pflegepersonal in Seniorenheimen, Hospizhelfer etc.

All diese Menschen sind durch ihren Beruf immer wieder mehr oder weniger hilflos dem Leid anderer Menschen ausgesetzt. In jedem dieser Berufe gehört das Erleben von ungeheiltem, ungerettetem, ungelindertem und ungetröstetem Leid und Tod zum Berufsbild und zur Tagesordnung.

Selbst wenn diese Menschen gezielt seelischen Beistand erfahren oder sich in Selbsthilfegruppen oder Ähnlichem organisieren, so habe ich es innerhalb der Praxis von meinen Mitmenschen oder außerhalb durch die Medien etc. noch nie erfahren, dass gezielt an der Lösung von Unbewusster Schuld mit ihnen gearbeitet würde. Ich meine, das wäre dringend notwendig.

In der Praxis bin ich vielen Menschen aus diesen Tätigkeitsfeldern begegnet. Die meisten haben ein weites und offenes Herz und tragen tief in sich den Wunsch, sich zu helfen. Einige von ihnen haben ihren Beruf vermutlich unbewusst deshalb gewählt, da sie selbst eine ungeheilte Erfahrung dieser Art und damit eine entsprechende Unbewusste Schuld in sich tragen.

Für all diese Menschen findet die Lösung von Unbewusster Schuld individuell statt. Jeder hat seine eigenen leidvollen Erfahrungen gemacht und aus seinem persönlichen Blickwinkel heraus eine individuelle Unbewusste Schuld auf sich genommen.

Die uns inzwischen gut vertrauten »Ich-Schuld-Entnahme-Sätze« sind hier gänzlich angemessen.

Unter einer »Gruppeneinheit« verstehe ich in diesem Kontext eine Gruppe von Menschen, die aufgrund ihrer Zugehörigkeit zu einer bestimmten Volksgruppe, religiösen Gemeinschaft, verfolgten Minderheit, Leidensgemeinschaft Hinterbliebener nach Unglücken (Flugzeugunglück, Love-Parade-Unglück etc.) ungeheiltes Leid als Gruppe erfahren haben.

So wie die Eltern des neugeborenen verstorbenen Kindes eine Art »kleinste Gruppe des gemeinsam erfahrenen Leides« waren, so gibt es größere Gruppen, die unsäglich viel Leid als Gruppeneinheit erfahren haben – und immer wieder erfahren.

Als ein allseits bekanntes Beispiel möchte ich die Indianer Nordamerikas nennen. Wie viel Unrecht und Leid haben sie erfahren und erfahren sie heute noch?

Wenn es eine Art von »kollektiver Unbewusster Schuld« gibt und wenn diese ebenso die unbewussten Mechanismen der Wiedergutmachung mit sich bringt, dann wird die noch viel größere Macht des kollektiven Unbewussten vermutlich noch verheerender wirken.

Ich kann mir gut vorstellen, dass für diese Art von Gruppen die »Wir-Schuld-Entnahme-Sätze« der Ansatz zur Lösung von dem vielen ungeheilten Leid ihrer Geschichte und Gegenwart sein könnten. Vielleicht ist die Lösung der Unbewussten Schuld der erste und entscheidende Schritt heraus aus einem perpetuum-mobile-artigen Drama, das so viele Minderheiten, Volksgruppen, Religionsgemeinschaften und Völker immer wieder erleiden?

Ich bin gespannt, ob ich damit werde Erfahrung sammeln dürfen.

Eventuell ist der persönliche Satz *Ich nehme die Schuld dafür von mir, dass ...* nur der Anfang. Womöglich folgt ihm der noch viel mächtigere Satz *Wir nehmen die Schuld dafür von uns, dass ...*

Vielleicht erfasst die Befreiung durch LösUS und die Selbstvergebung auch innerhalb unserer Gesellschaft größere Akteure, wie soziale und politische Vereinigungen oder Unternehmen und Konzerne? Wie viel klarer, im positiven Sinn »menschlicher« und erfolgreicher in ihrem Schaffen könnten diese großen Gruppierungen sein, wenn der Einzelne (ob in einfacher, gehobener oder in höchster Position) frei von seinen Fesseln wäre und aus einer inneren Position der Ruhe, Klarheit und tiefen Wesensautonomie seine Talente, Fähigkeiten und Kräfte für das Wohl seiner Vereinigung, seines Verbandes, seines Unternehmens – des Ganzen – einsetzen könnte? Wie viel positiver könnte es laufen, wenn auch das »Wir« dieser Vereinigungen die Lösung von eventuell vorhandener Unbewusster Schuld vollziehen würde? Vielleicht wird aus dem noch größeren »Wir« der betroffenen Gruppen, Volksgruppen und Völker das »Wir« der Menschheit?

Wer weiß schon, wie viel Erlösung auf Sie persönlich und für uns alle zusammen noch wartet?

Obwohl es aus Liebe geschah,
vergebe ich mir,
dass ich nicht bei mir
und meinem Leben war.

DANKE

Herzlich danke ich allen, deren Fallbeispiele ich in diesem Buch verwenden durfte. Danke für das große Vertrauen, das ich als Mensch und als Therapeut erfahre.

Herzlichen Dank an meine Freunde und Begleiter!

Danke für das Vertrauen zu diesem Buch!

ENDNOTEN

1) Siehe z. B. Lynne McTaggart: »Das Nullpunkt-Feld«, Goldmann-Verlag
2) Bert Hellinger (1925–2019) entwickelte in den späten 1970er-Jahren die sogenannte »Familienaufstellung«.
3) https://phzh.ch/de/Dienstleistungen/materialien-fuers-schulfeld/planungshilfen-gesundheit-praevention/glossar/selbstwirksamkeit/

REGISTER

Dr. med. Daniel Dufour

DAS VERLASSENE KIND

Gefühlsverletzungen aus der Kindheit erkennen und heilen

12,90 € (D) / 13,30 € (A)

ISBN 978-3-86374-533-2

»Es ist ein wichtiges Buch für Betroffene und Therapeuten, weil es wie kein zweites den betroffenen Menschen zum allein Verantwortlichen erklärt und nicht den allwissenden Therapeuten und die Diagnose in den Mittelpunkt stellt.«

Connection Special

»Viele Leser werden sich in den zahlreichen anschaulichen Fallbeispielen Dufours wiederfinden und ihre eigene Lebensgeschichte mit anderen Augen betrachten.« Newsage

Bärbel Mechler

VON PSYCHOPATHEN UMGEBEN

Wie Sie sich erfolgreich gegen schwierige Menschen zur Wehr setzen

9,95 € (D) / 10,30 € (A)

ISBN 978-3-86374-123-5

»(...) Wenn auch du solche Typen in deinem Leben ertragen musst, (...) dann wird dieses Buch die Antwort auf Deine Probleme sein: Anhand vielfach bewährter, praxistauglicher Beispiele erklärt die Autorin, wie du die typischen Verhaltensmuster, mit denen sich diese ›Quälgeister‹ selbst entlarven, erkennst und hinter ihre täuschende Fassade blicken kannst. Von galanten Schmeicheleien bis hin zu handfesten Konfrontationen bekommst du eine reiche Palette gezielter Methoden in die Hand, um dich effektiv aus der Opferrolle zu befreien.«

Wege

Anna Maria Stark

SEELENPOTENZIALE

9,95 € (D) / 10,30 € (A)

ISBN 978-3-86374-449-6

»Auf der Suche nach wichtigen Entscheidungen leitet Anna Maria Stark an, wie man sie differenziert mit einfachen Anwendungen im Inneren unseres Selbst herbeiführt. Dieses Buch ist ein wertvoller Ratgeber und für jedermann geeignet. Es setzt keine Vorkenntnisse voraus und ist dennoch eine Bereicherung für erfahrene Menschen, die sich auf dem Weg befinden. Sehr empfehlenswert!«

Christina Baumann, Coach und Buchautorin

Unsere Bücher erhalten Sie bei Ihrem Buchhändler!
Besuchen Sie auch unsere Internetseite mit Bestellmöglichkeit, Autoren-Videos, Leseproben, Veranstaltungstipps und Newsletter: www.mankau-verlag.de

man kau!